群雄逐鹿

第三辑

刘锦祺　赵冬　编著

经济管理出版社

图书在版编目（CIP）数据

群雄逐鹿．第三辑/刘锦祺，赵冬编著．—北京：经济管理出版社，2012.10
ISBN 978－7－5096－2092－2

Ⅰ．①群… Ⅱ．①刘… ②赵… Ⅲ．①中国象棋－对局（棋类运动） Ⅳ．①G891.2

中国版本图书馆 CIP 数据核字（2012）第 204899 号

组稿编辑：张　达
责任编辑：郝光明　史岩龙
责任印制：杨国强
责任校对：陈　颖

出版发行：经济管理出版社（北京市海淀区北蜂窝 8 号中雅大厦 A 座 11 层　100038）
网　　址：www.E-mp.com.cn
电　　话：（010）51915602
印　　刷：三河市沟河印刷厂
经　　销：新华书店
开　　本：720mm×1000mm/16
印　　张：17.75
字　　数：328 千字
版　　次：2012 年 10 月第 1 版　2012 年 10 月第 1 次印刷
书　　号：ISBN 978－7－5096－2092－2
定　　价：33.00 元

·版权所有　翻印必究·

凡购本社图书，如有印装错误，由本社读者服务部负责调换。
联系地址：北京阜外月坛北小街 2 号
电话：（010）68022974　邮编：100836

前　言

　　由中国象棋协会、内蒙古伊泰集团有限公司、内蒙古自治区体育总会联合主办，鄂尔多斯市体育总会、鄂尔多斯市象棋协会协办的伊泰杯2011年第九届全国象棋甲级联赛于5月6日到9月7日举行。共有北京、广东、上海、湖北、浙江、四川、沈阳、黑龙江、山东、江苏、河北、湖南十二支队伍进行双循环较量，一共22轮，其中前十支队伍是上年度象甲的前十名，后两队是上年度象乙的前两名，升班马。

　　最终卫冕冠军北京威凯建设队以20战10胜5主队和3客队和2负（2轮空）积41分的优异战绩勇夺桂冠，成为象甲史上首支蝉联冠军队，也是北京体育界最近数年唯一联赛连冠之师。浙江波尔轴承队获亚军，广东碧桂园队获季军。仅积11分的湖南队降入乙级。

　　本书是继2010年出版的《群雄逐鹿》（第一辑）、2011年出版的《群雄逐鹿》（第二辑）之后，又一部由经济管理出版社出版的以象棋甲级联赛为题材的专集。

　　本书在编写过程中，每轮选择六局精彩对局，共计132局大师精彩对局。在评注上和以往前二辑有所不同：①开局评注从简，这样有助于读者特别是初中级水平的棋友掌握大师的布局套路，避免了因为过多的评注让读者不知所云的情形。②中局讲解侧重对局双方的计划及思路，对缓着、败着做了详细的注解，有助于读者理解棋局的得失。③根据前二辑的读者反馈意见，本辑中除去了布局新姿一章以及每轮各队的比分情况。这样可以在有限篇幅内最大限度地增加对局量。④保留了竞赛规程以及象甲队伍的介绍、最终比分等内容，便于读者作为资料保存。

　　浙江队朱晓虎、程鸣两位象棋大师负责浙江队的全部象甲对局的评注，李晓春负责第一轮和第二轮的评注，范思远负责第八轮和第九轮的评注，其余的评注由刘锦祺完成，赵冬大师负责全书审校。霍文会、张忠元、杨典、宋玉斌、王静、李志刚等棋友提供资料，并且提出了很多好的建议，在此一并感谢。

刘锦祺
2012年6月18日

目　录

第一轮（2011年5月6日于鄂尔多斯） ························· 1
 第1局　郝继超　负　赵鑫鑫 ································· 1
 第2局　赵国荣　胜　于幼华 ································· 3
 第3局　孙勇征　胜　张晓平 ································· 5
 第4局　李少庚　负　宋国强 ································· 8
 第5局　孙浩宇　负　金松 ··································· 11
 第6局　郑一泓　胜　苗永鹏 ································· 14

第二轮（2011年5月7日于鄂尔多斯） ························· 17
 第7局　蒋川　和　聂铁文 ··································· 17
 第8局　程鸣　和　苗利明 ··································· 19
 第9局　张强　胜　郝继超 ··································· 20
 第10局　洪智　胜　许银川 ·································· 22
 第11局　王新光　负　张晓平 ································ 25
 第12局　郑一泓　负　卜凤波 ································ 27

第三轮（2011年5月8日于鄂尔多斯） ························· 30
 第13局　许国义　胜　李群 ·································· 30
 第14局　阎文清　胜　郑一泓 ································ 32
 第15局　郝继超　胜　党斐 ·································· 34
 第16局　孙勇征　负　王天一 ································ 35
 第17局　万春林　负　蒋川 ·································· 37
 第18局　李鸿嘉　和　王斌 ·································· 39

第四轮（2011年5月9日于鄂尔多斯） ························· 43
 第19局　王跃飞　胜　谢业枧 ································ 43
 第20局　洪智　负　万春林 ·································· 45

第21局　王斌　胜　陶汉明 …………………………………… 47
　　第22局　才溢　负　申鹏 ……………………………………… 49
　　第23局　孙浩宇　胜　黄海林 ………………………………… 51
　　第24局　徐超　胜　聂铁文 …………………………………… 52

第五轮（2011年5月10日于鄂尔多斯） …………………………… 55
　　第25局　陆伟韬　胜　苗永鹏 ………………………………… 55
　　第26局　苗利明　胜　宋国强 ………………………………… 57
　　第27局　陶汉明　胜　孙浩宇 ………………………………… 58
　　第28局　程进超　负　柳大华 ………………………………… 59
　　第29局　程吉俊　负　王跃飞 ………………………………… 61
　　第30局　万春林　和　王斌 …………………………………… 62

第六轮（2011年5月18日于各队主场） ………………………… 66
　　第31局　洪智　负　赵鑫鑫 …………………………………… 66
　　第32局　金松　负　蒋川 ……………………………………… 68
　　第33局　宋国强　负　王天一 ………………………………… 69
　　第34局　卜凤波　胜　陶汉明 ………………………………… 71
　　第35局　李少庚　负　谢靖 …………………………………… 73
　　第36局　王斌　和　孟辰 ……………………………………… 74

第七轮（2011年6月1日于各队主场） ………………………… 77
　　第37局　聂铁文　胜　陆伟韬 ………………………………… 77
　　第38局　黄竹风　胜　徐超 …………………………………… 78
　　第39局　许国义　胜　王新光 ………………………………… 80
　　第40局　郝继超　胜　苗利明 ………………………………… 81
　　第41局　陶汉明　负　阎文清 ………………………………… 83
　　第42局　万春林　胜　谢岿 …………………………………… 85

第八轮（2011年6月15日于各队主场） ………………………… 87
　　第43局　许银川　胜　郝继超 ………………………………… 87
　　第44局　许国义　负　陶汉明 ………………………………… 89
　　第45局　谢卓淼　负　赵鑫鑫 ………………………………… 91
　　第46局　李群　和　蒋川 ……………………………………… 93

第47局　李少庚 胜 于幼华 …………………………………… 95
　　第48局　苗利明 负 万春林 …………………………………… 97

第九轮（2011年6月22日于各队主场）…………………………… 100
　　第49局　洪智 和 徐超 ………………………………………… 100
　　第50局　蒋川 和 李少庚 ……………………………………… 102
　　第51局　柳大华 负 程鸣 ……………………………………… 103
　　第52局　程进超 负 陆伟韬 …………………………………… 105
　　第53局　张晓平 负 申鹏 ……………………………………… 106
　　第54局　孙勇征 和 许银川 …………………………………… 108

第十轮（2011年6月26日于浙江杭州）…………………………… 111
　　第55局　陈富杰 负 王天一 …………………………………… 111
　　第56局　赵国荣 胜 赵玮 ……………………………………… 113
　　第57局　卜凤波 和 蒋川 ……………………………………… 115
　　第58局　陆伟韬 和 赵鑫鑫 …………………………………… 116
　　第59局　李少庚 胜 洪智 ……………………………………… 117
　　第60局　谢岿 胜 王跃飞 ……………………………………… 119

第十一轮（2011年6月27日于浙江杭州）………………………… 122
　　第61局　程鸣 胜 郑一泓 ……………………………………… 122
　　第62局　洪智 胜 卜凤波 ……………………………………… 123
　　第63局　谢业枧 负 陶汉明 …………………………………… 125
　　第64局　徐超 胜 郑惟桐 ……………………………………… 127
　　第65局　程吉俊 和 许银川 …………………………………… 129
　　第66局　赵鑫鑫 胜 李鸿嘉 …………………………………… 131

第十二轮（2011年6月28日于浙江杭州）………………………… 134
　　第67局　才溢 负 党斐 ………………………………………… 134
　　第68局　郑惟桐 和 李群 ……………………………………… 135
　　第69局　陆伟韬 胜 王天一 …………………………………… 138
　　第70局　苗利明 负 张强 ……………………………………… 140
　　第71局　阎文清 负 蒋川 ……………………………………… 141
　　第72局　郝继超 胜 张晓平 …………………………………… 143

第十三轮（2011年6月29日于浙江杭州） …… 146
    第73局　蒋川　胜　谢岿 …… 146
    第74局　王天一　胜　张申宏 …… 147
    第75局　王跃飞　胜　卜凤波 …… 149
    第76局　洪智　胜　李少庚 …… 152
    第77局　张晓平　胜　许国义 …… 153
    第78局　赵玮　负　聂铁文 …… 156

第十四轮（2011年7月6日于各队主场） …… 158
    第79局　李群　和　党斐 …… 158
    第80局　许银川　胜　孙勇征 …… 159
    第81局　陆伟韬　胜　孟辰 …… 161
    第82局　李少庚　胜　王天一 …… 162
    第83局　孙浩宇　负　蒋川 …… 164
    第84局　郑一泓　负　王跃飞 …… 165

第十五轮（2011年7月13日于各队主场） …… 168
    第85局　陶汉明　和　许银川 …… 168
    第86局　蒋川　胜　徐超 …… 169
    第87局　王天一　负　程鸣 …… 171
    第88局　聂铁文　胜　李鸿嘉 …… 173
    第89局　孙勇征　负　苗利明 …… 174
    第90局　张强　胜　李群 …… 176

第十六轮（2011年7月20日于各队主场） …… 178
    第91局　程鸣　负　黄竹风 …… 178
    第92局　陈翀　负　聂铁文 …… 180
    第93局　苗利明　胜　陶汉明 …… 182
    第94局　柳大华　胜　王天一 …… 183
    第95局　汪洋　胜　张强 …… 185
    第96局　李少庚　胜　张晓平 …… 186

第十七轮（2011年8月3日于各队主场） …… 189
    第97局　孟辰　胜　李群 …… 189

第98局　吕钦　胜　苗利明 ………………………………………… 191
第99局　陶汉明　负　卜凤波 ………………………………………… 193
第100局　赵国荣　胜　张申宏 ……………………………………… 194
第101局　谢靖　胜　李少庚 ………………………………………… 196
第102局　赵鑫鑫　胜　汪洋 ………………………………………… 197

第十八轮（2011年9月3日于各队主场） ……………………… 201
第103局　朱晓虎　和　赵玮 ………………………………………… 201
第104局　洪智　胜　谢业枧 ………………………………………… 202
第105局　汪洋　胜　雷鹏 …………………………………………… 204
第106局　卜凤波　负　许银川 ……………………………………… 205
第107局　李少庚　胜　陶汉明 ……………………………………… 206
第108局　郑惟桐　胜　赵国荣 ……………………………………… 208

第十九轮（2011年9月4日于鄂尔多斯） ……………………… 211
第109局　陶汉明　负　徐超 ………………………………………… 211
第110局　黄海林　胜　孙浩宇 ……………………………………… 213
第111局　吕钦　胜　李少庚 ………………………………………… 215
第112局　雷鹏　负　张强 …………………………………………… 216
第113局　谢业枧　负　蒋川 ………………………………………… 218
第114局　万春林　负　汪洋 ………………………………………… 220

第二十轮（2011年9月5日于鄂尔多斯） ……………………… 223
第115局　王斌　和　许国义 ………………………………………… 223
第116局　柳大华　胜　赵国荣 ……………………………………… 225
第117局　汪洋　胜　聂铁文 ………………………………………… 226
第118局　朱晓虎　和　许银川 ……………………………………… 228
第119局　孙浩宇　负　申鹏 ………………………………………… 230
第120局　赵鑫鑫　胜　谢业枧 ……………………………………… 231

第二十一轮（2011年9月6日于鄂尔多斯） …………………… 234
第121局　陆伟韬　和　徐超 ………………………………………… 234
第122局　吕钦　胜　党斐 …………………………………………… 235
第123局　许银川　和　洪智 ………………………………………… 237

第124局　郝继超　负　张强 …………………………… 238
  第125局　陶汉明　负　王天一 …………………………… 240
  第126局　孙勇征　负　程吉俊 …………………………… 241

第二十二轮（2011年9月7日于鄂尔多斯） ……………… 243
  第127局　黄竹风　胜　陶汉明 …………………………… 243
  第128局　王斌　胜　张申宏 ……………………………… 245
  第129局　张晓平　负　赵玮 ……………………………… 247
  第130局　孟辰　胜　孙勇征 ……………………………… 248
  第131局　程鸣　胜　陈富杰 ……………………………… 250
  第132局　汪洋　胜　申鹏 ………………………………… 252

附录 …………………………………………………………… 255
  2011年伊泰杯全国象棋甲级联赛暨全国象棋锦标赛（男子团体甲组）
　　竞赛规程 …………………………………………………… 255
  2011年伊泰杯全国象棋甲级联赛竞赛日程表 …………… 257
  2011年伊泰杯全国象棋甲级联赛各参赛队介绍 ………… 258
  2011年伊泰杯全国象棋甲级联赛团体成绩表 …………… 270
  2011年伊泰杯全国象棋甲级联赛个人成绩表 …………… 271

第一轮（2011年5月6日于鄂尔多斯）

第1局　郝继超 负 赵鑫鑫

1. 兵七进一　炮2平3　　　　**2.** 炮二平五　象3进5
3. 马八进九　……

双方以仙人指路对卒底炮开局，红方先跳边马削弱黑方卒底炮效率。如马二进三，卒3进1，车一平二，卒3进1，马八进九，车9进1，炮五进四，士4进5，双方易形成短兵相接的局面。

3. ……　　　车9进1　　　　**4.** 炮五进四　……

阻止黑车过宫是红方主流选择之一。另如马二进三，车9平4，车九平八，士4进5，车一平二，马8进9，兵三进一，车4进3，马三进四，车4平6，炮八进二，马2进4，炮五平四，车6平5，双方形成相持局面，红方稍好。

4. ……　　　士4进5　　　　**5.** 马二进三　马2进4
6. 炮五退一　……

炮五退二的卜法也曾流行一时。车1平2，车九平八，车9平6，车一平二，车6进3，炮五平三，车6平7，形成相持之势，红方保持先手。

6. ……　　　车9平6　　　　**7.** 兵三进一　马8进7
8. 相三进五　马4进5　　　　**9.** 车一平二　炮8平9
10. 炮八进四　……

此时红方另有两种选择：①车二进七，车6进3，炮五进二，将5平4，兵五进一，象7进5，车二平一，卒3进1，仕六进五，卒3进1，相五进七，象5退3，车一进二，卒7进1，大体均势。②车九平八，车6进3，兵五进一，卒3进1，马三进五，车1平4，仕四进五，炮9进4，大体均势。

10. ……　　　车6进3　　　　**11.** 兵五进一　车1平4
12. 车九平八　车4进5　　　　**13.** 炮八退二　……

可以考虑马三进二，炮3进3，相五进七，车4平5，相七退五，车5退

1，马二进三，车 5 进 2，马三进一，象 7 进 9，炮八平五，马 7 进 5，车二进六，士 5 退 4，大体均势。

13. ……　　车 4 进 1　　　　14. 炮八进五 ……

进炮以后暂时没有直接攻击手段，但是以后存在炮八平九分边炮的棋，对黑方右翼构成威胁。

14. ……　　将 5 平 4

出将攻守兼备。

15. 仕四进五 ……

不如仕六进五较好。卒 3 进 1，车八进六，卒 3 进 1，车八平九，马 5 进 3，炮八退四，车 6 进 2，炮五平六，车 6 平 7，车二进二，炮 9 进 4，兵五进一，红方易走。

15. ……　　卒 3 进 1

16. 马九退七 ……

还应考虑车八进六为宜。

16. ……　　车 4 平 3

17. 车八进六（图 1） ……

此时再走车八进六弃子抢攻，时机不好，不如马七退九，卒 7 进 1，兵三进一，车 6 平 7，马三进五，卒 3 进 1，马五进七，马 5 进 3，车八进四，大体均势。

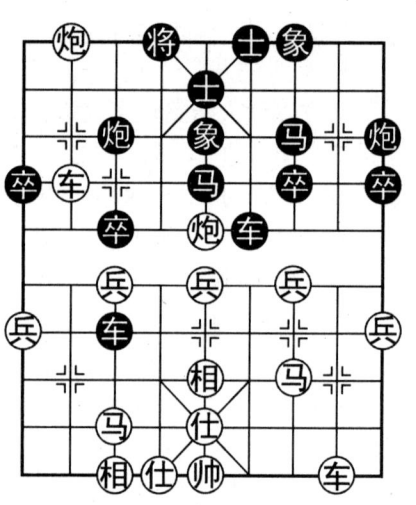

图 1

17. ……　　车 3 进 2
18. 车八平六　将 4 平 5
19. 车二进三　车 3 平 2
20. 炮八平九 ……

平炮强硬，表达出志在必得的决心。

20. ……　　卒 3 进 1　　21. 车二平六　炮 3 平 4
22. 前车平七　炮 4 平 3　　23. 车七平六　炮 3 平 4
24. 前车平七　炮 4 平 3　　25. 车六进二 ……

红方两打，黑方一打一闲，因此红方必须变着。

25. ……　　卒 7 进 1　　26. 车七平六　炮 3 平 4
27. 后车平七 ……

这两个回合，红方运子有力，重新夺得先手。

27. ……　　车 2 退 6　　28. 车七进四　士 5 退 4
29. 炮九平六　士 6 进 5　　30. 炮六平三

败着。红方忙中出错,白丢了一车,殊为可惜。应炮六退一,士 5 退 4,炮六平一,红方仍持先手。综观本局,中局阶段红方弃子求攻,走得有声有色,稳持先手,惜乎最好阶段走出败着。

第 2 局　赵国荣 胜 于幼华

1. 炮二平六　……

赵国荣以过宫炮开局,显然是有意避开流行布局,拉长战线。棋手在选择开局时候会有一个全面的考虑,以本局为例,于幼华特级大师棋风凶悍,擅长攻杀,而赵国荣特级大师则攻守平衡,因此,赵特大选择过宫炮布也有意和于特大打一场阵地战,把布局的节奏放缓一些。

1. ……　　马 8 进 7

以起马应过宫炮比较稳健,另有炮 8 平 5 的流行下法,较为积极。

2. 马二进三　卒 3 进 1

先挺 7 卒避开红方进兵的变化。如先走车 9 平 8 则把选择权交给红方,红方可以选择兵七进一,卒 7 进 1,马八进七,马 2 进 1,相七进五,车 1 进 1,仕六进五,车 1 平 4,双方另有攻守。

3. 车一平二　车 9 平 8　　4. 兵三进一　……

在业余比赛中出现过兵七进一,卒 3 进 1,车二进四,卒 3 进 1,车二平七,马 2 进 3,车七退一,马 3 进 2,车七退一,红车一子多动,明显不利。

4. ……　　马 2 进 3　　5. 相七进五　……

补相稳健,侧重于内线运子。红方另有炮八进四,象 7 进 5,马八进七,马 3 进 2,相七进五,车 1 进 1,炮八平三,炮 8 进 5,兵九进一,车 1 平 4,仕六进五,马 2 进 3,车九平八,炮 2 平 1,大体均势。

5. ……　　炮 2 平 1

平炮亮车,快速开出右车。

6. 马八进六　车 1 平 2　　7. 车九平七　……

布局至此,红方选择七路线作为突破的重点。

7. ……　　车 2 进 5　　8. 炮八平七　马 3 退 5

如士 4 进 5,车二进六,马 3 进 4,车七平八,车 2 进 4,马六退八,象 7 进 5,大体均势。

9. 炮七进三　炮 1 平 4

应车 2 平 4 更有牵制性。仕六进五,象 7 进 5,炮七进一,车 4 退 2,炮七退二,车 4 进 1,黑方足可抗衡。

10. 马六进四　炮8进5　　　11. 兵七进一　象3进1

同样补象应象3进5，炮七进一，车2退2，兵七进一，炮4平3，仕六进五，象5进3，炮六平七，炮8平6，仕五进四，车8进9，马三退二，炮3平5，大体均势。可能于特大认为补中象以后，窝心马不好控制，并且失去了还架中炮的机会，所以选择了飞边象。

12. 炮七进一　车2进1　　　13. 马三进四　……

进马放弃中兵，果断。如车七进三，车2平3，炮七退三，红方子力壅塞。

13. ……　　　炮4平5　　　14. 车二进一　炮5进4
15. 仕六进五　卒5进1　　　16. 前马进三　卒5进1
17. 兵三进一　……

红方是选择兵七进一还是兵三进一呢？如兵七进一，车2平4，车七平六，炮5平6，马三退五，马7进5，炮六平七，车4进3，帅五平六，象1进3，兑车以后红方虽然占据优势，但是局势趋于平稳。

17. ……　　　卒5平6　　　18. 兵三平二　车8平4
19. 马三退四　车8平6　　　20. 车二进一　车6进1
21. 车二进一　……

双方子力交换以后，红方虽有一定优势，但是双方局势已渐成平稳之势，在这种平淡的局面下最能考量一个棋手的功力。

21. ……　　　马5进6
22. 车七进三　车2进3
23. 车七退三　车2退3
24. 兵七进一　马6进5（图2）

进马稍急，可以考虑士4进5补一手棋，再伺机而动。试演一例，士4进5，炮七平八，炮5平6，兵七进一，马6进5，炮六退二，象1退3，黑方足可抗衡。

25. 马四进五　车6平5
26. 车二平三　马7进6
27. 车三进六　……

上一着黑方进马给了红方扩先的机会，顺势吃掉黑方底象，先手扩大。

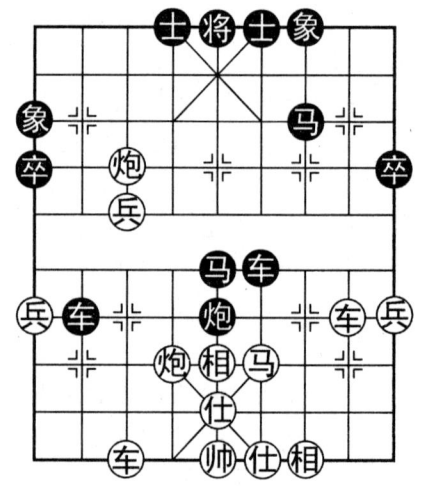

图2

27. ……　　　车5退2　　　28. 车三退五　车2平4
29. 炮六退二　……

保持变化的选择。如炮六平八，马6进4，炮八进七，象1退3，车七平六，车4进3，帅五平六，马4退3，兵七进一，卒9进1，红方担心战线漫长。

29. ……　　炮5平8　　　　30. 车三平四　马6退5
31. 兵九进一　象1进3

败着。可以考虑炮8进3，车四平二，炮8平9，车二退四，车4平9，对红方有所牵制。

32. 炮七进三　士4进5　　　33. 车四平八　……

平车以后，黑方右翼空虚，暴露在红方火力之下。

33. ……　　车4退3　　　　34. 车七进三　炮8退5

黑方虽然全力退守，无奈为时已晚。

35. 炮六平八　车4平3　　　36. 炮七平九　马5退3

如士5进4，车八进五，将5进1，炮八进八，马5进7，炮八平二，马7退8，车八退一，将5退1，车八平二，红方得子。

37. 车八进五　士5退4　　　38. 车八退一　将5进1
39. 车七平二　炮8平6　　　40. 车二进五

黑方续走车5平8，车二平一，卒9进1，炮八平七，车8平9，炮九退一，车9退2，车八平七，将5进1，炮七进六，车9进2，炮九平四。红方净多两个大子。黑方放弃抵抗。

第3局　孙勇征　胜　张晓平

1. 炮二平五　马8进7　　　2. 马二进三　车9平8
3. 车一平二　卒7进1　　　4. 车二进六　马2进3

进马布成堂堂之阵。如急于走卒3进1，炮五进四（取势佳着），马7进5，车二平五，炮2平5，相七进五，马2进3，车五平七（如车五平二，车1平2，马八进六，车8进1，下伏车8平4的先手，黑方反击力颇强），车1平2，马八进六，车8进1，炮八平七！车8平4，马六进四，象3进1，马四进五，红方大优。

5. 马八进七　马7进6

至此形成中炮过河车对屏风马左马盘河的阵型。以左马盘河阵型对抗中炮，进攻性强，变化复杂，常为攻击型棋手采用。黑左马盘河伏进7卒攻车的反扑，借以摆脱车炮受牵，但中卒只有一马看守，中路较弱而受威胁。

6. 兵五进一　……

进中兵也是很有针对性的下法。另有兵七进一，车1进1，车二平四，马6进7，炮八进一，马7进5，相七进五，车8进1，大体均势。

6. ……　　　卒 7 进 1

冲 7 卒加速反击,这是盘河马方继定之策。如士 4 进 5,兵五进一,卒 5 进 1,马七进五,马 6 进 7,炮五进三,象 3 进 5,马五进六,红方大优。

7. 车二退一　　……

如车二平四,马 6 进 4,马三进五,炮 8 平 5,车九进一,车 8 进 6,兵七进一,马 4 进 3,马五退七,士 4 进 5,黑方先手。

7. ……　　　马 6 退 7　　　　　8. 车二平三　卒 7 平 6

如炮 8 退 1,兵五进一,卒 7 平 6,兵五平六,士 4 进 5,兵六进一,炮 8 平 7,车三平六,象 3 进 5,兵六平七,马 3 退 4,车九进一,红方优势。

9. 兵五进一　士 4 进 5

补士稳健。如炮 8 退 1,车三进一,车 1 进 1,炮八平九,卒 6 平 5,兵五进一,炮 8 平 7,兵五平六,士 4 进 5,车三平四,红方先手。

10. 车九进一　……

如马七进五,炮 8 退 1,兵五进一,炮 8 平 7,车三平五,马 3 进 5,马五进六,炮 2 平 5,马六进五,象 3 进 5,炮五进四,马 7 进 5,车五进一,炮 7 进 6,黑方满意。

10. ……　　　卒 5 进 1

如卒 6 平 5,兵五平六,炮 8 退 1,车三退一,炮 8 平 7,车三平五,车 8 进 6,炮八进一,红方先手。

11. 车三平五　象 3 进 5

新着。以往多炮 8 进 1,车九平四,炮 8 平 5,车四进三,车 8 进 4,马七进五,车 8 平 5,炮五进三,象 3 进 5,炮八平五,炮 2 进 2,车四平八,车 1 平 2,仕六进五,卒 3 进 1,大体均势。

12. 兵三进一　卒 6 平 7　　　　13. 马三进五　炮 8 进 5

也可卒 7 进 1 徐图进取。车九平三,马 7 进 5,车三进二,卒 3 进 1,车五平二,车 1 平 4,兵七进一,车 4 进 6,兵七进一,马 5 进 3,车三进一,后马进 5,黑方足可抗衡。

14. 车九平三　炮 8 平 3　　　　15. 车三进三　马 7 进 8

16. 车三平二　马 8 退 7　　　　17. 车二进五　马 7 退 8

18. 马五退七　车 1 平 4

双方交换以后,红方子力活跃,占据优势。

19. 马七进五　……

盘河弱马,红方优势进一步扩大。也可兵七进一,马 8 进 7,马七进五,车 4 进 6,马五进六,马 7 进 5,炮五进四,马 3 进 5,马六进五,象 7 进 5,

车五进一，红方先手。但是由于双方实力接近，红主取胜有难度，不如马七进五保持变化。

19. ……　　卒3进1　　20. 马五进三　车4进4

黑方兑车，意求简化局势，战意不浓。

21. 车五退一　马8进7　　22. 仕四进五　马7进8

坏棋。红方补仕准备下一手平肋炮，进而出动三路马准备卧槽，来势汹汹。黑方明显要炮2退1避一手较好，炮八平六，马7进6，车五平四，马3进5，炮五进三，车4平5，车四平八，车5平4，车八进四，马5进7，大体均势。

23. 马三进二　马8进7（图3）

黑方另有二变：①马8退6，炮八平六，马6退8，马二进四，马8退6，炮五进五，炮2平5，车五进三，红优；②炮2退1，车五平八，车4退1，车八进四，车4平8，车八平七，马8退6，车七退一，马6进5，相三进五，车8平2，炮八平九，红方胜势。

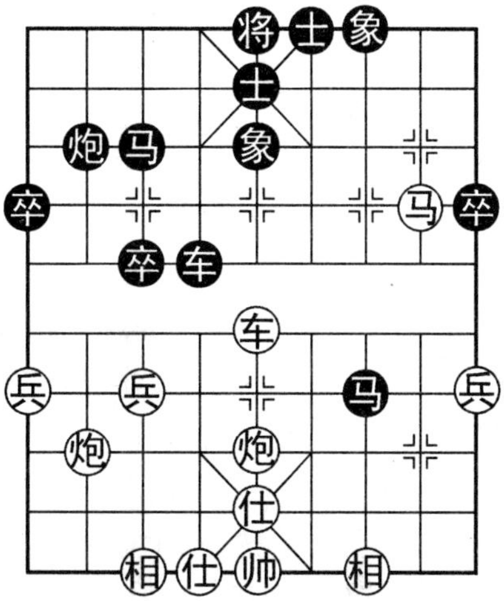

24. 车五平三　……

也可马二进三，将5平4，车五平八，炮2进5，炮五平六，士5进4，马三退四，车4退1，车八进二，马7退6，车八退四，红方大优。

图3

24. ……　　马7进5　　25. 马二进三　将5平4

26. 炮八平六　士5进4　　27. 相三进五　……

红方得回失子后，稳稳控制局势。

27. ……　　炮2退1　　28. 车三进二　士6进5

29. 马三退四　车4进2　　30. 马四进五　……

进马踏士，简明。黑方防线顿时崩溃。

30. ……　　马3进4　　31. 马五退三　将4平5

32. 车三平九　炮2退1　　33. 炮六进三　……

由于黑方少士，红方理想的子力配置是以车马兵攻之，这手换炮深谙棋理。

33. ……　　车4退2　　34. 车九平一　……

红方这几个回合走得非常简明有力。以炮换马后顺势扫去双卒，优势扩大。

34. ……	车4进2	35. 兵九进一	车4平3
36. 兵九进一	车3平7	37. 马三退四	车7平6
38. 车一平八	车6退2	39. 车八进三	……

红方再次主动交换，简化局势，黑方已经无还手之力。至此形成红方例胜的残局。

39. ……	将5进1	40. 车八平六	卒3进1
41. 兵九进一	车6退1	42. 兵九进一	车6平9
43. 兵九平八	车9进3	44. 车六退二	……

吃掉黑士，红方胜定。

44. ……	卒3进1	45. 车六平七	象5进7
46. 车七进一	将5进1	47. 车七退三	象7进9
48. 车七平五	将5平6	49. 车五平四	将6平5
50. 帅五平四	车9平4	51. 帅四平五	将5平4
52. 车四进二			

黑方认负。

第4局　李少庚　负　宋国强

1. 炮二平五　　马2进3　　　　2. 马二进三　　炮8平6

反宫马，因两马之间夹一炮，故又称"夹炮屏风马"。其布局特点是：利用士角炮牵制红方左马正起，以延缓红方的进攻速度。反宫马应对当头炮早在20世纪50年代就出现，但一直被人们认为"反宫马难以抵御当头炮"，直到80年代初期，特级大师胡荣华的杰作《反宫马专集》问世，特别是通过广大棋手反复实战和深入研究，新着新变、新的攻防变例层出不穷，极大地丰富了"马炮争雄"的布局内容，使反宫马对抗当头炮风行于当今棋坛，成为重要的布局体系之一。

3. 兵三进一　……

红方不出车先兵三进一，把布局纳入自己的轨道，这是现代的一种流行下法。

3. ……　　卒3进1

黑方挺3卒避免马8进7以后，红方兵七进一，形成两头蛇阵型。

4. 马八进九　……

红方先跳边马，缓开右车，形成中炮进三兵缓开车对反宫马挺3卒的阵型。红方在布局阶段，走缓开车阵势，有意避开熟套，可以根据战术的需要再作出右直车或右横车的选择。这种下法，有其灵活的一面，也有不尽如人意的地方，毕竟大车缓开，子力出动速度稍慢。

4. ……　　马8进7　　　　　5. 炮八平七　象3进5
6. 车九平八　车1平2　　　　7. 车八进四　……

正着，如车八进六则失去回旋的余地。试演一例：车八进六，车9进1，车一进一，车9平4，车一平四，士4进5，仕四进五，车4进4，车四进三，车4平6，马三进四，炮6进1，车八退二，炮6进1，红方无趣。

7. ……　　车9平8　　　　　8. 车一平二　……

兑车可以缓解右翼的压力。

8. ……　　车8进9　　　　　9. 马三退二　炮6退1

退炮灵活。如炮6进2，车八平四，炮6平8，炮五平三，马3进2，炮三进四，炮8进3，炮七退一，士4进5，炮七平三，红方先手。

10. 炮五平三　炮2平1　　　 11. 车八进五　……

接受兑车，局势趋于平稳。如欲保持变化，则车八平四，炮6平4，车四平六，炮4平7，相三进五，红方先手。

11. ……　　马3退2　　　　 12. 炮三进四　马7退5
13. 炮三平九　炮1进4　　　 14. 马二进三　马5进3
15. 炮九进三　……

进炮牵制黑方底马积极。如炮九平一，马3进4，兵五进一，炮6平7，相三进五，马2进3，黑方子力灵活。

15. ……　　马3进4

进马准备摆脱底线受制的弱点。

16. 相三进五　……

缓着。黑方欲摆脱牵制，下一手必然上将，因此黑方的中防就显得薄弱。此时应炮七平五，马4退3，兵五进一，炮1退1，马三进二，红方先手。

16. ……　　将5进1

为了摆脱受制的局势，只好忍痛弃士。

17. 炮九平六　炮6平9　　　 18. 炮六退三　马4进5
19. 马三进五　炮1平5　　　 20. 仕四进五　马2进4

如果马2进1，马九进八，黑方没有好的位置。

21. 炮七进三　……

不如马九进八，加快子力出动的速度较好。

21. ……　　将5退1

如马4进2，炮七进二，马2进3，马九进八，马3进5，红方子力出动速度更快。

22. 马九进八　炮9进5　　23. 马八进六　炮5平8
24. 炮七平八　炮9进3　　25. 仕五进四　……

支仕稳健。如帅五平四，炮8进3，帅四进一，红帅位置欠佳。

25. ……　　炮8进3　　26. 帅五进一　炮9退5

黑方兑炮以减轻压力。如马4进3，兵七进一，炮9退5，马六进八，炮9平5，帅五平四，炮8退8，帅四退一，士6进5，兵七进一，炮5平2，兵七进一，红方大优。

27. 马六进四　马4进6　　28. 炮八进一　炮9平5

先打一将，试红方应手。如象5退3，炮六平七，以后红方有兵三进一的手段，红方优。

29. 帅五平六　象5退3　　30. 炮六平七　炮8退8
31. 炮八平五　……

炮打中卒，简明有力，红方对黑棋形成围攻之势。

31. ……　　炮8平4　　32. 炮七进一　将5平4
33. 相五退三　……

宜炮七平八，士6进5，炮八退五，象7进9，炮五平一，将4平5，相五进七，红方大优。

33. ……　　士6进5　　34. 炮五平八　……

平中炮，失去对黑方中路的控制。这一手平炮以后，双方形势突变，红方失去对战场的控制权。

34. ……　　马6进4
35. 帅六平五　……

进帅随手，以后完全变成黑方表演的战场。较为顽强的下法是马四进六，象3进1，炮八进三，炮4平3，马六进七，将4进1，炮七平二，士5退6，炮八退一，将4退1，炮二进一，形势复杂。

35. ……　　马4进5
36. 相三进五　马5进3
37. 帅五平四（图4）　……

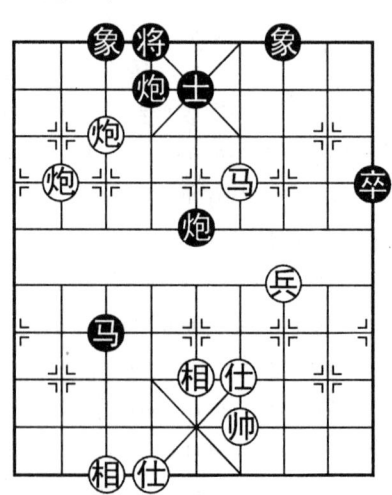

图4

败着。应相五退三，马3退5，相三进五，马5进3，相五退三，炮4进2，帅五平四，炮5平6，帅四平五，红方尚可周旋。

37. ……　　炮4进4　　　　**38.** 相五进七　炮4平6
39. 帅四平五　炮6平5

红方认负。以下帅五平四，后炮平6，帅四平五，马3进5，帅五进一，炮6平5，绝杀。

第5局　孙浩宇 负 金松

1. 炮二平五　马8进7　　　　**2.** 马二进三　车9平8
3. 兵七进一　卒7进1　　　　**4.** 马八进七　……

红方缓开右车，先进左马，保留右车横出的机会，灵活。

4. ……　　炮2平5

黑方另有两种常见的应着：一是马2进3，形成屏风马阵型；二是炮8平9成三步虎阵型这都是流行下法。现在黑方选择列炮应战，是金松大师较为喜爱的下法。

5. 车九平八　马2进3　　　　**6.** 车一平二　……

红方另有两种下法：①炮八平九，车1进1，车八进五，象7进9，车一平二，炮8进2，车八进一，炮8退1，车二进四，炮8平6，车二平四，车8进3，双方互缠；②车一进一，车1进1，马七进六，炮8进4，马六进七，炮8平5，仕六进五，车8进5，相七进九，车8平6，马三进五，炮5进4，炮八进二，车6进1，马七退六，车6平7，车八进三，红方先手。

6. ……　　炮8进4

进炮封车势在必行。如车1进1，车二进六，车1平6，马七进六，炮8平9，车二进三，马7退8，车八进一，马8进7，马六进七，车6进4，车八平七，红方先手。

7. 仕四进五　……

补仕先巩固中防，再徐图进取，稳健。

7. ……　　车1进1

黑方显然不能车1平2，否则炮八进四，士4进5，马七进六，红方先手。

8. 马七进六　车1平8

平车保持复杂变化。如车1平4，马六进七，车4进5，炮八进五，炮8退3，马七进五，象7进5，炮五平六，炮8进3，相三进五，马7进6，车八进六，红方先手。

9. 马六进七　……

正确，如兵七进一，则红方的盘马河将成为黑方的打击目标。试演一例：

兵七进一，前车进4，马六进八，马3退1，兵七进一，前车平3，炮八平六，士6进5，相七进九，车3退2，黑方反先。

9. ……　　　前车进4　　　　10. 相七进九　马7进6

此时黑方有多种应对方法。如欲平稳可考虑炮5平6调整阵型，欲形成复杂的对攻局势可考虑卒7进1。临场黑方走马7进6，窥视红方中兵，也是一个不错的选择。

11. 炮八平七　……

改进之着。以2008年的个人赛上，申鹏对阵陈卓时，申鹏走马七进五，象3进5，炮八平七，马3进4，车八进五，马6进4，车八平六，马4进3，仕五进六，炮8平5，炮五进四，士4进5，车二进四，车8进5，马三进五，车8平5，车六退二，车5退2，车六平七，马3进2，相九退七，红方先手。现在红方先平七路炮，保持变化。

11. ……　　　炮5平6　　　　12. 兵五进一　……

红方这两手走得很见功力，先平炮迫使黑方移开中炮，利用黑方中路薄弱的机会再进中兵，好棋。

12. ……　　　士6进5　　　　13. 车八进五　马6进5

进马好棋。如马6进7，车八平三，红车效率甚佳。

14. 炮七平六　象7进5　　　　15. 兵五进一　后车进3

进车强硬。如马5进7，炮六平三，炮8进1，炮五平二，前车进2，车二进二，车8进7，炮三平五，卒5进1，车八平五，双方交换以后，红方稳持先手。

16. 车二进二　……

红方可以兵五进一从中路突破。

16. ……　　　卒5进1　　　　17. 车八平五　……

红车急于离开险地，走了一步坏棋。应马三进五，卒5进1，马五退三，后车平3，车八平五，红方先手。

17. ……　　　马5退3

退马机警，一举反先。

18. 车五平四　……

如相九进七，炮8平1！相七退九，前车进2，炮五平二，车8平3，黑方易走。

18. ……　　　前马进4　　　　19. 仕五进六　炮6进1

进炮是上一手前马进4的后续手段，利用红方仕相分散的弱点，强架中炮，加强反击力量。

20. 仕六退五　　炮 6 平 5
21. 炮五进三（图 5）　……

败着。红方进炮意在腾出相位，以便以后补相调整阵型。应兵三进一，前车平 7，车四退二，炮 8 退 2，帅五平四，炮 5 平 6，帅四平五，炮 6 平 5，帅五平四，炮 5 平 6，帅四平五，双方不变作和。

21. ……　　　　卒 7 进 1

冲卒反击犀利，这也是红方当时没有考虑的。

22. 相三进五　　……

速败。当然红方同样不能兵三进一，炮 8 平 5，红方丢车。应马三退四先避一手，虽然委屈，但尚可周旋。

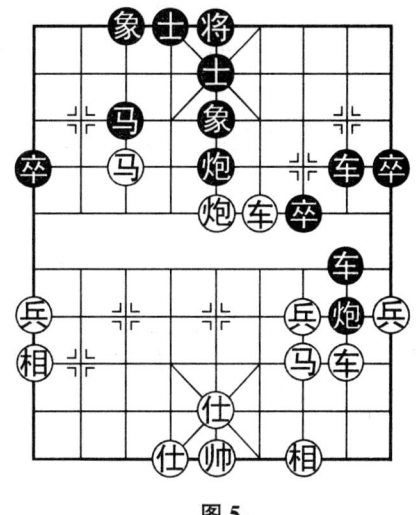

图 5

22. ……　　卒 7 进 1　　　　23. 马三退四　　炮 8 平 1

打兵好棋，简化局势。通常局势占优的一方常用两种方式扩大先手：一是及时简化局势，让对方失去反扑的机会；二是利用优势猛攻对手。

24. 炮五进二　　……

一炮换双象，红方非常凶悍。如车二进二，车 8 进 2，炮五退二，车 8 退 2，车四平五，炮 5 进 3，车五退二，炮 1 退 1，黑方也是大优。

24. ……　　　象 3 进 5　　　　25. 马七进五　　士 5 进 6
26. 车二平四　　炮 1 平 6

平炮稳健，及时化解红方攻势。

27. 马五进七　　将 5 进 1　　　　28. 前车平七　　将 5 平 4

弃还一子，稳健。也可炮 5 平 3，马七退九，炮 3 平 6，车四平一，后炮进 6，仕五退四，马 3 进 5，对攻中黑方占优。

29. 车七进二　　前车平 4

平车叫杀，迫使红车回到底线，这是黑方弃子后的连续动作。

30. 车七退七　　炮 5 退 1　　　　31. 马七进九　　车 8 平 3

平车，不给红方马九退八的机会，保持黑将的助攻作用。

32. 车七平八　　将 4 进 1　　　　33. 马九退八　　车 3 平 2
34. 马八进七　　将 4 退 1　　　　35. 车八平七　　车 2 平 3
36. 马七退八　　车 3 退 1　　　　37. 马四进二　　……

如马八进九，车 3 进 7，黑方速胜。

37. ……	车3平2	38. 马二进三	车2进4
39. 马三进四	炮5进2	40. 马四进五	车2平3
41. 马五进四	炮6退6		

红方投子认负。

第6局　郑一泓 胜 苗永鹏

1. 炮二平六　……

过宫炮阵型的优点是集中火力于一翼，子力结构良好；但若运用不当，会造成自相拥塞的弱点。先手走过宫炮，有利于上马出车，迅速开动主力，攻守皆宜。后手过宫炮，常用于应付飞相局、仙人指路等开局。先手过宫炮是郑一泓偏爱的布局。

1. ……　　炮8平7

平7路炮，冷僻的下法，是苗永鹏后手应对过宫炮的拿手套路。近年来较为常见的下法是马8进7或者炮8平5形成过宫炮对进马局或过宫炮对左中炮的阵势。这些变化随着近年棋手的研究，原来的散手棋已经发展成为流行套路。苗特大选择炮8平7可能是出于以下两方面的考虑：①既然郑一泓特大对过宫炮布局研究有素，那么就选择一个冷僻的变化，把局面导向一个双方都不熟悉的领域，较量散手棋。②过宫炮的子力集中在左翼，那么这手炮8平7则把火力集中在红方相对薄弱的右翼，以后形成各攻一翼的局面。

2. 兵七进一　……

冲兵加快左翼子力出动速度，加快布局阶段的行棋步调。

2. ……　　炮2进4

进炮伺机压制红方左马。

3. 马八进七　炮2平3　　4. 相七进五　马8进9

5. 兵三进一　……

挺兵，不给黑方3路炮左移的机会，并且顺势活通马路。至此，红方的出子速度已经大大领先黑方，红方稳持先手。

5. ……　　马2进3　　6. 兵九进一　……

红方进兵以后通过捉炮，摆脱左马受制的弱点，战术构思精巧。

6. ……　　炮3平4

平炮有示弱的感觉。可考虑炮7平6，马二进三，车1平2，车九进三，炮6进4，兵九进一，卒1进1，车九进二，车9平8，黑方双车明出，足可抗衡。

7. 马七进六　车1平2　　　　**8.** 炮八平七　象3进5
9. 马二进三　车9平8　　　　**10.** 兵一进一　……

红方选择兵一进一，准备大出车。也可车一进一，车2进6，炮七进四，车8进4，仕六进五，红方先手。

10. ……　　车2进6　　　　**11.** 炮七进四　……

红方另有两种下法：①兵七进一，车2平3，兵七进一，车3退1，仕六进五，车3退1，兵七进一，炮7平3，马三进四，红方先手；②马三进四，车8进6，炮七进四，车8平5，兵七进一，车2进1，仕六进五，卒5进1，马四退三，车5平8，马六进四，炮7退1，车九平七，红方先手。

中局时候，双方可以选择的棋路都很多，棋手们必须在纷繁的局势下找到正确的方向。本局红方选择炮七进四，以后可以车九平七，亮出左车，明确进攻的方向。

11. ……　　卒7进1

冲卒过急。应车8进4，黑方尚可周旋。

12. 兵三进一　车2退2

败着。宜象5进7，兵七进一，车2退1，马六进四，马3退5，车一进二，炮4退4，黑方尚可周旋。

13. 车九进三　炮4平2
14. 仕六进五　炮2进3（图6）

坏棋。进炮以后黑方并没有太多的空间。此时宜炮2进1，兵三平四，马9进7，炮七平三，炮7进5，炮六平二，炮2平7，车一进三，车2平4，车九平六，士6进5，双方兑子以后，黑方局势尚可。

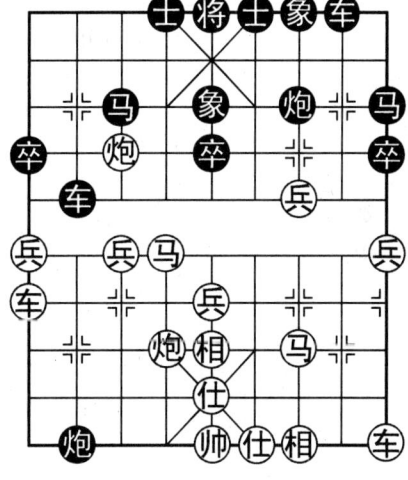

图6

15. 车九退三　炮7进5
16. 炮六平三　车2平4　　　　**17.** 车九平八　车4进1
18. 车一进三　……

交换以后红方大占优势。此时，红方进车，伺机亮出右车，加强左翼攻势。

18. ……　　象5进7　　　　**19.** 车八进八　象7进5
20. 车八平七　车4退3　　　　**21.** 兵五进一　……

冲兵闪出车路，准备右车左移。

21. ……　　车8进2　　　　**22.** 车一平八　车8平6

如象5退3，红方也可走车八进四，黑方仍然不好处理。

23. 车八进四　象5退7　　　**24.** 炮七平八　……

平炮好棋。伏有车八平七，车4平3，炮八进三叫将抽车的棋。

24. ……　　车4平5　　　　**25.** 车八平七

平车吃马果断，黑方放弃抵抗。

第二轮 (2011年5月7日于鄂尔多斯)

第7局 蒋川 和 聂铁文

1. 兵七进一 炮2平3
2. 炮二平五 象3进5
3. 马二进三 卒3进1
4. 相七进九 卒3进1
5. 相九进七 ……

红方花费两手棋,吃掉黑方过河卒,出子速度必然落后。红方得到的补偿是可炮八平六再马八进七,阵型比较工整。

5. …… 车9进1
6. 炮五进四 士4进5
7. 车一平二 马8进7
8. 炮五退二 马7进5
9. 马八进七 炮8平7

另有马2进1的下法,侧重两翼均衡出动子力。

10. 马七进八(图7) ……

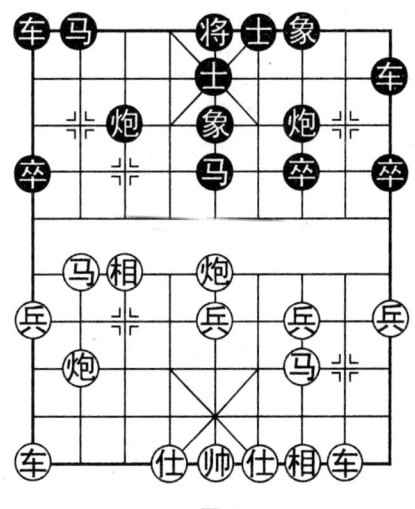

图7

进马封车体现出蒋川的独特构思,这手棋以往多走相七退五,炮3进4,炮八进六,马2进4,车九平八,炮7进4,双方子力互相牵制,大体均势。现在蒋川先进马,避免黑方进炮压马,走法轻灵。

10. …… 炮3退1

好棋,既给左车生根,又为右马正起留出通道。

11. 仕六进五 马2进3
12. 车九平六 车1平4
13. 车六进九 将5平4
14. 车二进六 马5进6
15. 相七退五 车9平8
16. 车二进二 炮3平8

双方兑车以后，进入无车局的争夺，红方多一中兵，且子力位置稍好，略占优势。

17. 兵三进一　马6进7　　　　18. 炮八平三　卒7进1
19. 兵九进一　……

进边兵先等一着，静观其变。

19. ……　　　卒9进1　　　　20. 炮五平四　士5进6
21. 炮四进二　炮8平5　　　　22. 炮三进三　炮5进5
23. 相三进一　炮5退1　　　　24. 炮三平四　士6退5
25. 兵三进一　炮5平1　　　　26. 后炮平一　……

交换以后，双方势均力敌，和棋的机率很大。

26. ……　　　炮7平9　　　　27. 炮一平二　……

宁可弃掉一相也不愿放弃边兵，求胜之意跃然枰上。

27. ……　　　炮9进5　　　　28. 兵三平四　炮1退1
29. 炮二平九　……

稍急。不如马八进九，马3进1，炮二平九，红方优势更大。

29. ……　　　卒1进1　　　　30. 马八进七　卒1进1
31. 兵四平五　炮9平8　　　　32. 兵一进一　炮8进2
33. 相五退三　炮8退3　　　　34. 兵一进一　炮8平3
35. 炮四平六　将4平5　　　　36. 兵一平二　卒1进1
37. 兵二进一　卒1平2　　　　38. 兵二平三　卒3进1
39. 炮六退五　卒2平3　　　　40. 马七退八　炮3平2
41. 仕五进六　炮2退1　　　　42. 炮六平一　炮2平1
43. 炮一进四　炮1退5　　　　44. 马八进七　卒3平4
45. 仕四进五　炮1平3　　　　46. 马七进九　炮3平4

红方虽然马炮双兵攻势很盛，但是黑棋防守严密，红方无法入局，双方仍处在胶着的状态。

47. 兵三平四　将5平4　　　　48. 马九退七　炮4平3
49. 马七退八　卒4平5　　　　50. 兵四平五　炮3平2
51. 马八进七　炮2平3　　　　52. 马七退九　卒5平4
53. 前兵平六　马3进1　　　　54. 兵五平六　马1退3
55. 前兵平七　马3进5　　　　56. 炮一平五　炮3平1
57. 兵六进一　马5进7　　　　58. 兵七平六　马7进6
59. 炮五平六　将4平5　　　　60. 炮六平八　卒4进1

冲卒好棋。吃掉红方双仕，这样残局阶段红炮失去炮架，攻击效率大打折扣，这也说明了聂铁文大师做好了持久战的准备。

61. 仕五进六　马 6 进 4　　　　**62.** 帅五进一　马 4 退 3
63. 马九进八　马 3 退 4

和棋。

第 8 局　程鸣 和 苗利明

1. 炮二平五　……

这是 2011 年伊泰杯全国象棋甲级联赛第 2 轮的对阵，江苏队主场对阵河北队，程鸣先手对苗利明。印象中苗利明是程鸣的苦手，每次遇到程鸣总能稍占便宜。这次程鸣先手，定是想克服障碍一举拿下苗大师。

1. ……　　　炮 8 平 5

苗大师是象棋界的怪客，布局颇有新意，并经常走些比较冷门的开局，但也经常能走出新的感觉，让人赞叹，顺炮也是其偶尔会选择的开局之一。

2. 马二进三　马 8 进 7　　　　**3.** 车一平二　车 9 进 1
4. 马八进七　马 2 进 3

至此形成中炮直车对顺炮横车的阵型。

5. 兵七进一　……

另有兵三进一的选择，以下黑可卒 3 进 1 或车 1 进 1。

5. ……　　　卒 7 进 1　　　　**6.** 车二进四　车 1 进 1

正着，保留变化。如车 9 平 4，兵三进一，卒 7 进 1，车二平三，炮 5 退 1，马七进六，炮 5 平 7，车三平四，红优。

7. 炮八平九　……

如兵三进一，卒 7 进 1，车二平三，车 1 平 7，黑方可下。

7. ……　　　车 1 平 2

可考虑车 9 平 8，车二平四，车 1 平 6，兵三进一，卒 7 进 1，车四平三，车 6 进 1，下手炮 2 退 1，黑方战意十足。

8. 兵三进一　……

兑兵没有太大的便宜。但如车九平八，炮 2 平 1，车八进八，车 9 平 2，兵三进一，车 2 进 3，黑可战。

8. ……　　　卒 7 进 1　　　　**9.** 车二平三　炮 5 退 1
10. 车九平八　炮 5 平 7

妙手，先弃后取，顺利取得对抗之势，也是被红方所忽略的手段。

11. 车三进三　炮 2 平 7　　　　**12.** 车八进八　士 4 进 5

13. 车八退三　后炮进 6
14. 车八平三　车 9 平 7
15. 马七进六（图 8）　……

红方虽然稍优，但取胜难度颇大。此时可考虑马七退五，前炮平 1，相七进九，象 7 进 5，车三进一，车 7 退 1，炮五平七，红方残棋稍优。

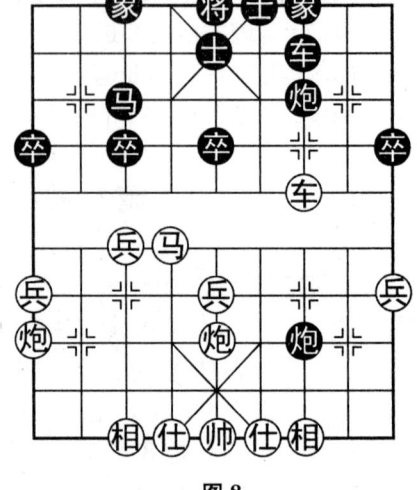

图 8

15. ……　　　前炮平 1
16. 炮五平三　象 3 进 5
17. 车三进一　炮 1 平 2

好棋。此手一出，红方想取胜基本无望。

18. 炮三进五　……

无奈。如马六进四，车 7 平 6，炮三进五，车 6 进 3，和势。

18. ……　　　炮 2 退 5　　19. 车三退五　……

只能躲开，不然黑方下手马 3 退 4 直接成和。

19. ……　　　马 3 退 2　　20. 车三平八　……

红方虽稍优但没有物质优势，至此直接简化成和。如炮三退一，马 2 进 4，相三进五，卒 9 进 1，相持中黑方可下。

20. ……　　　炮 2 平 7　　21. 车八进八　士 5 退 4
22. 相七进五　炮 7 平 9　　23. 车八退三　车 7 进 5
24. 车八平七　车 7 平 5　　25. 马六进四　车 5 平 1

和棋。

布局伊始，面对黑方的冷门开局，红方没有找到有效的办法，中局被黑方巧妙地先弃后取，红虽稍优但不够赢，黑方顺利取得和棋。

第 9 局　张强 胜 郝继超

1. 相三进五　炮 8 平 4　　2. 马二进三　马 8 进 7
3. 车一平二　车 9 平 8

黑方直接出左车，是近期流行的下法，老式下法多卒 7 进 1，以后伺机车 9 进 1，避开红方炮二进四封车的变化。

4. 炮二进四　卒 7 进 1　　5. 兵七进一　马 2 进 1
6. 马八进七　炮 2 平 3　　7. 马七进八　……

进马封车必走之着。如车九平八,车1平2,炮八进四,黑方有炮4进5的骚扰手段。

7. ……　　　　马7进6　　　　**8.** 车九进一　……

对攻的选择。如炮二退二,炮4平5!黑方可以从容展开反击。

8. ……　　　　卒7进1　　　　**9.** 车九平六　士4进5

10. 车六进四　车8进3　　　　**11.** 车六平四　车8进6

12. 马三退二　卒7进1

交换以后,黑方右翼子力被封,虽有一个过河卒但缺少子力配合,红方优势。

13. 马二进四　卒7平8　　　　**14.** 炮八进一　卒8平9

15. 炮八平一　……

红方消灭黑过河卒的同时,把子力调整到黑方防御薄弱的左翼,好棋。

15. ……　　　　车1平2　　　　**16.** 马八退七　炮4平9

17. 炮一平三　象3进5　　　　**18.** 马七进六　车2平4

19. 马六进五　车4进3

20. 马五退四　炮9平6

21. 后马进二　炮3平2(图9)

红方车双马炮四子集结在黑方右翼,因此黑方可以选择炮6进3交换,车四退一,车4平8,马二进三,车8进3,相互纠缠中红方稍好。

22. 车四平八　卒1进1

23. 车八进一　炮2平4

黑方子力虽然局促,但是已经取得均势的局面。

24. 马二进三　炮6平7

黑方急于兑子,简化局面。这是一个错误的战术计划,被红方利用后,红棋迅速扩先。

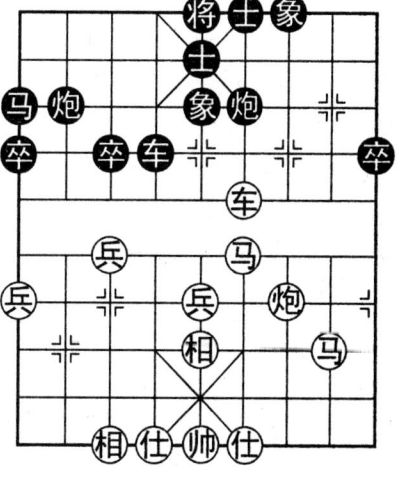

图9

25. 炮三进四　炮4平7　　　　**26.** 车八平九　……

平车限马,好棋,黑方子力位置不好调整。

26. ……　　　　卒9进1　　　　**27.** 马三进一　车4平6

28. 马四进二　车6平8　　　　**29.** 马二退四　马1退3

30. 马一进三　……

进马好棋,把黑车暂时隔离在主战场之外。

30. ……	卒3进1	31. 兵七进一	象5进3
32. 车九平七	炮7退1	33. 车七退一	车8退1
34. 车七平九	……		

转眼间,红方取得多兵多相的优势局面。

34. ……	车8平7	35. 马三退五	炮7平9
36. 仕四进五	……		

支仕这手棋走得很机警,不给黑炮先手叫将的机会。

36. ……	马3进4	37. 马四进二	车7平3
38. 马二进四	马4退6	39. 兵九进一	车3平5
40. 兵五进一	……		

取得局面主动权以后,张强大师走得不急不缓,连进两步兵看似闲庭信步,实则暗藏杀机。

40. ……	车5进1	41. 马五退三	炮9平6
42. 兵五进一	车5平4	43. 马四进二	炮6平8
44. 兵五平四	士5退4	45. 兵四进一	马6退4
46. 车九平三	……		

在红方的紧逼之下,黑棋彻底失去反击的机会,只能步步后退,委曲求全。

46. ……	车4退1	47. 马二退一	马4进2
48. 车三进四	……		

吃象以后,红方车双马兵攻势凌厉,胜势。

48. ……	士4进5	49. 车三退四	车4平3
50. 车三平二	炮8平7	51. 车二平八	马2进3
52. 马三进二	炮7平6	53. 马一进三	

黑方必失一子,投子认负。

第10局 洪智 胜 许银川

1. 相三进五	炮2平4	2. 车九进一	……

红方起横车,意在平肋牵制黑方士角炮,然后左马屯边,稳步进取。

2. ……	马2进3		

黑方右马正起,加强反击之势,是积极的应法,是流行趋势。此外另有马2进1、象7进5及炮8平5等多种选择。但从实战来看,均不如本局右正马效果好。

3. 车九平六　马8进7

亮车牵炮，属第一感觉着法。

5. 兵九进一　车2进4

7. 马九进八　卒3进1

右马屯边，机动灵活。如马二进三，则稍显滞重。

8. ……　　　士6进5

补士固防，以逸待劳。如卒9进1，兵一进一！卒9进1，马一进二，车6退1，炮二平三，红方占先。

9. 兵一进一　卒7进1

10. 马一进二（图10）……

进马积极。旧式的应着多仕四进五，象7进5，马一进二。现在红方不补仕，先跳马明显加快了进攻的节奏。这样选择的好处在于，红方不补仕也不给黑方象7进5补厚阵型的机会，但是红方的一路车较黑方9路车灵活得多，随时可以选择车一进一出横车，红方的棋路更宽。

4. 马八进九　车1平2

6. 车六进三　车2平6

8. 马二进一　……

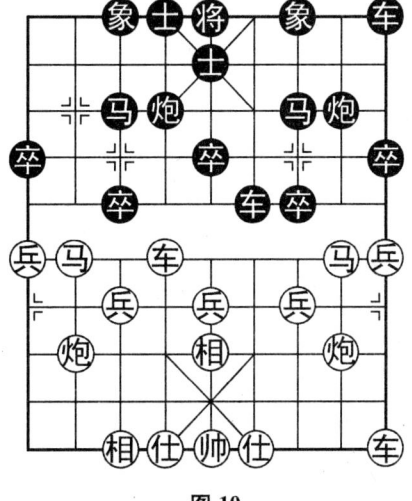

图 10

10. ……　　　炮8进5

12. 车六平四　炮8平2

14. 车一平二　……

红方抢先亮车左车，局面上稍先优势，这也正是红方没有先补仕的好处所在。

14. ……　　　炮2退1

16. 仕六进五　炮5退2

18. 车二平六　……

平车护肋好棋，防止黑方走炮4进2。

18. ……　　　象5退7

20. 车四平五　炮4平6

22. 车三平七　象3进5

红车连扫黑卒以后，再平车占中，优势扩大。

23. ……　　　车9进3

25. 兵七进一　……

强硬的下法。

11. 马二进四　马7进6

13. 车四进一　象7进5

15. 车二进四　炮2平5

17. 马八进七　卒9进1

19. 马七退五　卒5进1

21. 车五平三　卒9进1

23. 车七平五　……

24. 兵七进一　马3退1

25. ……　　　象5进3

必吃无疑，否则兵七平八，黑马受制。

26. 车五平七　马1进2　　　　27. 车六平五　象7进9
28. 车七进二　炮6退2　　　　29. 车七平二　……

至此，红方双车占据要津，许银川纵是绝顶高手也无良策应对，只能眼睁睁看红方扩先占优。

29. ……　　　车9平7　　　　30. 车五平三　象9进7
31. 车三平一　象7退5　　　　32. 车一平三　车7进2
33. 兵三进一　炮6进2

保象正确，如果黑象再失，红方胜定。

34. 车二进二　炮6退2　　　　35. 车二退四　马2进1
36. 车二平五　象5退7　　　　37. 车五平八　马1进3
38. 车八平三　象7进5　　　　39. 车三平五　象5退7
40. 相五进七　炮6退2　　　　41. 仕五进六　炮6平5
42. 仕四进五　马3退1　　　　43. 相七进五　……

红方先调整阵型，确保后防无忧，再放手进攻，老练。

43. ……　　　炮5平6　　　　44. 车五平八　马1进3
45. 车八平三　象7进5　　　　46. 车三平五　象5退7
47. 兵三进一　马3退1　　　　48. 车五进一　马1退3
49. 车五平七　象7进5　　　　50. 兵三平四　卒1进1
51. 兵四平五　马3进5　　　　52. 车七平五　象5退3
53. 车五平九　卒1进1　　　　54. 车九退二　……

吃掉红兵以后，形成车马仕相全攻马炮单缺象的残局，红方胜定。

54. ……　　　马5退3　　　　55. 车九进一　马3退4
56. 兵五进一　炮6退1　　　　57. 车九平四　炮6平7
58. 兵五平六　马4进2　　　　59. 仕五退六　马2进3
60. 兵六平五　马3进2　　　　61. 车四平七　马2退4
62. 兵五平六　马4进6　　　　63. 车七平四　马6退4
64. 相五进三　马4进2　　　　65. 车四平七　象3进5
66. 车七进一　马2退3　　　　67. 兵六平五　炮7平9
68. 车七进一　将5平6　　　　69. 相七退九　炮9平8
70. 兵五平四　将6平5　　　　71. 兵四平三　炮8平9
72. 兵三进一　象5进7　　　　73. 车七退二　象7退5
74. 车七进一　象5退3　　　　75. 车七退三　马3进2

76. 车七进六　……

吃象以后，红方胜定。

76. ……　　　马2退4　　　　**77.** 车七退三　炮9进5
78. 兵三平四　炮9平1　　　　**79.** 兵四平五

黑方认负。

第11局　王新光 负 张晓平

1. 炮二平五　马8进7　　　　**2.** 马二进三　车9平8
3. 车一平二　马2进3　　　　**4.** 马八进九　卒7进1
5. 车二进六　……

此时红方如炮八平七则形成常见的五七炮对屏风马挺7卒的阵势，临场王新光见黑方挺7卒，决定改走车二进六试探对方应手。

5. ……　　　马7进6

黑方走得也是非常灵活，选择了马7进6左马盘河，这手棋反弹力很强。

6. 车九进一　……

左车横起，稳中带凶。

6. ……　　　象3进5　　　　**7.** 炮八平六　卒7进1
8. 车二平四　马6进7　　　　**9.** 炮五平四　……

平炮这手棋的效率不高。不如车四平三，士4进5，车九平八，红方及时开动双车，先手明显。

9. ……　　　车1进1　　　　**10.** 车九平八　炮2平1
11. 车八进三　车1平7　　　　**12.** 炮四进七　……

进炮打士看似来势汹汹，但是后续子力不能及时跟进，以后反被黑棋利用。

12. ……　　　象7进9　　　　**13.** 炮四退二　……

坏棋，同样退炮应走炮四退一。这里红方如果走得再凶悍一些可以考虑炮四平六，马3退4，车四平五，马4进3，车五平一，象9退7，相七进五，车8进1，车一平二，卒3进1，相五进三，形成黑方多子但缺双士，红方多兵互有顾忌的局面。

13. ……　　　车8平6　　　　**14.** 车八进三　象5退3
15. 炮六进五　炮8平4　　　　**16.** 车八平七　炮4平5

双方再次交换以后，红方子力位置更为不利，黑方优势。

17. 仕六进五（图11）　……

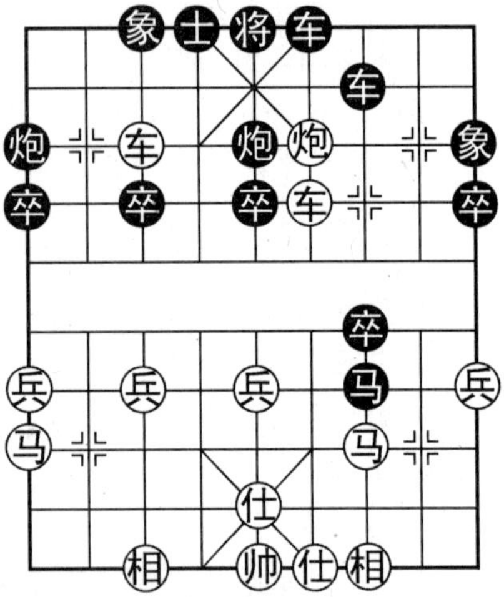

败着。红方支仕的本意是准备车四退四生根，但是这手棋明显没有考虑到黑方的车7进1的反击手段。应兵九进一较为顽强。

17. ……　　　车7进1
18. 车四平五　……

由于红方补仕，所以不能炮四进一避捉，否则炮5进4，红方左车必失。

18. ……　　　车6进2
19. 兵九进一　炮5退1
20. 车七进二　卒7平6

红方多子以后，从容平卒展开反击。

21. 马九进八　炮1进3
22. 车七退三　车6平2

此时黑方也可先走炮1进4再车6平2，与实战殊途同归。

23. 车七平八　车2进1　　　24. 车五平八　炮1进4
25. 相七进五　马7进5　　　26. 相三进五　车7进5
27. 车八平九　车7平5

黑方这几手棋走得非常连贯，牢牢地控制住局势主动权。

28. 帅五平六　……

如车九退六，炮5平7！红方速败。

28. ……　　　车5平2　　　29. 马八进六　车2进2
30. 帅六进一　车2退1　　　31. 帅六进一　车2退7
32. 兵七进一　……

冲兵准备掩护肋马，也是非常顽强的下法。

32. ……　　　车2平4　　　33. 兵七进一　炮1平2
34. 车九平八　炮2平1　　　35. 车八平九　炮1平2
36. 车九平二　炮5平7　　　37. 车二平八　炮7进3
38. 车八平五　……

如车八退六，炮7平3，帅六退一，车4进3，黑方也是胜势。

38. ……　　　士4进5　　　39. 帅六平五　卒6进1
40. 仕五退六　炮7平3　　　41. 马六进七　车4进1
42. 马七退九　炮3平7　　　43. 帅五退一　卒6进1

红方显然无法抵挡黑方车双炮卒的强力攻击，投子认负。

图11

第12局 郑一泓 负 卜凤波

1. 炮二平六　马8进7　　　　**2.** 马二进三　车9平8

3. 兵三进一　……

红方进三兵是继进七兵后兴起的一路稳健攻法，二者在战略意图上同中有异，各有所长。

3. ……　　　炮8平9

与卒3进1直接挺卒相比，黑方平炮亮车含蓄多变。

4. 马八进七　……

左马正起加快大子出动，着法紧凑。如相七进五，虽属"谱着"，但仍感迟缓，黑可接走炮2平5架炮反击。

4. ……　　　卒3进1　　　**5.** 炮八平九　马2进3

6. 车九平八　车1平2　　　　**7.** 炮九进四　……

炮打边兵较为少见。以往多车八进六，左车过河对黑方形成压制，如炮2平1兑车，红方可以接受，以后仍可走到炮九进四这手棋。现在郑一泓特级大师把这手棋和车八进六做一个交换，效果如何呢？

7. ……　　　炮2进1

进炮好棋，是黑方的第一个反击要点。

8. 兵九进一　马3进1　　　　**9.** 兵九进一　车2进2

10. 兵九进一　车2平4　　　**11.** 仕六进五　炮2平3

现在我们回过头来看再第8个回合的局面，红方的大子未动，而黑方的车炮显然是调整到一个更好的位置，黑棋更具有潜力。

12. 相七进五　卒9进1

先挺边卒试红方应手。如车8进4，红方可以车一平二兑车。

13. 车一进一　车8进4　　　**14.** 车一平四　卒7进1

15. 车四进三　炮9退1　　　**16.** 兵九平八　……

平兵捉炮稍缓，不如兵七进一兑兵开通马路较好。

16. ……　　　卒7进1　　　**17.** 车四平三　炮9平7

18. 车三平四　炮3退2　　　**19.** 兵七进一　马7进6

20. 车八进五　象7进5　　　**21.** 兵八平七　炮3平6

22. 车四平五　炮7进3

以上几个回合，双方围绕河口展开激烈的争夺。现在黑方进炮仍然是这个战术思想的继续。

23. 车八退一	炮6平7	**24.** 马三进四	车8进1
25. 相三进一	卒5进1	**26.** 马四退三	车8平5
27. 兵五进一	马6进7	**28.** 相一进三	马7退5

退马吃卒，先手。至此，黑方稳稳地控制住局势。

29. 马三进二	车4进4	**30.** 后兵进一	前炮平8

平炮准备下一手车4平8捉死马，又是一步扩先的佳着。

31. 相三退一	炮7进3	**32.** 后兵平六	车4平8

平车捉马操之过急。应车4平3，车八平七，车3平9，兵六平五，马5进4，仕五进六，卒9进1，马二进四，车9进1，黑方优势明显。

33. 兵六平五	马5进3	**34.** 兵五平四	……

红方平兵捉炮，自挡河口马的道路，坏棋。宜炮六进四，炮8平5，炮六平五，士6进5，马二进四，车8退3，兵七平六，红方优势。

34. ……　　　炮7退3

35. 车八退一（图12）　……

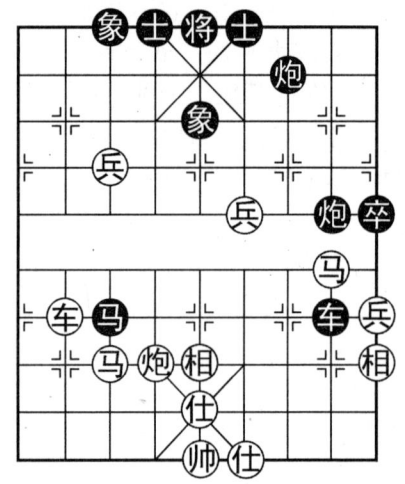

图 12

退车似无必要，黑车有根不怕红方牵制，因此红方这手棋是一步空着。不如车八平四，马3进5，车四退二，车8退1，车四平五，炮7平5，车五平三，红方足可抗衡。

35. ……　　　炮7平8

36. 相一退三	后炮进4
37. 炮六退一	车8平7
38. 车八进一	前炮平5

平中炮好棋，黑方已经找到入局的道路。

39. 炮六进五　士6进5

补士缓着。不如炮8进5更加积极。

40. 炮六平五　……

不如帅五平六较为顽强。

40. ……	炮8进1	**41.** 车八退一	炮8进4

由此可以看到黑方炮8进5更为直接。

42. 帅五平六	车7平4	**43.** 帅六平五	车4平6
44. 帅五平六	炮5进3		

炮打中仕，红方已经很难抵抗，以下就成了卜特大入局表演了。

45. 炮五退五　车6进3
46. 炮五退一　车6平5
47. 帅六进一　马3退5
48. 车八平二　炮8平9
49. 车二平五　马5退3
50. 相三进一　马3进1
51. 相一进三　车5平3
52. 马七进六　马1进2
53. 帅六平五　车3平4
54. 马六进八　马2退4
55. 帅五平四　车4退1
56. 帅四退一　马4进5
57. 帅四进一　车4平2
58. 马八退九　车2平1

红方认负。

第三轮（2011年5月8日于鄂尔多斯）

第13局 许国义 胜 李群

1. 兵七进一　卒7进1　　　**2.** 炮二平三　炮8平5
3. 炮八平五　炮5进4

双方以对兵局列阵，此时黑方炮打中兵比较少见，因为这样红方出子速度明显快于黑棋，理论上认为这样演变红方易走。

4. 仕六进五　象3进5　　　**5.** 马八进七　炮5退2
6. 马二进一　马8进7　　　**7.** 车一平二　车9平8

如马2进3，车九平八，红方双车的出动速度明显快于黑方的大子出动的速度，于是李群索性兑车，宁可损失一先棋，延缓红方大子出动速度。

8. 车二进九　马7退8　　　**9.** 相七进九　……

飞边相，准备出肋车。这时红方为什么不直接走车九平八呢？原来许国义计算到车九平八，马2进4，车八进三，马8进7，车八平六，马4进6，黑方大子俱活，红方无功而返。

9. ……　　　士4进5　　　**10.** 车九平六　马2进1
11. 兵一进一　卒1进1　　　**12.** 车六进五　炮2进2
13. 车六进一　炮2退1　　　**14.** 车六退一　炮2退1
15. 帅五平六　车1平4　　　**16.** 车六进四　士5退4
17. 炮五进四　士4进5　　　**18.** 马一进二　……

红方子力灵活，稍占先手。

18. ……　　　马8进7　　　**19.** 炮三平五　炮5进1

如马7进5，炮五进四，红方中炮位置非常好。黑方担心中路受制以后，残局阶段将陷入苦战。

20. 前炮平三　马1退3　　　**21.** 马二退四　马7退9

退马以后并没有好的位置。不如炮2退1，兑炮以后，局势较为平稳。

22. 炮三平四　马9进7　　**23. 炮四进二　马3进4**

进马坏棋，造成中象失守。不如士5进4，马四进三，马7进6，兵三进一，炮2平4，帅六平五，炮4平5，马三进二，后炮进3，相三进五，炮5平9，虽属红优，但是黑方也可抵挡。

24. 炮五进五　……

炮打中象，撕开一个突破口好。

24. ……　　将5平4　　**25. 炮五退二　炮2退2**

26. 炮五平六　马4退6

退马是很明智的选择。如炮2平4兑炮，炮六进二，士5进4，马四进三，红方可以吃掉黑卒，仍是优势，所以黑选择退马保留子力的同时困住红炮。

27. 炮六退四　将4平5

28. 马七进六　炮2平1（图13）

在红方的重压下，黑方制定一个错误的战术计划——平炮急于消灭红方边兵。冷静的下法是马7进8，炮四平三，炮5进1，仕五进四，炮2进4，马六进四，炮2平6，马四退五，炮6平1，黑方可战。

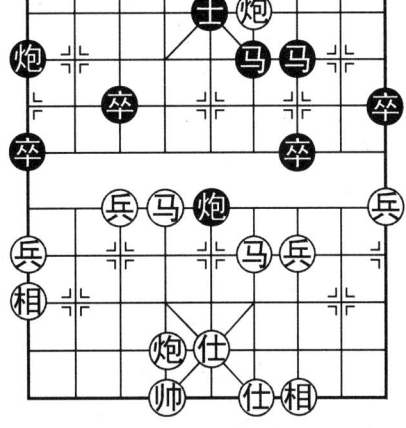

图13

29. 马四退六　炮5退1　　**30. 前马进七　炮1进4**

31. 马七退九　炮5平6　　**32. 炮四平三　士5进4**

33. 马九进七　士6进5　　**34. 兵七进一　……**

冲兵过河紧凑有力，红方先手进一步扩大。

34. ……　　炮6进1　　**35. 兵七平六　炮6平8**

36. 马六进七　炮1平3　　**37. 前马进九　马7进6**

38. 仕五进六　……

红方三路炮作用不大，不如炮三退二较好。

38. ……　　炮8平4　　**39. 炮三退二　炮4进3**

40. 帅六进一　前马进4　　**41. 仕六退五　炮3平4**

42. 马九进七　将5平4　　**43. 前马退八　……**

红方这手棋走得很老练，先进马叫杀，把黑将引出来，再退马看兵，非常紧凑。

43. ……　　马4进6　　**44. 马七退五　炮4退1**

45. 仕五进四　炮 4 平 8　　　　　**46.** 炮三平七　炮 8 进 1

47. 炮七退三　……

黑方花费了 3 手棋，调动黑炮，但是黑炮的作用不大。红方退炮的效率很高，直接黑棋要害。

47. ……　　将 4 平 5

无奈。如前马退 5，兵六平五，炮 8 平 5，兵五平四，马 6 进 8，兵四平三，黑方也难以守和。

48. 马八进七　将 5 平 6　　　　**49.** 兵三进一

冲兵巧手。以下黑棋如后马退 5，马七退六，马 5 进 3，炮七平四，马 3 进 4，马五进四，马 4 退 6，兵三进一，将 6 平 5，兵三平二，红方胜定。

第 14 局　阎文清 胜 郑一泓

1. 炮二平五　马 8 进 7　　　　**2.** 马二进三　卒 3 进 1
3. 车一平二　车 9 平 8　　　　**4.** 马八进九　马 2 进 3
5. 兵三进一　卒 1 进 1　　　　**6.** 车二进六　……

红方右车过河较有新意，一般多走炮八平七形成五七炮的流行阵势。

6. ……　　卒 1 进 1　　　　　**7.** 兵九进一　车 1 进 5
8. 炮八平七　车 1 平 7

不如马 3 进 2 封住红方左车，再徐图进取。

9. 车九平八　马 3 进 4　　　　**10.** 车八进四　车 7 退 1
11. 兵七进一　象 3 进 1　　　　**12.** 兵五进一　炮 2 平 5
13. 兵七进一　象 1 进 3　　　　**14.** 车八平七　马 4 退 3

由于红方子力出动速度较快，已经在黑方侧翼造成一定的压力，郑一泓特级大师希望通过退马起到稳定后防的作用。但是这手棋是一步软着，造成局势恶化。应马 4 退 6，兵五进一，卒 5 进 1，车七进一，马 6 进 5，车七平六，车 8 进 1，黑方足可抗衡。

15. 马九进七　马 3 进 2　　　　**16.** 车七平八　马 2 退 1
17. 马七进九　……

稍软。不如马三进四，炮 8 平 9，车二进三，马 7 退 8，马四进五，车 7 进 5，兵五进一，士 4 进 5，马五退七，红方优势更大。

17. ……　　士 6 进 5　　　　　**18.** 车八平七　炮 5 平 3
19. 车七进一　车 7 平 3　　　　**20.** 马九进七　炮 3 进 5
21. 车二平三　马 7 退 6　　　　**22.** 炮五进四　象 7 进 5

23. 马三进五　炮3平2
25. 炮五退一　车8进1

24. 车三平二　炮2退6

进车生根，摆脱牵制的佳着。这样黑方已经扭转了不利局面，双方大体均势。

26. 仕六进五　炮8平7
28. 车六平九　炮7进1
30. 马七进八　炮7平2
31. 车九进一　前炮进1（图14）

27. 车二平六　炮7退1
29. 相七进五　车8进3

坏棋。郑特大百密一疏，进炮这手棋让他追悔不及，此时应走前炮平4，马五进七，马6进8，车九平六，车8平5，车六平八，车5进1，车八进一，车5平4，和势。

32. 车九平八　前炮平5
33. 车八进一　炮5进2
34. 马五进七　马6进8
35. 车八退二　马8进6
36. 车八平四　卒9进1
37. 帅五平六　车8平7
38. 炮五进一　车7平4

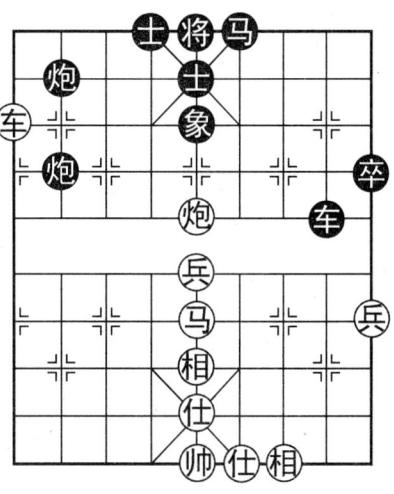

图14

39. 仕五进六　将5平6
41. 相五退七　车2平3

40. 仕四进五　车4平2
42. 相三进五　车3退1

以上一段着法，黑棋尽全力防守，显示出郑一泓特大的深厚功力。

43. 炮五平六　象5退3
45. 炮六退三　车3平8
47. 马七进五　车8平5

44. 车四退二　炮5退3
46. 炮六平七　象3进1

平车坏棋。宜车8进6，仕五退四，将6平5，车四进二，车8退3，炮七平四，车8退2，马五退七，象1进3，黑方尚可周旋。

48. 马五退三　将6平5
50. 炮七平二　马5进4

49. 车四进一　马6进5
51. 车四平一　……

红方终于吃掉边卒，形成车马炮兵仕相全对车马炮单缺象的残局，红方胜势。

51. ……　　　士5进4
53. 车一平六　马4退5

52. 车一进四　将5进1
54. 车六退二　马5进7

55. 相五进三	车 5 进 3	56. 炮二退一	象 1 进 3
57. 兵一进一	车 5 平 9	58. 炮二平五	车 9 平 5
59. 车六退二	炮 5 进 5	60. 相七进五	象 3 退 5
61. 兵一进一	车 5 退 3	62. 兵一平二	将 5 退 1
63. 车六退二	将 5 进 1	64. 车六平二	将 5 退 1
65. 相五退七	将 5 平 4	66. 相三退五	将 4 平 5
67. 兵二进一	车 5 平 6	68. 仕五进四	象 5 退 3
69. 兵二进一	车 6 退 1	70. 兵二进一	车 6 退 1
71. 车二平七	象 3 进 5	72. 车七平八	象 5 退 3
73. 车八进六	车 6 平 3	74. 兵二平三	将 5 进 1
75. 仕四退五	象 3 进 1	76. 车八平二	车 3 进 1
77. 车二退三	象 1 进 3	78. 车二平五	象 3 退 5
79. 帅六平五	车 3 进 2	80. 车五平四	车 3 平 4
81. 车四进二	将 5 退 1	82. 车四平八	

黑方投子认负。

第15局　郝继超　胜　党斐

1. 炮二平五	马 8 进 7	2. 马二进三	车 9 平 8
3. 车一平二	马 2 进 3	4. 兵三进一	卒 3 进 1
5. 马八进九	卒 1 进 1	6. 车九进一	卒 1 进 1
7. 兵九进一	车 1 进 5	8. 炮八平七	车 1 平 7

平车杀兵求变。如马 3 进 2，车二进四，还原成五七炮进三兵对屏风马的阵型。

9. 车九平八	马 3 进 4	10. 车二进三	……

进车深沉有力，是这个布局的精华之处，看来郝继超大师确是有备而来。

10. ……	炮 2 平 4	11. 兵五进一	象 7 进 5
12. 马九进八	车 7 退 1		

退车保马软着，给了红方突破的机会。不如马 4 退 6，兵五进一，马 6 进 5，车八平六，士 6 进 5，马八进七，炮 8 进 1，黑方保留纠缠的机会。

13. 兵五进一	车 7 平 5	14. 兵七进一	……

急躁。应炮七进三，炮 8 平 9，车二平四，象 5 进 3，马八进六，红方优有马三进五的先手且子位置开扬，优势明显。

14. ……	卒 3 进 1	15. 马八进七	车 5 进 1

16. 马七进八　　士6进5　　　　17. 马八退六　　士5进4
18. 车八平六　　马4进3　　　　19. 车六进六　　……

红方马长途跋涉多赚一士，虽然有所补偿，但是黑方子力已经走活，仍属黑方易走的局面。

19. ……　　　　马3进5　　　　20. 相七进五　　士4进5

支士随手。应炮8平9，炮七进七，象5退3，车二进六，马7退8，车六平二，士4进5，黑方弃还一子以后，净多三卒，红方有顾忌。

21. 炮七进七　　……

巧手，这正是党斐大师忽视的地方。

21. ……　　　　士5进4
22. 炮七平二　　马7退8
23. 车二进四　　马8进6
24. 车二进一　　将5进1（图15）

上将速败。应将5平6，仕四进五，车5退1，马三进二，车5进1，马二进一，车5平6，相五进七，将6平5，黑方尚可周旋。

25. 仕四进五　　车5退1
26. 马三进二　　车5平9
27. 帅五平四　　……

出帅助攻得子，简明有力。

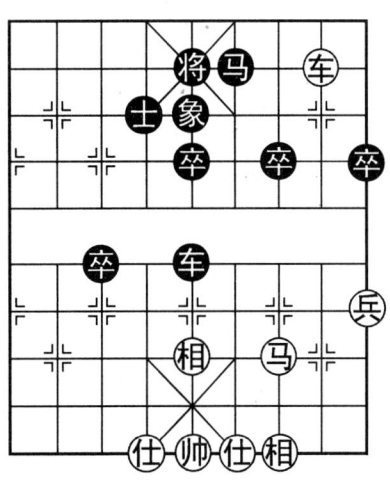

图15

27. ……　　　　车9进2　　　　28. 车二平四　　将5退1
29. 车四进一　　将5进1　　　　30. 马二进三　　车9平7
31. 车四退三　　卒3进1　　　　32. 车四平五　　车7平6
33. 帅四平五　　车6退4　　　　34. 马三退五　　车6进2
35. 马五进七　　车6退2　　　　36. 马七进八　　卒9进1
37. 马八退六　　将5平6　　　　38. 车五平一　　车6进2
39. 车一进二　　将6退1　　　　40. 车一平五　　车6退2
41. 马六退五　　车6平7

黑方投子认负。

第16局　孙勇征　负　王天一

1. 炮二平五　　马8进7　　　　2. 兵七进一　　车9平8

3. 马二进三　炮8平9　　　　　4. 马八进七　卒7进1
5. 炮八进二　……

红方升炮巡河，既可伺机兑兵活马，又可掩护七路马抢占河头，构筑坚固的工事，并在无形之中，消除了黑炮2进4的反击手段。

5. ……　　象3进5　　　　　6. 马七进六　车8进8
7. 车一进一　车8平9　　　　8. 马三退一　炮9进4

也可选择马2进3开通右翼子力。

9. 马一进三　炮9退1　　　　10. 炮八平九　炮2平1
11. 炮九进三　车1进2　　　　12. 车九平八　马2进4
13. 车八进八　车1平4　　　　14. 马六进五　马7进8

至此，黑方行棋的效率显然更高一些，红方虽然夺得一个中卒，但是子力并没有好的落点，黑棋的阵型结构极具反弹力。

15. 马五退三　车4进3　　　　16. 前马退五　马8进6
17. 马三退一　车4进1　　　　18. 兵三进一　马4进6
19. 车八退三　士6进5　　　　20. 车八平四　车4平5
21. 马五进六　车5退3

退车保持变化。如欲简化局面可前马进5，相七进五，炮9退1，局势较为平淡。

22. 马六进七　将5平6　　　　23. 仕六进五　前马进4
24. 车四平六　车5进3　　　　25. 马七退六　炮9平3

黑方以弃掉底士为代价，换取多卒之利，求胜之心非常急切。

26. 马六进四　士5进6　　　　27. 车六进四　将6进1
28. 车六退一　将6退1　　　　29. 车六进一　将6进1
30. 炮五平六　马4退3　　　　31. 炮六平四　将6平5
32. 炮四平五　将5平6　　　　33. 炮五平四　将6平5
34. 炮四平五　将5平6　　　　35. 炮五平四　将6平5
36. 炮四平五　将5平6　　　　37. 炮五平四　将6平5
38. 炮四平五　将5平6　　　　39. 车六退一　将6退1
40. 车六进一　将6进1　　　　41. 车六退一　将6退1
42. 车六退四　炮3进3　　　　43. 马一进三　车5平7
44. 马三退二　马3进2　　　　45. 马二进一　车7平9
46. 车六进五　将6进1　　　　47. 车六退一　将6退1
48. 车六进一　将6进1　　　　49. 车六退一　将6退1
50. 车六进一　将6进1　　　　51. 炮五平三　炮3平1

52. 炮三退一 ……

坏棋。宜炮三进一，车 9 退 2，炮三退二，炮 1 进 1，仕五退六，车 9 进 2，车六退三，红方足可抗衡。

52. ……	炮 1 进 1	53. 相七进五	将 6 平 5
54. 炮三进二	车 9 退 2	55. 炮三平五	车 9 平 5
56. 车六退六	马 2 进 3	57. 车六退二	马 3 退 2
58. 车六进二	马 2 进 3	59. 车六退二	马 3 退 2
60. 炮五平七	车 5 进 2	61. 炮七退一	车 5 平 9
62. 车六平八	卒 9 进 1		

黑车拖住红方边马以后，只要小卒过河助战，就可以稳步扩大优势。

63. 车八进一 马 2 退 4
64. 炮七进二 车 9 平 1
65. 马一进二（图 16） ……

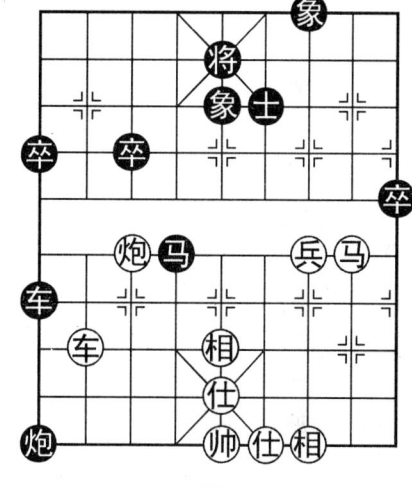

图 16

进马导致局面崩溃。不如车八平六较为顽强，车 1 平 3，车六平九，炮 1 平 2，车九退二，车 3 进 3，仕五退六，红车盯着黑炮，局势尚可。

65. ……	车 1 平 3
66. 车八平九	炮 1 平 2
67. 车九平八	炮 2 平 1
68. 车八平九	炮 1 平 2
69. 车九平八	炮 2 平 1
70. 车八平九	炮 1 平 2
71. 车九退二	马 4 进 6
72. 仕五进四	车 3 进 3
73. 帅五进一	车 3 退 1
74. 帅五退一	马 6 进 4
75. 帅五平六	车 3 平 2

以下黑方伏有马 4 进 3 的手段，红方只能一车换二。这样交换以后，黑车卒配合，红方抵挡不住。孙勇征大师投子认负。

第 17 局　万春林　负　蒋川

1. 相三进五	炮 8 平 4	2. 马二进三	马 8 进 7
3. 车一平二	车 9 平 8	4. 炮二进四	卒 7 进 1
5. 兵七进一	马 2 进 1	6. 马八进七	炮 2 平 3

7. 马七进八　马 7 进 6　　　　8. 车九进一　卒 7 进 1
9. 车九平六　士 4 进 5　　　　10. 车六进四　马 6 退 8

　　双方以飞相对左炮过宫开局，黑方退马吃炮新颖。以往多车 8 进 3，车六平四，车 8 进 6，马三退二，卒 7 进 1，炮八进一，红方可以吃回河卒，双方大体均势。

11. 兵三进一　车 8 进 1

　　准备退马兑车，保留子力。

12. 兵三进一　马 8 退 6　　　　13. 车二进八　马 6 退 8
14. 兵三平四　炮 4 平 7　　　　15. 兵四进一　象 3 进 5
16. 车六平二　炮 3 退 1　　　　17. 马三进四　车 1 平 4
18. 马四进六　炮 7 平 9　　　　19. 炮八进一　……

　　进炮保兵，继续限制黑子的活动空间。

19. ……　　　卒 3 进 1　　　　20. 兵七进一　象 5 进 3
21. 兵四平五　……

　　吃卒不好，放活黑马，宜兵九进一继续控制。

21. ……　　　马 8 进 6　　　　22. 前兵平四　马 6 退 4
23. 车二平三　象 3 退 5　　　　24. 炮八平六　车 4 平 2
25. 炮六平八　车 2 平 4　　　　26. 炮八平六　车 4 平 2
27. 炮六平八　车 2 平 3　　　　28. 兵五进一　炮 3 进 5

　　黑方子力一旦脱困，多子的优势就非常明显。现在黑进炮好棋，黑方双马的弱点，转瞬间得以解决。

29. 兵九进一　马 1 进 3　　　　30. 马八进七　车 3 进 3
31. 车三退二　炮 3 退 2　　　　32. 兵四平三　车 3 平 5

　　效率不高。不如炮 3 平 2，炮八退一，车 3 进 1，马六进四，炮 9 平 6，黑方优势更大。

33. 马六进四　炮 9 平 6　　　　34. 炮八平五　车 5 平 4
35. 兵五进一　……

　　万春林利用蒋川的软着，平炮打车再中兵过河，走得非常紧凑。虽然仍属黑方优势的局面，但是双兵过河以后，红方承受的压力减轻了很多。

35. ……　　　炮 3 退 1　　　　36. 马四退六　炮 3 进 1
37. 马六退七　炮 3 退 3　　　　38. 马七进六　炮 3 进 3
39. 马六退七　车 4 进 2
40. 兵三平四（图 17）　……

　　是平兵还是选择兵三进一？红方到了一个"十字路口"。实战中红方选择平兵，以后双兵可以联手，加强防守，这是出于稳健的考虑。如兵三进一，炮6进6，兵三平四，将5平4，兵四平五，象7进5，炮五平六，炮6退6，仕四进五，象5进7，兵五进一，双方对攻。

40. ……　　　炮6平8
41. 兵四平五　　象5进7
42. 后兵平六　　车4进1

进车好棋，牵制住红方无根车炮，黑方优势很大。

43. 兵五平四　　象7进5
44. 兵六平七　　车4平3
45. 车三平二　　炮8平9
46. 兵七平六　　车3平4　　47. 兵四进一　　……

无奈。如仕四进五，车4退2，黑方仍是大优之势。

47. ……　　　车4退2　　48. 兵四进一　　车4平5
49. 相五进七　　马4进2　　50. 炮五退一　　车5平6
51. 兵四平五　　士6进5

红兵换士以后，已经无力组织起像样的攻势，黑方取胜只是时间问题了。

52. 车二进六　　车6退4　　53. 车二退三　　马2进3
54. 车二平八　　将5平4　　55. 车八平一　　车6进6
56. 兵一进一　　车6退1　　57. 相七进九　　炮9进3
58. 车一平六　　将4平5　　59. 车六平一　　炮9平7
60. 仕四进五　　车6退1　　61. 车一进三　　车6退4
62. 车一退六　　车6平8　　63. 仕五退四　　炮7平5
64. 仕六进五　　车8进3　　65. 车一平五　　炮5平9
66. 车五平一　　炮9平6　　67. 车一平八　　炮6退5
68. 车八进五　　车8平5　　69. 车八平九　　马3进1

红方认负。

第18局　李鸿嘉 和 王斌

1. 兵七进一　　……

这是2011年伊泰杯全国象棋甲级联赛第3轮的对阵。广东队主场对江苏队，李鸿嘉对王斌。江苏向来是广东的苦手，历年的联赛对冲战绩都很好，所以此次广东主场必定是努力争胜。

1. ……　　　卒7进1

对兵局是王斌喜走的开局，颇有心得，联赛中曾数次演绎。

2. 马八进七　……

另有炮二平三的选择。以下黑方有炮2平5、炮8平5等选择，均是流行变化。

2. ……　　　马8进7　　　3. 相七进五　象3进5
4. 马二进一　车9进1　　　5. 兵一进一　……

冲兵太缓，感觉还是应车一进一伺机而动，黑方显然不会卒9进1制马。

5. ……　　　车9平3　　　6. 炮八退二　卒3进1
7. 兵七进一　……

也可选择炮八平七，卒3进1，车九平八，炮2平4，炮七进四，马2进1，车一进一，红方稍优。

7. ……　　　车3进3　　　8. 炮八平七　……

可考虑先车一进一先抬一手，炮2进4，炮二平三，马7进8，车一平四，红方稍优。

8. ……　　　车3平2　　　9. 车一进一　车1进1
10. 车一平四　……

车平四路没有目的性。可考虑车九进一，车1平4，车九平六，双方均势。

10. ……　　　车1平4

至此，红方大车出动较缓，黑方隐隐有反先之势。

11. 车四进三　……

还是应车九进一等待，以后可伺机车四进五进攻或车九平六兑车。

11. ……　　　车4进5　　　12. 炮二平四　士4进5
13. 兵九进一　……

冲兵不好，以后反成为黑方的攻击目标。应马一进二跳出，马7进8，炮四平二，马2进3，车九进一，双方均势。

13. ……　　　马2进4　　　14. 仕六进五　炮2平1

形成封闭式的相持局面。黑方阵型稳固没有明显弱点，而红方的边兵则显得有点难受。

15. 炮四进一　……

如车九进三，车4平1，马七进九，车2进2，炮四进一，车2平5，马九

第三轮（2011年5月8日于鄂尔多斯）

进七，车5平4，黑方多中卒稍优。

15. ……　　车4进2　　**16.** 车九进三　马4进2

17. 炮四退二　车4退8

没有太好的点可退，索性退守底线防止被利用。如车4退5红可车九平七，黑马反而上不来。

18. 炮七平八　……

理智的选择，力求简化局势，此时黑方明显稍占优势。

18. ……　　卒1进1

可考虑车2进3继续相持。炮八进七，车2退5，车九平七，车2进2，黑方稍优。

19. 炮八进七　……

过于示弱。应抓住机会马七进八，卒1进1，车九进一，车2平1，车九进一，马2进1，炮四进二，双方对峙。

19. ……　　车2退2　　**20.** 炮四进一　……

至此黑方稳稳占优，红方九路线的问题很难解决。

20. ……　　炮8平9

继续给予红方牵制，红方没有太好的简化办法。

21. 车九平七　……

同样等待不如车四进二，炮1进1，车四退二，下手有车四平八的选择。

21. ……　　炮1进3　　**22.** 车七平九　车2进2

23. 兵三进一　……

子力都不太好动，兑兵努力寻求简化。

23. ……　　卒7进1　　**24.** 车四平三　马7进6

造成局面透松。应马7进8，马一进三，炮9平8，红方较为难受，黑优。

25. 马一进三　马6进7

无奈，无法阻止红方下手车三平四。如炮9平6，炮四进五，马6进7，车三退一，士5进6，车三进三，车2平3，车九退一，局面缓和，接近和势。

26. 车三退一　炮9进3　　**27.** 车三进三　车4进3

可考虑卒9进1保留双卒，车三平五，炮9进4，车五退二，车2平6，黑方稍优。

28. 车三平一　炮9退1　　**29.** 兵五进一　……

消灭黑方边卒后接近和势，此时稳健的选择可车一平四，下手可车四退二坚守。

29. ……　　车4平2（图18）

平车被红方所利用。但如炮 9 平 3，兵五进一，炮 3 退 1，炮四进三，车 2 平 5，炮四进一，车 4 进 5，炮四平七，车 5 平 3，车一平五，车 3 进 3，车九退三，双方同样是和势。

30. 炮四进四　　后车退 3
31. 炮四退四　　后车进 3
32. 炮四进四　　后车退 3
33. 炮四退四　　炮 9 平 3

无奈，继续后车进 3 则是不变作和。

34. 车一平五　　前车进 2
35. 车九退一　　……

简单点可车九平八，车 2 进 6，车五平六，车 2 平 3，马七退九，红有中兵不差。

35. ……　　　前车平 3

黑方子力全部被牵，已无胜机。

36. ……　　　车 2 进 6

下手要炮四平五，逼黑方简化局势。

37. ……　　　炮 3 进 3
39. 仕五退六

和棋。

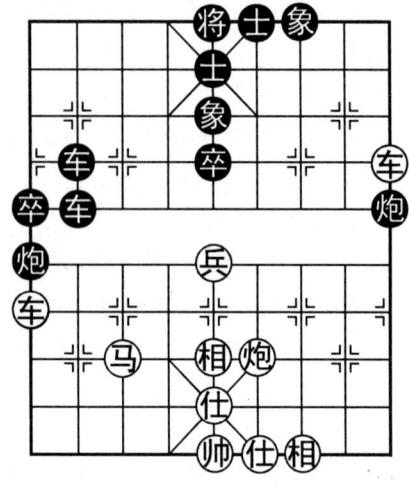

图 18

36. 车五平七　　……
37. 炮四进三　　……
38. 车九平七　　车 2 进 3

第四轮（2011年5月9日于鄂尔多斯）

第19局 王跃飞 胜 谢业枧

1. 相三进五　炮8平5

以左中炮对飞正相，是以快打慢的刚性应着，其战术特点是用中路的反击威胁牵制相方，伺机制造对攻局势，争取以积极的姿态克制飞相局所特有的弹性攻势。

2. 马二进三　马8进7　　**3.** 马八进七　马2进3
4. 炮八平九　车1平2　　**5.** 车九平八　炮2进4
6. 兵七进一　车9平8　　**7.** 车一平二　车8进6
8. 炮二平一　……

平炮兑车是红方的常见选择。另有马七进六，卒5进1，兵七进一，炮2进1，相五进三，炮2平8，车八进九，马3退2，车二进二，车8进1，炮九平二，局势平稳，和味较浓。

8. ……　　　车8平7　　**9.** 车二进二　卒5进1
10. 炮一退二　马7进5　　**11.** 炮一平三　车7平6
12. 仕六进五　象7进9

稳健。已经预见马三进二闪击黑车，所以先飞象避一手。

13. 马三进二　车6退3　　**14.** 马七进六　卒3进1
15. 车二平四　车6进4　　**16.** 炮九平四　卒5进1

冲中卒失先。宜卒3进1，相五进七，卒5进1，马六进五，马3进5，炮四平五，炮5平2！炮五进二，士6进5，车八平九，前炮平9，把红车打到边路后，黑方形势较为满意。

17. 马六进五　马3进5　　**18.** 炮三进三　炮2退1
19. 兵五进一　卒3进1　　**20.** 马二进三　炮5平2
21. 车八平九　马5进7　　**22.** 兵五进一　卒3平4

平卒明显是棋缓一着。宜马7进5,炮三平五,后炮平8,双方仍是相持之势。

23. 马三进一　　后炮平8　　　**24.** 车九平八　　马7进8
25. 相五退三　　卒4进1　　　**26.** 相七进五　　马8进7
27. 炮四退一　　炮2进3
28. 炮三进六　　将5进1（图19）

败着。应士6进5,仕五进四,炮2退3,仕四进五,车2进2,车八进三,炮8进7,相三进一,车2平9,车八进一,马7退9,双方对攻,黑棋三子归边较有潜力。

29. 相五进三　　炮8平7
30. 仕五进四　　象3进5
31. 炮三退一　　……

应炮三平一优势更加明显。

31. ……　　　　车2进4

进车加速崩溃。应象5退7,马一进

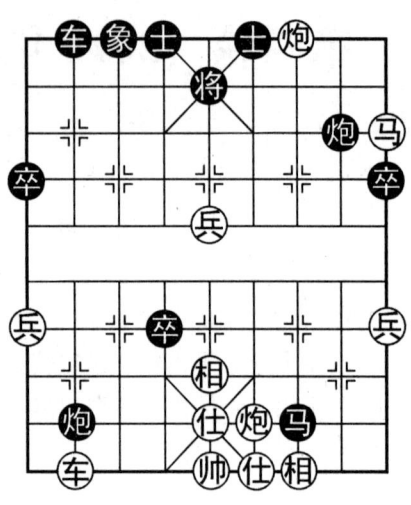

图 19

二,炮7平5,仕四进五,炮2退3,车八平六,炮2平5,帅五平四,马7退8,黑方尚可周旋。

32. 兵五平六　　将5退1　　　**33.** 马一进二　　炮7进2
34. 炮三进一　　士6进5　　　**35.** 马二退一　　士5进6
36. 相三退一　　士4进5　　　**37.** 炮三退八　　炮2平7
38. 车八进五　　后炮平2　　　**39.** 马一进三　　将5平4
40. 马三退五　　……

红方再得一象,彻底摧毁了黑方谋和的希望。

40. ……　　　　炮2进1　　　**41.** 炮四平九　　炮2平5
42. 马五退四　　炮7退4　　　**43.** 马四退三　　炮5进1
44. 兵九进一　　……

保留九路兵正确,马炮双兵的配合可以很快击溃黑方的防线。

44. ……　　　　炮5平9　　　**45.** 炮九进五　　卒4平5
46. 马三进五　　炮7退4　　　**47.** 仕四退五　　卒9进1
48. 马五进四　　卒9进1　　　**49.** 炮九平六　　将4进1
50. 炮六平七　　炮7平6　　　**51.** 马四退三　　卒5平4
52. 炮七退二　　炮9平5　　　**53.** 帅五平六　　炮5退1

| 54. 炮七平六 | 士5进4 | 55. 兵九进一 | 将4平5 |
| 56. 兵九平八 | 卒9平8 | 57. 马三进二 | …… |

黑士必失,原本薄弱的防守又暴露很大破绽。

57. ……	卒8进1	58. 马二进四	卒8进1
59. 马四退五	卒8平7	60. 马五进六	将5进1
61. 马六退八	卒7进1	62. 兵六平五	将5平6
63. 马八进七	将6退1	64. 马七退六	炮5平6
65. 兵五进一			

黑方投子认负。

第20局 洪智 负 万春林

| 1. 兵七进一 | 马8进7 | 2. 兵三进一 | 炮8平9 |
| 3. 马二进一 | 炮2平3 | | |

平炮遏制红方七兵,也是很常见的下法。

4. 马八进七 ……

跳左正马,准备放弃七兵,快速把左马跳到一个比较理想的位置。

| 4. …… | 卒3进1 | 5. 马七进六 | 车9平8 |
| 6. 车一平二 | 卒3进1 | 7. 马六进四 | …… |

至此,双方的战术思想都初步达到目标,剑拔弩张。

| 7. …… | 象3进5 | 8. 炮二进四 | …… |

进炮封车是一步攻击性很强的棋,伏有马四进三白吃黑方7路马的手段。

| 8. …… | 卒7进1 | 9. 兵三进一 | …… |

此时红方面临抉择。如马四进六,马2进4,马六退七,卒7进1,黑方满意。

| 9. …… | 马7进6 | 10. 兵三平四 | 马2进4 |
| 11. 炮八平五 | 车1平2 | | |

出车要着,否则让红方先走车九平八,黑方两翼同时被红方压制,局势落后很多。

| 12. 兵四进一 | 士4进5 | 13. 兵四平五 | 车8进2 |
| 14. 仕六进五 | 车2进6 | 15. 后兵进一(图20) | …… |

保持复杂的变化。如车二进四,车2平5,兵五进一,炮9平5,车二平七,车8进1,车七进三,局面简化,和面较大。

15. ……   炮3进1

也可车2平5，延缓红方的攻势。

16. 炮二退一 ……

不如前兵进一，炮9平5，炮五进五，互有顾忌。

16. ……　　　卒3平4
17. 前兵平六　炮3进1
18. 兵九进一　马4进2
19. 兵六进一　炮3平2
20. 兵六平五 ……

由此可见，红方第16回合不妥之处。

20. ……　　　炮9平5
21. 炮五进五　象7进5

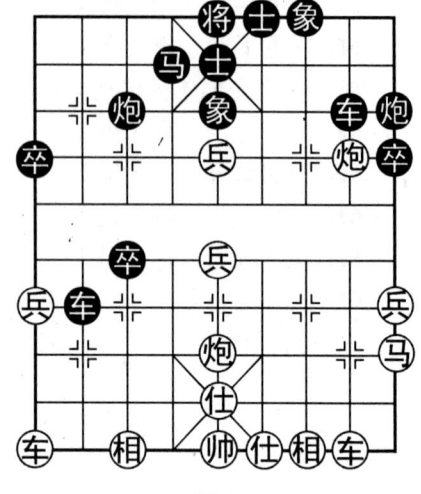

图20

红方以兵换象，黑方从心理上是可以接受的，毕竟这个过河兵对黑棋的威胁很大，换象以后，黑方后防反倒没有那么大的负担。

22. 相七进五　卒4平5　　23. 车九平七 ……

同样出车，车九平六较为稳健。

23. ……　　　炮2平5　　24. 兵一进一　卒5平6

平卒限制红方边马，稳健。

25. 车七平六　车8进1　　26. 炮二退四 ……

退炮以后虽然能够兑车，但是子力位置壅塞，应车二进四较为顽强。

26. ……　　　马2进3　　27. 炮二平三　车8进6

万春林大师错过了车8平4速胜的机会。红方如接走车六进六，车2进3，车六退六，马3进2绝杀。

28. 马一退二　卒6进1

至此，形成黑方的车马炮卒，四子联攻之势。

29. 马二进一　车2退1　　30. 车六平七　马3进5
31. 相五进七　车2退2

退车准备攻击红方右翼，至此，万春林特级大师的防守反击战略取得成功，胜利只是时间问题。

32. 马一进二　卒6平7　　33. 车七平六　马5退7
34. 相七退五　马7进8　　35. 炮三平四　车2平6
36. 车六进三　车6进5

黑方得子，基本上锁定了胜局。

37. 车六平三	马8进7	38. 马二进三	炮5退1
39. 帅五平六	象5退7	40. 车三退一	马7进9
41. 马三退五	车6退4	42. 马五退七	车6平4
43. 仕五进六	车4平3	44. 车三进四	炮5退1
45. 车三平一	马9退8	46. 兵一进一	马8进7
47. 兵一平二	马7退6		

红方认负。

第21局 王斌 胜 陶汉明

1. 炮二平五	马8进7	2. 马二进三	车9平8
3. 车一平二	马2进3	4. 兵七进一	卒7进1
5. 马八进七	象3进5	6. 车九进一	士4进5
7. 炮八进二	……		

至此形成中炮巡河炮对屏风马的阵型。当前的局面下黑方阵型厚实。

7. ……	炮2进2	8. 车二进六	炮2退1

退炮很有针对性，如马7进6，马七进六，黑车炮被牵。

9. 车九平六	车1平4	10. 车六进八	将5平4

宜士5退4，这样黑方调型的选择更多。

11. 炮五平六 ……

出将给了红方调整机会，由此可见黑方出将欠佳。

11. ……	将4平5	12. 相七进五	卒3进1
13. 车二退二	炮8平9	14. 车二平四	炮2退3

退炮消极。可以考虑马3进4，车四平六，卒3进1，车六进一，卒3平2，马七进八，车8进6，黑方有纠缠的机会。

15. 兵七进一	象5进3	16. 炮八进三	象3退5
17. 马七进八	炮2进5	18. 车四平八	马7进6
19. 炮八平九	……		

平炮以后，红方车双炮紧紧盯着黑方右翼空门。黑方最为难受的地方是，左翼子力无法及时支援右翼，眼睁睁看着红方从容展开攻势。

19. ……	象5退3	20. 炮九平一	象7进9
21. 车八平七	车8进2	22. 炮六平七	马3退1
23. 炮七平九	马1进3	24. 炮九平七	马3退1

可以考虑马3进4更为积极。边马毕竟不是一个好位置，以后调整的机会

不多。

25. 车七平四 ……

王斌特级大师这几手棋很有功力。通过车炮配合攻击黑马，把黑马逼到边路，再平车捉马，运子精准。

25. ……　　车8平6　　**26. 兵三进一　卒7进1**
27. 相五进三　马6退7　　**28. 车四平八　车6平3**

上一手红方平车准备车八进四捉死马，陶特大也非常强硬，平车捉炮，毫不退让。

29. 炮七平五　车3进1　　**30. 马三进四　马1进3**
31. 马四进六　车3进1　　**32. 马六进四　士5进6**
33. 车八进三　马7进6
34. 兵五进一　马6退4（图21）

以上一段着法对抗性极强。黑方退马坏棋。应马6进4，炮五平一，马3进2，仕四进五，士6进5。调整好阵型以后，双方仍处于胶着态势。

35. 车八退一　马4退5

退马窝心是黑方马6退4战术计划的继续。

36. 马四进二　车3平8
37. 马二进四　象3进5

软着。应车8退3，炮五平四，马3进4，车八平七，象9进7，黑方局势尚可。

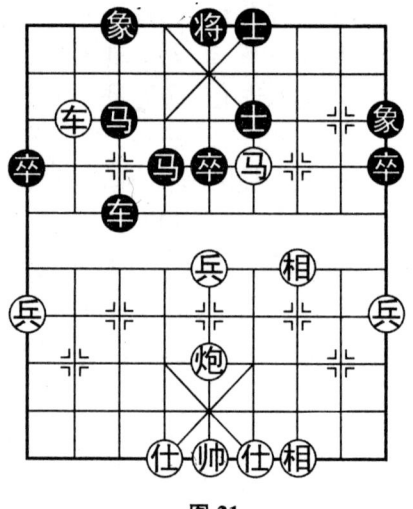

图21

38. 仕四进五　车8退3　　**39. 兵五进一　……**

弃子抢攻，黑方防线崩溃。

39. ……　　车8平6　　**40. 兵五进一　象5进7**

象5退3较实战顽强一些，但也无法扭转败局。

41. 车八平七　马3退4　　**42. 车七进二　……**

紧着，伏有兵五平四抽车的手段。

42. ……　　车6平9　　**43. 车七平六　象9退7**
44. 炮五平七

红胜。

第四轮(2011年5月9日于鄂尔多斯)

第22局 才溢 负 申鹏

1. 兵七进一　炮 2 平 3　　　　**2.** 炮二平五　象 7 进 5

飞象固防，先行消除红方兵底炮的威胁，以便在阵地战中以逸待劳，伺机反击，这是讲究策略的功力型棋手常用的布局定式。

3. 仕六进五　……

补仕降低卒底炮的效率，同时有意脱离常谱，把局面引向"散手"变化。

3. ……　　　　炮 3 进 3

炮打七兵先得实惠，更重要的是这手棋可以为马 2 进 3 留出位置。

4. 马二进三　马 2 进 3　　　　**5.** 炮五平四　……

红方左翼子力出动缓慢，平炮稳健。

5. ……　　　　车 1 平 2　　　　**6.** 相七进五　炮 3 平 8

平炮封车好棋。针对红方左翼子力出动缓慢的弱点，平炮封车，非常及时。

7. 兵三进一　前炮退 2　　　　**8.** 炮八平六　车 9 进 1
9. 马八进七　卒 7 进 1　　　　**10.** 兵三进一　车 9 平 7
11. 兵三平二　后炮进 2

粗看起来黑方阵型有些怪异，但这正是遏制红棋的有效手段，反映出申鹏对局面的深刻认识。

12. 马三进四　车 7 进 3　　　　**13.** 车九平六　卒 3 进 1
14. 炮六进四　……

兑炮好棋，解决红方子力被封锁的关键。

14. ……　　　　后炮平 4　　　　**15.** 车六进六　卒 3 进 1
16. 车六平七　卒 3 进 1　　　　**17.** 马七退六　……

退马保持变化。如车七进一，卒 3 进 1，炮四平七，红方子力位置不如黑方灵活。又如直接车七退三，马 3 进 4，黑方优势更明显。

17. ……　　　　马 3 退 5　　　　**18.** 车七平五　马 8 进 7
19. 车五平七　车 2 平 5　　　　**20.** 马四进二　车 7 平 8
21. 车七退三　马 7 平 5　　　　**22.** 马六进七　车 2 平 6
23. 车一进二　后马进 3　　　　**24.** 车一平三　……

可以考虑车七进三，对黑方更有牵制力。

24. ……　　　　马 3 进 2　　　　**25.** 车七平八　马 2 进 4
26. 车八平六　车 8 进 1　　　　**27.** 马七退八（图 22）……

此时，才溢大师的心情比较矛盾。黑方步步紧逼，红子力难以开展。如果选择马七进六交换，马5进3，车六退一，车6平4，车六进二，车8平4，双方和势。实战中，才溢大师选择退马，意在保持变化，战意较浓。

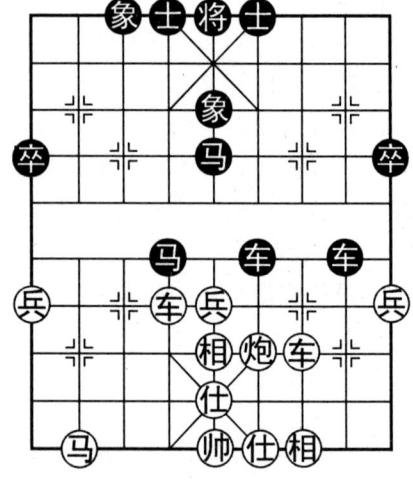

图22

27. ……	马5进3
28. 车六平七	马4退2
29. 车七退三	马2进1
30. 车三进四	车6进1
31. 车三平六	车8退1
32. 车七平六	士6进5
33. 马八进六	卒1进1
34. 后车平七	卒9进1
35. 马六进七	马3退4
36. 马七进六	马1退2
37. 车六平四	车6退2
38. 马六退四	车6退1
39. 马四进二	车6进1
40. 马二进一	车6平7
41. 车七进六	马4进5
42. 车七平八	象5退7
43. 马一进二	……

进马求战过于勉强。宜车八退一，象7进9，车八平九，和势。

43. ……	马5退4
44. 车八平二	马2进4
45. 车二进一	象3进5
46. 仕五进六	前马退6
47. 炮四进二	车7进2

进车控制兵行线，要着。

48. 车二退二	马6进4
49. 炮四平五	前马退5
50. 炮五平三	车7平5
51. 车二进一	马5进7
52. 马二退三	车5平9

连扫红方双兵以后，现在红方想求和都很难了。

53. 仕四进五	车9平6
54. 车二平六	车6退4
55. 车六退一	卒9进1
56. 马三退四	卒1进1
57. 炮三平四	车6平8
58. 炮四平五	车8进3
59. 炮五进二	车8退2
60. 车六进二	车8平5
61. 车六退三	卒1进1

双方虽然兑掉一马，但是局势并没有松透，黑方车马双卒攻势很盛。

62. 车六平三	卒1进1
63. 马四退六	车5进3
64. 马六进四	车5平6
65. 马四进六	车6平5

66. 车三平四　车5平4　　　　67. 马六进七　车4退5
68. 马七退八　卒1平2　　　　69. 车四平七　士5进6
70. 车七进四　车4进5　　　　71. 车七退二　士4进5

黑方完成双士的调整，解决后防问题，现在可以放手进攻。

72. 车七退二　卒9进1　　　　73. 车七平九　卒9平8
74. 车九进五　士5退4　　　　75. 马八退七　车4平2
76. 车九退六　车2退1　　　　77. 车九平七　卒8进1
78. 仕五退六　卒2进1　　　　79. 仕六退五　卒8进1
80. 车七退一　车2平1　　　　81. 车七平六　卒2平3
82. 马七进八　车1平6　　　　83. 马八进七　将5进1
84. 相五进三　车6平7

吃相以后，黑方胜定。

85. 车六平二　将5平4　　　　86. 车二退一　卒3平4
87. 相三进五　车7平9　　　　88. 车二平三　马7进6
89. 车三进七　士4进5　　　　90. 帅五平四　象5进7
91. 马七退六　车9平4　　　　92. 帅四进一　马6进8
93. 帅四进一　车9退6　　　　94. 马六进八　将4进1
95. 马八退七　将4平5　　　　96. 马七退五　车9进2

红方认负。

第23局　孙浩宇　胜　黄海林

1. 炮二平五　马8进7　　　　2. 兵七进一　车9平8
3. 马二进三　炮8平9　　　　4. 马八进七　卒7进1
5. 车一进一　象3进5

黑飞右象，意图是以后马2进3顺畅右车通道，是比较稳健的应着。

6. 车一平六　马2进3　　　　7. 马七进六　士4进5
8. 车九进一　……

再起横车非常及时，否则下一手黑车1平4牵制，红方不好处理。

8. ……　　　炮2进2　　　　9. 马六进七　车8进6
10. 炮八进一　车8退1　　　11. 车九平七　炮2退3
12. 兵七进一　炮2平3　　　13. 兵七平八　车1平3

平车加强对3路线的攻击力量，伏马3退1闪击的手段。

14. 相七进九　马7进6　　　15. 兵八进一　马3退1

红方底相已经飞起，黑方失去了闪击的目标。现在退马不合时宜，应卒 7 进 1，兵三进一，车 8 平 7，炮八退一，炮 9 平 7，双方对峙。

16. 炮八平七　炮 3 进 5　　　　**17.** 车七进二　卒 7 进 1
18. 兵三进一　车 8 平 7　　　　**19.** 炮五进四　马 1 进 3
20. 炮五退二　车 7 进 2　　　　**21.** 马七退五　车 7 退 6

退车过于软弱，给了红方从容扩先的机会。应马 6 退 8，相三进五，车 7 退 3，马五进六，炮 9 平 4，车六进六，马 3 退 1，兵八平七，车 7 退 1，黑方足以抗衡。

22. 车六平三　象 5 进 7（图 23）

败着。车 7 平 6 较为顽强，兵八进一，车 3 平 4，兵八平七，车 4 进 4，马五进六，炮 9 平 4，兵七平六，车 4 退 2，黑方尚可周旋。

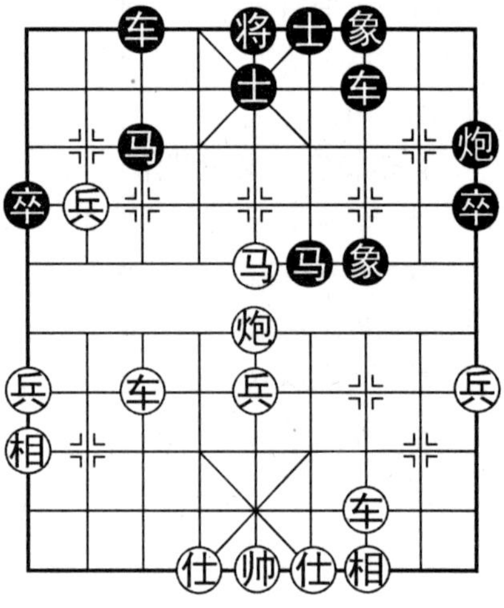

23. 兵八进一　炮 9 平 7
24. 车三平四　马 6 进 7
25. 车四进二　炮 7 平 2
26. 车四平三　车 7 进 1

明知道进车以后受制却别无良策。

27. 车三退一　……

退车准备强攻黑方右翼。红方也可车七进三先压住黑马再徐图进取。

27. ……　　　　车 3 平 4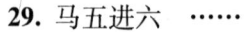

图 23

28. 车三平八　马 3 进 4

29. 马五进六　……

巧手，原本黑棋想利用先手捉车来摆脱牵制，不想红方妙手叫将，先声夺人，妙手制胜。

29. ……　　　　士 5 进 4　　　　**30.** 车七进二　马 4 进 6
31. 车八进五　车 7 平 6　　　　**32.** 车七平三　车 4 平 3
33. 车三平五　将 5 平 4　　　　**34.** 炮五平六　士 4 退 5
35. 车八平六　将 4 平 5　　　　**36.** 车六平四

白吃一车，红方胜定。

第 24 局　徐超 胜 聂铁文

1. 相三进五　……

第四轮（2011年5月9日于鄂尔多斯）

这是2011年伊泰杯全国象棋甲级联赛第4轮的对阵。江苏队主场对黑龙江队，徐超先手对聂铁文。两位是年龄相仿的年轻棋手，也是队里的中流砥柱。

1. ……　　　马2进3　　　2. 兵七进一　炮8平5
3. 马八进七　马8进7　　　4. 马二进三　车9平8
5. 车一平二　……

至此形成飞相对起马转左中炮的阵势。

5. ……　　　车8进4　　　6. 炮二平一　……

另有车九进一的选择较为稳健，卒3进1，兵七进一，车8平3，马七进六，卒7进1，车二进一，下手可车九平七兑车，红方稍优。

6. ……　　　车8进5　　　7. 马三退二　车1进1

官子，伺机进攻红方的右翼。

8. 马二进三　卒5进1

另有卒7进1的选择，较为复杂，炮八平九，车1平8，车九平八，车8进6，相五退三，炮2平1，车八进六，马7进6，车八平七，马6进5，局面复杂。

9. 炮八平九　马3进5

也可考虑卒5进1，兵五进一，马3进5，车九平八，炮5进3，仕六进五，炮2平5，局势较为缓和，黑可接受。

10. 马七进六　……

红方比较凶狠，比较常见的是车九平八，试探黑方应手。

10. ……　　　卒5进1　　　11. 马六进七　炮5退1

可考虑卒5平6，车九平八，炮2平3，马七进五，象7进5，车八进六，马5进4，黑可战。

12. 车九平八　炮2平3　　　13. 兵五进一　炮5进4

这手棋并非当务之急，可以考虑马5进7，兵五进一，前马进6，局面复杂，黑方子力灵活可战。

14. 仕四进五　……

如仕六进五，黑方还是车1平4，帅门被控制，红方不太愿意。

14. ……　　　车1平4　　　15. 车八进五　车4进2
16. 炮九平七　卒7进1

应士4进5先补一手，马七退八，黑可车4进3占兵线。

17. 马七退八　……

退马过于用强，稳健点可炮一平二，下手炮二进二稳固防线。

17. ……　　　炮3平5

弃象过于凶猛，应马7退5，红方并无后续手段。

18. 炮七进七　士4进5
19. 兵七进一　马5进6（图24）

破象后感觉红方机会较多，此时马5进6目标不明确，红方优势扩大。应马5进4，兵七平六，马4退2，兵六进一，马2退4，马八进九，红方稍优，黑方尚可纠缠。

20. 炮七平九　……

至此黑方已很难应对，红方速度明显比黑方快。

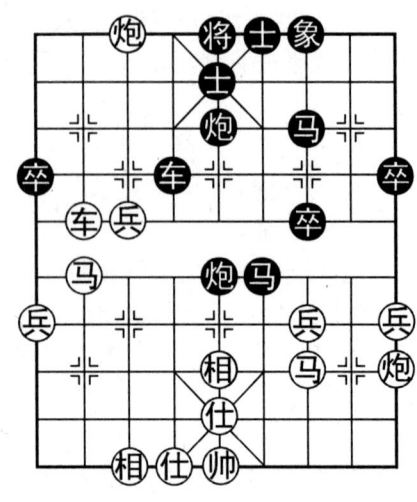

图24

20. ……　　　将5平4

如士5进6，车八进四，将5进1，马八进七，后炮平3，车八退一，将5退1，马三进五，红大优。

21. 车八进四　将4进1　　　22. 马八进七　后炮平3
23. 马三进五　……

黑方攻势全消，红方已是胜势，且看红方如何入局。

23. ……　　　车4进3　　　24. 车八退一　将4退1
25. 车八平七　马7进5　　　26. 兵七平六　炮5平3
27. 兵六平五　前炮进1　　　28. 马五进四　车4平7
29. 炮一平四　车7平8　　　30. 兵五进一　……

以上一段红方很紧凑，至此得子胜定。

30. ……　　　马6进4　　　31. 炮四退一　车8进2
32. 马四退三　车8退5　　　33. 马三进五　前炮进2
34. 仕五进六　车8平5　　　35. 车七进一　将4进1
36. 车七退一　将4退1　　　37. 马七进九

红胜。

第五轮（2011年5月10日于鄂尔多斯）

第25局　陆伟韬 胜 苗永鹏

1. 炮二平五　马8进7　　　　2. 兵三进一　车9平8
3. 马二进三　卒3进1　　　　4. 车一平二　马2进3
5. 炮八平七　……

红方先平炮七线，改变了以往马八进九的次序，对黑方有一定的"考验"。

5. ……　　　士4进5

黑方补士静观其变，应着工稳。如马3进2则自行削弱中防，红方马三进四占先。

6. 车九进一　……

双方以五七炮进三兵对屏风马列阵。红方先高横车，有意改变行棋次序，是近期流行的下法，目的是出其不意。

6. ……　　　象3进5　　　7. 车二进六　马3进2
8. 车九平六　车1平4

布局至此，黑方进入一个十字路口。除实战中的兑肋车的变化，另有炮8平9邀兑红方过河车的下法，如何选择就是看棋手对局面的理解。

9. 车六进八　士5退4　　　10. 马八进九　炮8退1

退炮准备加强中路攻势，这是苗永鹏比较喜欢的下法，在类似的局面下，经常会见到他使用。

11. 兵九进一　炮8平5　　　12. 车二进三　马7退8
13. 马三进四　马8进7　　　14. 炮五平三　炮5平1

红方的三路炮瞄住黑方7路线，黑方需要支士调型。黑方再保留中炮已经没有意义。

15. 马四进六　马7退5

退马失先，苗特大的本意想通过马7退5再马5进3，把黑马跳出来，在本方右翼集结重兵。

16. 炮三进四　炮2退1

退炮仍是准备马5进3。如果直接走马5进3，马六进七，马2退3，炮三进一，红方得子。

17. 炮三平九　炮1进4　　18. 炮九进三　炮2退1

无奈，如马5退3，红方兵三进一先手，黑方不能象5进7吃兵，否则红方兵七进一，大占优势。

19. 马六进四　马5进3　　20. 兵三进一　马3进4

21. 马四进三　将5进1　　22. 炮七平二　炮1平8

23. 兵五进一　……

优势之下，陆伟韬犯了迷糊。冲兵意在不给黑方马4进5吃兵，但是这手棋同样给了黑方调型的机会，不如兵三进一更有冲击力。

23. ……　　马4进3　　24. 马九进七　马2进3

25. 马三退四　将5平4　　26. 炮二平六　炮2进3

27. 炮六进四　炮2平1

此时，黑方已经渡过难关，应卒3进1更为积极一些。

28. 炮九平八　炮1平2　　29. 炮八平七　马3退1

马3退4更为有力。

30. 炮七退二　士4进5　　31. 兵五进一　……

冲兵好棋。如果黑方不察走卒5进1，炮七平六绝杀。如果黑方不为所动，红方白过一兵。

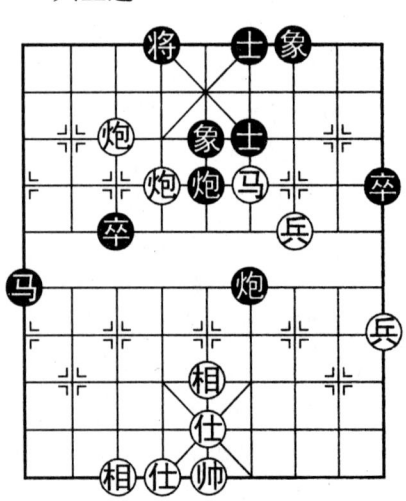

图25

31. ……　　炮8平6

32. 相三进五　士5进6

33. 兵五进一　炮2平5

34. 仕四进五　将4退1（图25）

败着。应卒3进1，兵三平四，炮6退2，兵四进一，炮5进3，黑方可保城门不失。

35. 炮七退一　士6进5

36. 炮七平五

红方白得一子，黑方投子认负。

第26局　苗利明 胜 宋国强

1. 相三进五　卒7进1

以仙人指路应飞相局，往往会形成散手局的变化，双方侧重较量中残局功力。

2. 兵七进一　马2进1　　3. 马八进七　象7进5

如果选择象3进5则1路边马脱根，且左翼子力开通较缓，因此在布局时须格外注意阵型的协调性。

4. 兵九进一　车1进1　　5. 车九进三　车1平6
6. 马七进八　炮2进5　　7. 炮二平八　马8进7
8. 马二进三　车9平8　　9. 仕四进五　士6进5

以上几个回合，双方都以快速开通子力为主要任务。

10. 马八进九　……

当黑方补士以后再进边马是正确的行棋次序。如第9回合不补仕而马八进九，则车6平2，红方无趣。

10. ……　　马7进8　　11. 兵五进一　车8平6
12. 炮八进三　前车进3　　13. 兵九进一　炮8平7
14. 兵七进一　前车进2　　15. 车九平四　车6进6
16. 车一平二　马8进7　　17. 兵七平六　……

保留过河兵比较含蓄。也可炮八进一攻击黑方中卒，也是不错的选择。

17. ……　　马1退3（图26）

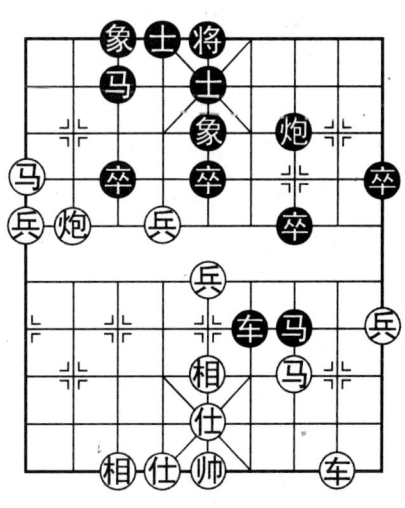

图26

退马软着，给红方留出进攻的空间。不如车6平4，炮八进一，炮7退2，炮八平五，车4退2，马三进五，车4平1，马五进七，车1平6，双方大体均势。

18. 车二进九　士5退6
19. 车二退二　炮7退2
20. 马九进七　车6平4
21. 车二进一　……

红方制定了一个破士的计划：进车捉马是虚，目的是迫使黑方支士，以后通过炮打中士或用马破士，迅速撕开黑方防线。

21. ……　　　士4进5　　　　22. 炮八进三　车4退2
23. 马七进五　士6进5　　　　24. 车二平五　将5平6
25. 车五平四　将6平5　　　　26. 炮八进一　象3进1
27. 炮八平三　车4平6　　　　28. 车四平七　象5退7

交换以后，红方白赚双士，且保留住过河边兵，胜算很大。

29. 相五退三　车6平1

速败。宜马7退5，车七退二，车6退1守住卒林线较为顽强。

30. 车七退二　象7进5　　　　31. 车七平五　象1退3
32. 相七进五　车1进1　　　　33. 兵五进一　车1平8
34. 兵五平四　卒7进1　　　　35. 相五进三　……

弃相恰到好处，以后可以在中车掩护下盘活右马。

35. ……　　　车8平7　　　　36. 车五平一

黑方投子认负。

第27局　陶汉明 胜 孙浩宇

1. 马八进七　卒3进1　　　　2. 兵三进一　马2进3
3. 马二进三　马3进4　　　　4. 炮二进四　……

陶汉明和孙浩宇都是野战派出身，战斗力极强。双方开局未几就已经形成短兵相接之势，战意颇浓。

4. ……　　　马8进7　　　　5. 相七进五　象7进5
6. 车一进一　炮2平3
7. 车九平八　车1平2
8. 炮八进五　……

进炮又是一步强手。如车一平六，马4进3，黑方有踏相拐吃红马的手段。

8. ……　　　车9进1
9. 车一平六　马4进3
10. 马三进四　车9平6（图27）

败着。应卒7进1，兵三进一，象5进7，炮二平九，车9平6，车六平二，象3进5，马四进三，炮8退2，炮九平七，马3退4，黑方可战。

11. 马四进五　……

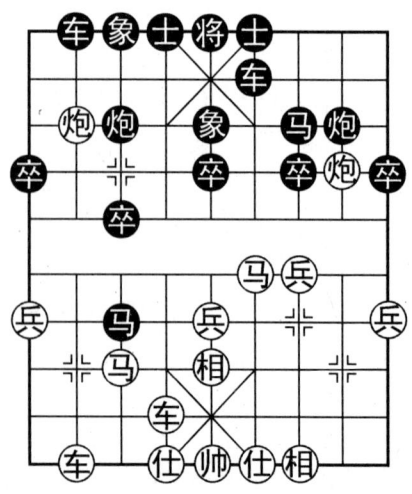

图27

陶汉明见对方没察觉自己的计划，心中暗喜，马踏中兵展开攻势。

11. ……　　　马 7 进 5　　　　12. 炮八平五　……

炮打中象冷着，黑方虽然已经感觉危险的存在，却已经失去周旋的机会。

12. ……　　　马 5 进 4　　　　13. 车八进九　象 3 进 5
14. 车六进三　士 6 进 5　　　　15. 仕六进五　……

补仕稍缓。可能是陶特大感觉已胜券在握，所以走得不是那么凶狠。更为紧凑的下法是炮二平九！红方优势更大。

15. ……　　　车 6 进 7　　　　16. 车六退一　卒 1 进 1
17. 车八退三　卒 3 进 1　　　　18. 炮二退二　象 5 进 3
19. 炮二平七

以下炮 3 进 3，车六平七，红方多子胜定。黑方投子认负。

第 28 局　程进超 负 柳大华

1. 炮二平五　马 8 进 7　　　　2. 马二进三　车 9 平 8
3. 车一平二　马 2 进 3　　　　4. 兵七进一　卒 7 进 1
5. 车二进六　马 7 进 6　　　　6. 马八进七　车 1 进 1

双方以中炮过河车进七兵对屏风马左马盘河开局。此时，黑方选择起横车，表现出积极求胜的态度。此时黑方如求稳健可象 3 进 5，更为激烈的是卒 7 进 1。棋手临场选择什么着法，往往要根据比赛情况而定。

7. 车二退二　……

退车稳仕阵脚，伺机而动。

7. ……　　　马 6 进 7　　　　8. 炮八进一　马 7 进 5
9. 相七进五　……

布局至此，从双方行棋的步数来看，红方走了 7 步棋，黑方走了 3 步棋，红方在出子的步数上大大领先对方，但是双方实际上的差距真的那么大吗？其实不然，当前的阵型下，黑方极具反弹力，以后可以通过右车左移等子力调动加强左翼的攻击力量，形成各攻一翼的局面。

9. ……　　　车 8 进 1　　　　10. 马三进四　炮 8 平 7
11. 车二进四　车 1 平 8　　　　12. 炮八平七　象 3 进 5
13. 车九平八　炮 2 退 1　　　　14. 炮七进三　炮 2 平 7
15. 马四进六　车 8 进 7

进车卡住相眼，果断有力，这也是黑方既定的战术目标。

16. 仕四进五　后炮平 9　　　　17. 马六进七　……

交换也是红方当前最佳的选择。如果改走他着，黑方车双炮联攻，红方压力很大。

17. ……　　炮7平3　　　　18. 车八进五　炮9进5

进炮打兵，仍然贯彻自己的战术。

19. 车八平六　士6进5　　　20. 车六进一　卒9进1
21. 车六平五　车8平6　　　22. 仕五退四　卒1进1

这几个回合中，黑方并没有调整大子的位置，而是挺了两步卒。大战在即，这是不是缓手呢？当然不是，黑方先挺9路卒避开红车五平一捉卒骚扰9路炮，另一步是防止红方挺九路兵，为9路炮左移保留机会。两步挺卒反映出柳大华深远的算度。

23. 仕六进五　车6退4　　　24. 兵五进一　车6进1
25. 兵七进一　……

弃兵以后可以活通马路，正确的选择。如马七进八，炮9平5，红棋非常难受。

25. ……　　炮3进2　　　　26. 马七进八　车6进1

如炮9平5，马八进六！由此可见，红方弃七兵非常准确。

27. 车五平三　士5进4　　　28. 炮七平八　……

平炮意在保持复杂变化。可以考虑炮八平五打将，以后可以兑车求和更为稳健。

28. ……　　炮9平1

炮打边兵，对攻。

29. 炮八进三　士4进5
30. 车三平七　将5平6
31. 车七进三　将6进1
32. 车七平三　炮1进3
33. 帅五平六　车6退3（图28）

退车缓手。应炮3进5更为有力。试演一例：炮3进5，帅六进一，卒1进1，马八进七，车6平4，仕五进六，车4平3，炮八退一，士5进6，马七进六，士6退5，仕六退五，车3退5，黑方得子胜定。

34. 马八进六　车6平4　　　35. 炮八退一　士5进6
36. 炮八平六　车4平5　　　37. 车三平五　卒1进1
38. 马六退四　……

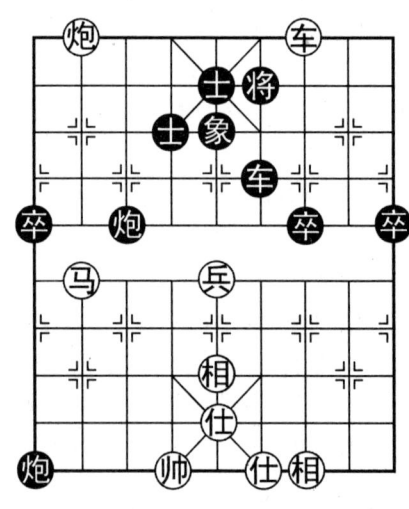

图28

红方进攻看似猛烈，但是收效甚微。此时退马更是忙中出错，局面迅速崩溃，不如相五进七较为顽强。

38. ……	车 5 平 6	39. 马四退二	车 6 进 3
40. 车五平二	将 6 平 5	41. 车二退一	将 5 退 1
42. 兵五进一	士 4 退 5	43. 车二进一	士 5 退 6
44. 兵五平六	炮 3 进 5	45. 帅六进一	车 6 平 2
46. 车二退五	卒 1 进 1	47. 车二平七	车 2 进 2
48. 帅六进一	车 2 退 1	49. 帅六退一	炮 3 退 2

退炮好棋，黑方夹车炮的杀势已经成形，只待最后一击。

50. 炮六平九 ……

献炮无奈，红方失子后败局已定。

50. ……	炮 1 退 8	51. 兵六进一	士 6 进 5
52. 兵六平五	炮 1 平 4	53. 仕五进四	车 2 进 1
54. 帅六退一	车 2 进 1	55. 帅六进一	车 2 退 3
56. 马二进一	炮 3 退 1	57. 兵五进一	炮 3 平 5
58. 相五进三	炮 5 进 3	59. 兵五进一	士 6 退 5
60. 帅六平五	车 2 平 5	61. 相三进五	炮 5 平 2
62. 车七进一	卒 7 进 1	63. 马一退三	车 5 退 3
64. 车七退二	炮 2 退 3	65. 车七进六	士 5 退 4
66. 车七退七	炮 2 退 4	67. 车七平六	炮 2 平 5
68. 车六进六	车 5 平 4		

红车被抽，投子认负。

第 29 局　程吉俊 负 王跃飞

1. 炮八平五 ……

以左中炮开局是一种反向布局。反向布局阵势主要考验对方布局掌握的熟练程度。

| 1. …… | 马 8 进 7 | 2. 马八进七 | 炮 2 平 4 |
| 3. 兵三进一 | 马 2 进 3 | 4. 车九平八 | 炮 8 平 9 |

双方形成反向的中炮进七兵对反宫马阵势。黑方左炮平边，准备形成三步虎的阵型，意在迅速亮车。这时黑方也可卒 3 进 1，可以保持马的灵活性。

| 5. 炮二平三 | 象 7 进 5 | 6. 炮三进四 | …… |

进炮打卒既可压制黑马，又可为右马留出通路。

| 6. ……   车9平8 | 7. 马二进三   卒3进1 |

8. 车八进六   ……

进车积极。也可选择马三进四，士6进5，马七退五以后再马五进三。红方左马右移，加强右翼的攻击力量。

| 8. ……   士6进5 | 9. 车八平七   车1进2 |
| 10. 马三进四   炮4退1 | 11. 马四进六   …… |

进马紧着。先逼退黑马，再进马扑槽，红方这一段着法非常积极。

| 11. ……   马7退6 | 12. 马六进四   车8进3 |
| 13. 兵三进一   炮9平7 | 14. 炮五进四   …… |

炮打中卒容易引起黑方的反击。此时红方可以考虑马四进三，炮4平7，炮三进二，炮7平6，车七平六，象5进3，大体均势。

14. …… 马3进5	15. 车七平五 车1平4
16. 车五平九 车4进6	
17. 仕四进五 马6进8	
18. 马四退五 炮7进2	
19. 炮三平五（图29） ……	

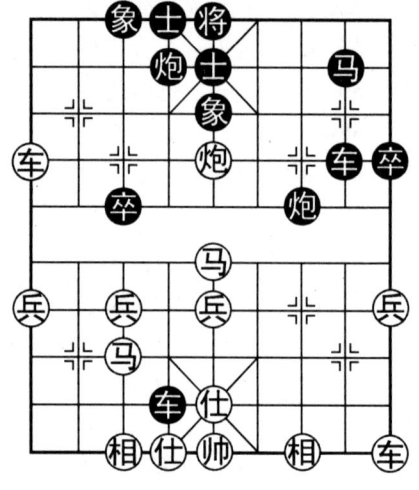

图29

平中炮过于用强。宜马五进三，车8平7，车九平三，马8进7，马三退五，双方大体均势。

| 19. ……   炮7平5 |
| 20. 车一进二   车8平7 |
| 21. 相三进五   车4平3 |
| 22. 车一平二   车3退1 |
| 23. 马五进七   …… |

红方弃马后没有攻击手段，导致局势急转直下。应车九平六，炮4平2，再马五进七，形成黑方多子、红方有攻势的两分之势。

| 23. ……   车3进2 | 24. 车二进六   炮5进3 |

红方失车，投子认负。

第30局 万春林 和 王斌

1. 相三进五   ……

这是2011年伊泰杯全国象棋甲级联赛第5轮的对阵。上海队主场对江苏队，万春林先手对王斌。双方都是各自队里资历最深的棋手，也都是特大，以往双方交战多次，和棋较多。

1. ……　　炮 8 平 5　　　　**2.** 马二进三　马 8 进 7

3. 车一平二　车 9 平 8　　　　**4.** 马八进七　马 2 进 1

至此形成飞相对左中炮直车的阵型。

5. 兵三进一　……

另有兵七进一的选择，车 8 进 4，炮二平一，车 8 进 5，马三退二，车 1 进 1，车九进一，红方稍占先手。

5. ……　　炮 2 平 4　　　　**6.** 车九平八　车 1 平 2

7. 仕四进五　……

如仕六进五，车 2 进 6，炮二进四，车 2 平 3，炮二平五，士 6 进 5，车二进九，马 7 退 8，炮八进五，将 5 平 6，黑方满意。

7. ……　　车 2 进 4　　　　**8.** 炮八平九　……

如炮八进二，车 8 进 6，炮八平七，车 2 进 5，马七退八，车 8 平 7，车二平三，卒 5 进 1，黑势不差。

8. ……　　车 2 平 6

以往多车 2 平 4，车八进四，车 8 进 6，另有复杂变化。

9. 车八进四　……

也可考虑先炮二进四，待黑方卒 7 进 1 后再车八进四，红方稍优。

9. ……　　车 8 进 6　　　　**10.** 兵九进一　卒 1 进 1

好棋，逼红方表态。如兵九进一，车 6 平 1，黑马先手走活，红方显然不愿意。

11. 炮九进三　车 8 平 7　　　　**12.** 马三退四　车 7 平 8

13. 马四进三　车 8 平 7　　　　**14.** 马三退四　车 7 平 8

15. 车八平六　……

无奈。这次联赛规定 20 回合内不变作和的话由红方先变招，所以红方无奈变招。

15. ……　　炮 4 平 3　　　　**16.** 马四进三　车 8 平 7

17. 马三退四　车 7 平 8　　　　**18.** 马四进三　炮 3 进 4

黑方的求胜欲望很强，如继续车 8 平 7 的话则是不变作和。

19. 炮二平一　……

复杂点可选择车六退一，炮 5 平 3，相七进九，局面较为复杂。

19. ……　　车 8 进 3　　　　**20.** 马三退二　车 6 平 8

21. 马二进四　士 6 进 5

补士过缓,可考虑炮 5 平 3。

22. 炮九进一　炮 5 平 3　　**23.** 车六平四　象 7 进 5

如贪吃红相前炮进 3,相五退七,炮 3 进 5,车四进四,炮 3 进 1,仕五退四。红方位置较好。

24. 相七进九　卒 9 进 1

至此黑方阵型稳固,已有反先的感觉。

25. 炮九退一　……

过于急躁,应兵五进一继续相持。

25. ……　　车 8 进 4

局面透松。应车 8 进 1 牵制,以后有前炮平 9,卒 7 进 1 等手段,黑方占优。

26. 兵三进一　卒 7 进 1　　**27.** 炮九平一　卒 3 进 1

缓手,应卒 7 进 1 直接进攻。相五进三,马 1 进 2,前炮退一,马 7 进 8,黑方位置较好,明显占优。

28. 前炮进四　……

好棋,至此红方对黑方也形成了一定的牵制力。

28. ……　　卒 7 进 1　　**29.** 相五进三　车 8 退 3

可考虑前炮平 2,相三退五,马 7 进 8,车四进一,车 8 退 2,兵九进一,马 8 退 7,黑方稍优。

30. 后炮平三　马 1 进 3
31. 兵五进一　前炮平 2
32. 马四进五（图 30）　……

可考虑车四退一避开黑方的牵制,以下黑如炮 2 进 2,仕五退四,马 3 退 1,车四平八,双方互缠。

32. ……　　马 7 进 8
33. 车四进四　炮 3 退 1

应车 8 进 4 先叫将,仕五退四,炮 3 退 1,车四退六,车 8 退 3,黑可纠缠。

34. 相三退五　马 8 退 9

寻求简化,如保持变化可车四退三,马 9 退 7,炮一退三。

35. ……　　马 9 退 7　　**36.** 车四平五　马 3 退 4

37. 车五平一　……

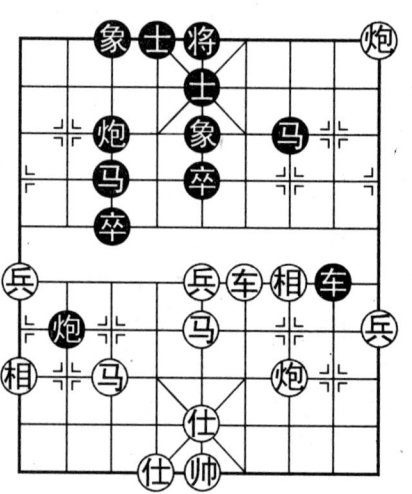

图 30

同样交换应车五平六,红方稍优。

| 37. …… | 车8平5 | 38. 马五进三 | 马7退9 |

中兵被消后局面缓和,至此交换后接近和势。

39. 车一进三	士5退6	40. 相九退七	卒3进1
41. 车一退三	卒3进1	42. 车一平八	卒3进1
43. 车八退三	车5平7	44. 车八平七	

和棋。

第六轮（2011年5月18日于各队主场）

第31局　洪智 负 赵鑫鑫

1. 马二进三　卒7进1　　　2. 兵七进一　……

红方第二步挺七兵，开通左马的通路，防止双马受制，容易转演成"对兵局"的阵式。这种变例讲究子力调运、出子速度和子力的占位，是目前进马局极为流行的布局走法。

2. ……　　　马8进7　　　3. 马八进七　……

红方双马正起形成屏风马阵势，堂堂正正。

3. ……　　　车9进1

黑方起横车，机动灵活，利攻利守，是黑方最为流行的下法。

4. 车一进一　车9平3

横车平象位，伏兑3卒通车。

5. 炮二进四　卒3进1　　　6. 炮二平三　卒3进1

冲卒弃象，是对攻型下法。

7. 炮三进三　士6进5　　　8. 车一平二　卒3进1
9. 马七退五　车3进4

进车骑河，控制红方兑兵活马的手段。

10. 车二进五　炮8退2　　11. 相七进五　车3退1
12. 兵三进一　卒7进1　　13. 炮三退五　马2进3
14. 车九平七　……

平车牵制黑方3路线，延缓黑方的反击速度，实际效果不佳。可以考虑炮三平九，象3进1，马三进四，炮8平6，马五进三，窝心马跳出来为宜。

14. ……　　　马3进4　　15. 炮三进一　车3退2
16. 车二退二　象3进5　　17. 车二平六　炮8进4
18. 炮三进一　车3进2　　19. 炮八进二　卒1进1

20. 炮八平七　卒 1 进 1　　　　**21.** 兵九进一　车 1 进 5
22. 马三进二　……

进马导致局面恶化。宜马三进四兑马，马 4 进 6，车六平四，卒 3 平 4，马五进三，红方可战。

22. ……　　炮 2 平 4　　　　**23.** 车六平五　卒 3 平 4
24. 马五进三　马 4 进 3　　　　**25.** 炮三退二　……

退炮加强防守，希望能够松透局面，但是黑方已经大兵压境，红方很难支撑。

25. ……　　马 7 进 6　　　　**26.** 仕四进五　马 6 进 7
27. 车五平四　炮 4 平 3

平炮好棋，准确地抓住红方七路车、炮的弱点。

28. 炮七平八　车 3 平 2
29. 炮八平七（图 31）　……

败着。这时只有车七进三用车砍马。

29. ……　　马 3 进 4

进马巧着，打死红车，为取胜奠定基础。

30. 炮七平五　象 5 进 3
31. 炮五平七　象 3 退 1
32. 炮七平八　炮 8 平 3
33. 车七进五　象 1 进 3
34. 马二进三　象 3 退 5　　　　**35.** 车四平七　象 5 进 7

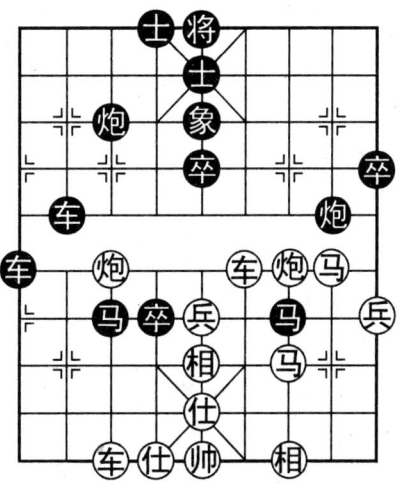

图 31

红方虽然竭力进攻，但是黑方不为所动，防守严密。这一手飞象有效断了红马卧槽的路线，防守稳健。

36. 车七进三　车 1 平 2

这样交换以后，黑棋优势进一步扩大，红方危险加剧。

37. 前马进四　后车退 2　　　　**38.** 车七退六　后车平 6
39. 车七平六　车 6 退 1　　　　**40.** 车六进二　……

这一回合子力交换的过程中，黑方虽然损失一马一卒去换掉红方一马，看似吃亏，实则不然。红马对黑方的威胁最大，如果兑掉红马，黑方可以放手进攻，所以说这个交换过程黑方得利更大。

40. ……　　车 6 进 5　　　　**41.** 炮三平六　车 6 进 2
42. 相五退七　车 6 平 7　　　　**43.** 车六退一　车 7 进 1

44. 仕五退四　象7退5　　　　**45.** 炮六进二　卒9进1

马7进9更为紧凑有力。仕六进五，车2平7，相七进五，马9进7，帅五平六，马7退5，车六平五，后车进2，车五平三，车7退2，黑方保留一个卒，就可以形成车卒例胜残局。

46. 炮六平九　车2平3　　　　**47.** 相七进九　车3平1
48. 炮九平七　车1平2　　　　**49.** 马三退五　车7平8
50. 马五退七　车2进1　　　　**51.** 车六平三　车2平5
52. 仕六进五　车8平9　　　　**53.** 车三平二　车9退2

双方实力差距较大，红方无论兑不兑车，都是败局已定。

第32局　金松 负 蒋川

1. 马二进三　卒7进1　　　　**2.** 炮八平五　马2进3
3. 马八进七　马8进7　　　　**4.** 车九平八　车1平2
5. 车八进四　炮2平1　　　　**6.** 车八进五　马3退2

面对蒋川特级大师，金松选择了中炮屈头屏风马巡河车对屏风马阵型，当黑方平炮兑车时，红方接受兑车，尽量把局势导向平稳。

7. 车一进一　卒3进1　　　　**8.** 车一平四　……

黑方选择了两头蛇的阵型。红方右车平肋，准确配合中炮盘头马打开局面。

8. ……　　　象7进5　　　　**9.** 兵五进一　炮8进4
10. 兵五进一　士6进5　　　　**11.** 兵三进一　卒7进1
12. 马三进五　车9平6　　　　**13.** 车四进八　将5平6
14. 马五进三　马2进3　　　　**15.** 马七进五　炮8平3

炮打七兵，黑方先得实惠，这是蒋川擅长的下法，平稳的局面谋求多兵（卒）之利，然后进入优势残局。

16. 马三进四　炮1退1　　　　**17.** 兵五平六　士5进6
18. 兵六进一　……

冲兵稍急。不如兵九进一，以后黑方炮1进4不是一个先手。

18. ……　　　炮1平5　　　　**19.** 马五进三　马7进6
20. 炮二平四　……

坏棋，导致局面恶化。宜炮五平四，将6平5，兵六进一，马3进4，炮二进四，马6退8，马三进二，马4退6，马二进三。红方先弃后取，足可抗衡。

20. ……	将6平5	21. 兵六平五	马3进5
22. 炮四平一	将5平6	23. 炮一进四	马5进4
24. 马四退六	炮1退2	25. 马六退四	士4进5

补士以后。黑方阵型上已经没有明显的弱点，双炮双马卒也已经进入攻击位置。

26. 炮五平四　炮3平5
27. 帅五进一　将6平5
28. 帅五平四（图32）……

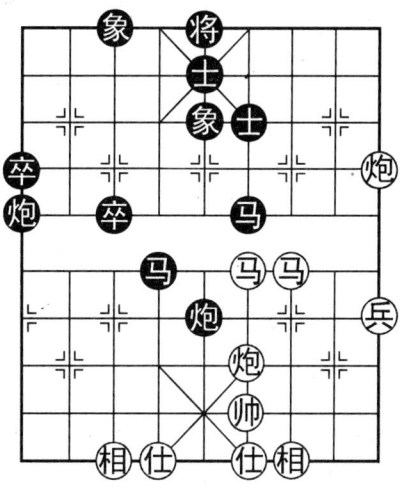

图32

败着，此时可考虑炮四进三交换，延缓黑方的攻势。试演一例：炮四进三，马4退6，马三进四，炮5平1，相三进五，后炮进1，帅五退一，红方尚可周旋。

28. ……　　马6进8
29. 炮一退二　炮5平6
30. 帅四平五　象5进7

飞象顶马好棋，有力地限制红方的反击速度。

31. 马四退六	象3进5	32. 相七进五	马4进2
33. 帅五退一	卒3进1	34. 马六退八	卒3平4

平卒，继续对红方进行渗透式攻击。

35. 仕六进五	炮1平2	36. 马八退九	炮6退3
37. 马三进五	炮6平5	38. 马五进七	马8进6
39. 炮一平三	象5进3	40. 马七进六	炮5进3
41. 马六退八	象3退5	42. 炮三退二	卒1进1
43. 马九进八	卒1进1	44. 后马退六	马2进3

进马好棋，锁住红马。这里蒋川又巧用"困"字诀，抢得胜机。

45. 炮三退一	炮2进5	46. 帅五平六	炮5平4
47. 马六进七	马6进4	48. 马七退六	炮4平1

红方认负。

第33局　宋国强　负　王天一

1. 炮二平五	马8进7	2. 马二进三	车9平8
3. 车一平二	马2进3	4. 兵七进一	卒7进1

5. 车二进六　炮8平9　　　6. 车二平三　炮9退1
7. 马八进七　车1进1　　　8. 炮八平九　车1平6
9. 车三退一　炮2平1　　　10. 车三平八　车8进8

进车下二路，冷僻的下法。以往多车8进6形成常见的攻守套路。现在进车直接进入红方腹地，着法简明有力，可见王天一大师对这一布局有深入的研究。

11. 车九进一　车8平1　　　12. 马七退九　炮1进4
13. 马九进七　……

进马失先。应抓住黑方3路线的弱点，直接炮九平七，红方稳持先手。

13. ……　　炮1平3　　　14. 兵三进一　……

底相必失，因此应兵五进一盘活双马，争取在出子速度上得到补偿。试演一例：兵五进一，炮3进3，仕六进五，象3进5，车八进二，炮3退4，马三进五，炮3退1，马五进三，红方足可抗衡。

14. ……　　炮3进3　　　15. 仕六进五　卒3进1
16. 车八进二　炮3退4　　　17. 马七进九　炮3进3
18. 炮九平七　马7进6　　　19. 马九退八　炮3退3
20. 马八进六　炮9进1　　　21. 车八退五　车6进4

黑方调兵遣将，红方全线退守。此时黑方进车好棋，左右子力俱活。

22. 炮七进三　象7进5　　　23. 炮七进一　炮3退1
24. 马六进五　炮3进1
25. 兵三进一　马6进4
26. 马五进六　马4退3
27. 马六退七　象5进7
28. 马七进八　前马进4
29. 炮五平六（图33）　……

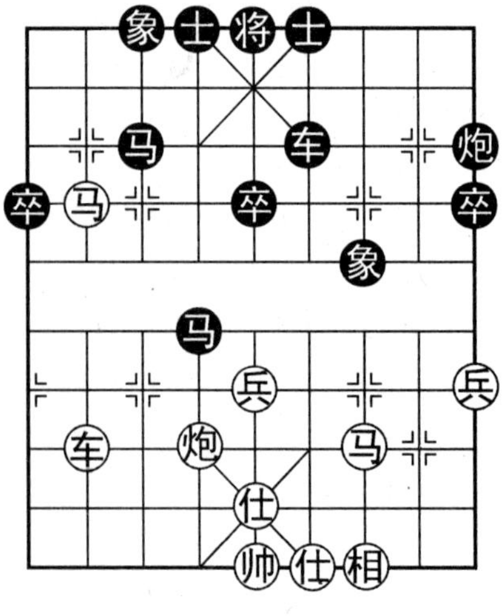

平炮导致局面恶化。宜车八进二，马4进5，相三进五，士6进5，马三进二，炮9进4，马二进一，象7退9，车八平三，红方足可抗衡。

29. ……　　炮9平7
30. 马三退一　马3进2
31. 车八进二　……

如马八进七打将，将5进1，红方无后续手段。

31. ……　　车6平3　　　32. 马八进六　将5进1

图33

33. 马六退四	将5退1	34. 马四进三	将5进1
35. 炮六平二	将5平4	36. 炮二平六	将4平5
37. 炮六平二	将5平4	38. 炮二平六	将4平5
39. 炮六平二	将5平4	40. 车八退二	车3进7

也可车3进4, 炮二平六, 马4进2, 相三进一, 车3平5, 黑方大优。

41. 仕五退六	炮7平2	42. 车八平四	士4进5
43. 炮二进六	车3退3	44. 马三退五	将4进1
45. 炮二退一	将4平5	46. 炮二平八	车3平5
47. 仕四进五	车5平9	48. 相三进一	卒9进1

黑方净多三卒, 取胜只是时间问题。

49. 马一退三	卒9进1	50. 车四平三	士5进6
51. 马三进四	马4进6	52. 相一退三	卒9平8
53. 马四退六	将5退1	54. 马六进八	马2退4
55. 炮八平七	马4进5	56. 马八进七	马5退3
57. 炮七进一	象3进5	58. 炮七平八	马6退5
59. 马七退六	马5进4	60. 炮八退七	卒1进1
61. 车三平二	卒8平7	62. 炮八平六	卒5进1
63. 车二进四	卒5进1	64. 车二平四	卒7平6
65. 车四进一	车9进3	66. 车四进二	车9平7
67. 仕五退四	车7退3	68. 车四退四	马4进6
69. 炮六平四	车7平4		

红方认负。

第34局　卜凤波 胜 陶汉明

1. 兵七进一　象3进5

陶汉明与卜凤波两位特级大师可以说是渊源颇深, 曾经是大连队、辽宁队的队员, 在全国大赛上交手不下数十次。陶汉明选择飞象也是出于这方面的考虑, 双方太熟悉了, 不如以散手局较量功底。

2. 马八进七	马8进7	**3.** 马七进六	卒7进1
4. 炮二平六	……		

平炮调型的同时, 可以掩护盘河马, 正着。

4. ……	车9进1	**5.** 相三进五	马2进4
6. 马二进三	炮2进3	**7.** 车一平二	……

出车必然，红马已经不好调整。如马六退七，炮 2 进 1，红方等于白白损失一步，这在职业棋手中是很难接受的。

7. ……　　　炮 2 平 4　　　8. 车二进七　车 1 平 2
9. 炮八平九　炮 4 退 3　　　10. 车二退三　车 2 进 6
11. 车九进一　车 2 平 1

也可以考虑马 4 进 2 消除弱点。

12. 车二平六　炮 4 进 5　　　13. 车六退二　马 4 进 2
14. 车九平六　士 6 进 5　　　15. 后车平四　……

红方连续平车，走得非常连贯，先是迫使黑方支士堵塞车路，再平肋车抢占要点，反映出卜特大深厚的运子功力。

15. ……　　　马 7 进 8

应车 9 平 8。虽然这样略显委屈，但是还应开通大子为宜。试举一例：车 9 平 8，车六进二，马 2 进 1，车六进四，马 1 进 2，黑方足可抗衡。

16. 车六进二　卒 9 进 1　　　17. 车六平二　马 8 退 9
18. 车二进二　……

进车抢占要点，正着。至此，黑方左车被困，红方大占先手。

18. ……　　　马 2 进 1　　　19. 仕四进五　车 9 平 7
20. 车四进三　车 7 进 1　　　21. 车二平五　车 7 平 8
22. 兵三进一　车 8 平 7

再平车明显缓着。应卒 7 进 1，车四平三，车 8 平 6，车三平四，马 9 进 8，车四进三，士 5 进 6，帅五平四，士 4 进 5，黑方局势尚可。

23. 兵三进一　车 7 进 2
24. 车四进四　车 7 退 2
25. 马三进二　马 1 进 2
26. 马二进四　车 7 平 6
27. 车四退一　马 2 进 3
28. 帅五平四　士 5 进 6
29. 炮九平七　……

平炮限马，以后伏有炮七进四驱马的先手。

29. ……　　　车 1 退 2（图 34）

败着。应车 1 平 3，炮七平六，车 3 平 4，车五平一，士 4 进 5，相五进三，卒 1 进 1，黑方可战。

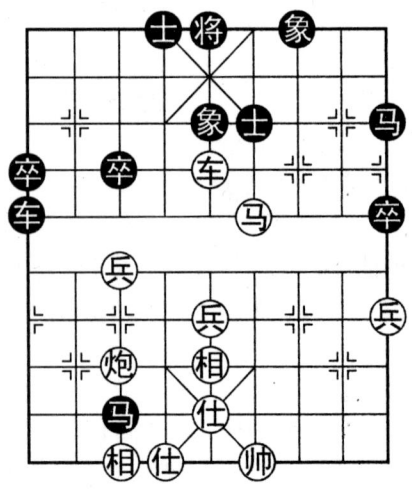

图 34

| 30. 马四进二 | 车 1 平 8 | 31. 马二进四 | 将 5 平 6 |
| 32. 相五退三 | …… | | |

退相好棋,守中带攻,红方发起总攻。

32. ……	马 9 退 7	33. 炮七平四	车 8 平 6
34. 马四退二	车 6 平 7	35. 车五平四	将 6 平 5
36. 马二进四	将 5 进 1	37. 车四平七	

黑方失车认负。

第 35 局　李少庚 负 谢靖

1. 兵七进一	马 8 进 7	2. 炮二平六	车 9 平 8
3. 马二进三	卒 7 进 1	4. 马八进七	马 2 进 1
5. 相七进五	车 1 进 1	6. 炮八进二	……

双方以进兵对起马开局,至此双方基本定型成过宫炮对单提马横车的基本阵势。红方进炮策应左马,也是比较稳健的下法。

| 6. …… | 象 7 进 5 | 7. 车一平二 | 炮 2 平 4 |

平炮是很有针对性的一着棋,打破红方马七进六的计划。

| 8. 兵三进一 | 卒 7 进 1 | 9. 炮八平三 | 车 1 平 3 |

又是一步强手,针对红方八路马没根的弱点,展开攻击。

10. 车九平八	卒 3 进 1	11. 车八进七	炮 4 平 2
12. 炮三进二	卒 3 进 1	13. 马三进四	炮 4 平 3
14. 炮六进五	……		

进炮使局面复杂化,双方短兵相接。

14. ……	车 3 平 6	15. 马四进六	车 6 平 3
16. 炮六平三	车 6 平 4	17. 车八进一	炮 3 进 3
18. 前炮平九	炮 8 进 4		

当前这个局面,很多初学者会认为红方优势,至少红右车牵制住黑方车炮占了便宜。其实不然,红方子力分散,不如黑方更具弹性。

19. 炮九进二	炮 3 平 1	20. 相五退七	炮 1 进 2
21. 车八退八	车 4 平 7	22. 炮三平四	车 7 平 6
23. 炮四平三	车 6 平 7	24. 炮三平四	车 7 平 6
25. 炮四平三	炮 1 退 1	26. 车二进一（图 35）	……

进车导致局面恶化。应车八进七,车 8 进 2,炮三进二,士 6 进 5,相三进五,车 6 进 2,仕四进五,红方足可抗衡。

26. ……　　　　士6进5
27. 相三进五　　车6进2
28. 车八进三　　……

速败。兵五进一较为顽强。

28. ……　　　　将5平6
29. 车二退一　　炮1平8

献炮又是一步巧手，红方不敢车二进一吃炮，黑方有抽吃红车的手段。

30. 车二平三　　前炮平9
31. 车三平二　　炮9平8
32. 车二平三　　前炮平9
33. 车三平二　　炮9平8
34. 车二平三　　后炮平5
35. 仕六进五　　炮8进1

进炮叫杀，黑方锁定胜局。

36. 帅五平六　　车8进4

如车六进一，炮5进2，黑方胜定。

37. 车八平六　　卒3进1

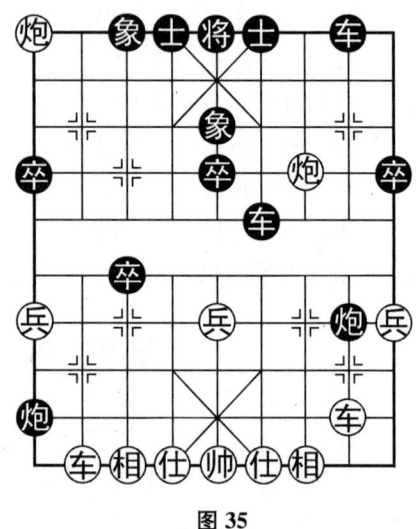

图35

第36局　王斌 和 孟辰

1. 炮二平五　　……

这是2011年伊泰杯全国象棋甲级联赛第6轮的对阵。江苏队主场对阵湖南队，王斌先手对孟辰，前5轮江苏队发挥出色，积8分排名第三，仅次于北京队和上海队。而湖南队作为升班马仅积3分排名垫底，所以江苏队赛前的指标就是力争3分。

1. ……　　　　马8进7　　2. 兵七进一　　车9平8
3. 马二进三　　卒7进1　　4. 马八进七　　马2进3
5. 车一进一　　……

至此形成了中炮横车七路马对屏风马七卒的阵型。

5. ……　　　　象3进5

进3象是较为稳健的变化，另有象7进5的选择，较为激烈。

6. 车一平四　　炮8进2

另有炮8平9或士4进5的选择，均可考虑。

7. 兵五进一　　……

如马七进六，卒3进1，马六进七，卒3进1，炮八平七，车1平2，黑方弃象后子力灵活可战。

7. ……　　　卒3进1　　　8. 马七进五　马3进4

以往多士4进5，以下红有兵三进一、车九进一等选择，均是红方稍优。

9. 兵七进一　……

保持变化，简明的下法可兵五进一，炮8平5，炮五进三，马4进5，马三进五，卒5进1，炮八平五，炮2平4，车九平八，红方稍优。

9. ……　　　马4进3

跳马目标不明确，应简单马4进5交换，以下马三进五，车1平3，炮八平七，车3进4，车九平八，炮2平1，黑势不差。

10. 兵七进一　……

冲兵容易被黑方反击，稳健点可选择炮八平七，象5进3，车九平八，炮2平5，车八进三，红方位置较好，稍优。

10. ……　　　卒7进1　　11. 兵三进一　炮8平1
12. 炮八平九　炮1进3　　13. 相七进九　马3进5
14. 车四平八　马5退3

过于示弱，被红方先弃后取而占优。此时应马5进6破仕，给红方以牵制，以下马三退四，车8进6，马五进七，炮2进4，较为复杂。

15. 车八进六　马3退5　　16. 车八退三　……

应车九平七直接出车，伺机冲兵进攻。

16. ……　　　卒5进1
17. 车八平六　……

平车无用，还是应车九平七赶快出车。

17. ……　　　马7进6
18. 仕六进五　车1平3

平三容易被红方利用，同样出车应车1平2或马6进5先交换。

19. 车九平七（图36）　……

软手，错失机会，应马五进七，士6进5，马七进六，车8进7，马三进四，车8进1，车九平七，红方占优。

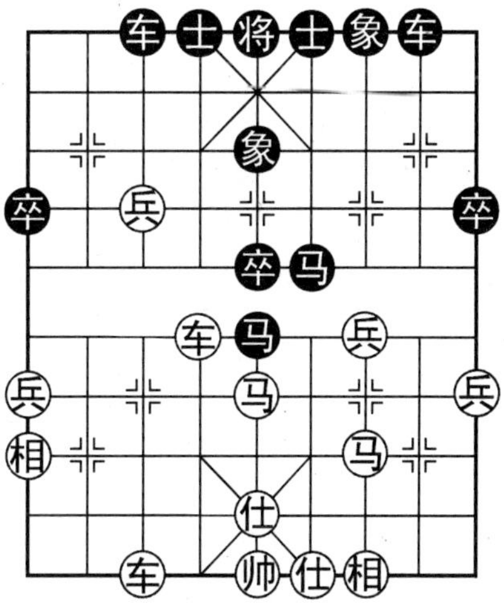

19. ……　　　马6进5

抓住红方的软手果断交换，红方的优势渐渐缩小。

图36

20. 马三进五　车8进6　　　21. 马五退六　士4进5

红马被逼退后黑方已无大碍。

22. 马六进八　车3平4　　　23. 车六进五　士5退4
24. 马八进七　士6进5　　　25. 车七平六　车8平9
26. 车六进五　马5进3　　　27. 相九退七　马3进2

马位走偏，应卒5进1过河，兵三进一，车9退1，车六平四，象5进3，黑有过河卒尚可下。

28. 相三进五　马2退1　　　29. 马七进八　车9平3
30. 马八进七　将5平6　　　31. 车六平五　士5进6
32. 车五进一　马1退2　　　33. 车五平一　……

至此红方虽然占优，但三路兵很难过河，取胜难度颇大。

33. ……　　　士4进5　　　34. 车一进三　车3平5
35. 兵七平六　马2进4　　　36. 仕五进四　车5退2

守住巡河，和棋在望。

37. 仕四进五　卒1进1　　　38. 车一退六　车5平3
39. 马七退八　车3平2　　　40. 马八进七　车2退3
41. 车一平七　马4退2

下手伏马2退1交换红马，红无处可躲，和棋。

第七轮 (2011年6月1日于各队主场)

第37局 聂铁文 胜 陆伟韬

1. 炮二平五　马8进7　　　　2. 马二进三　车9平8
3. 车一平二　卒7进1　　　　4. 车二进六　马2进3
5. 马八进七　卒3进1　　　　6. 车九进一　象3进5
7. 车九平六　马7进6　　　　8. 兵五进一　……

双方以中炮直横车七路马对屏风马两头蛇布阵。红方此时进中兵有力地削弱了黑方盘河马的效率。如车二平四，马6进7，炮五平四，士4进5，车四平二，车8进1，大体均势。

8. ……　　卒7进1　　　　9. 车二平四　……

平车捉马，局势趋于激烈。如车二退一，马6退7，车二进一，炮2进1，车二退三，炮2进3，车二进三，卒7进1，车二平三，卒7进1，车三进一，士4进5，炮五进一，炮2平5，马七进五，双方子力交换以后，局势平稳。

9. ……　　卒7进1

冲7卒是当前最强硬的下法。

10. 兵五进一　……

弃子抢攻，红方走得非常凶悍，双方战意十足。

10. ……　　卒7进1　　　　11. 兵五进一　……

正着。如车四退一，炮8平7，相三进一，车8进6，黑方反先。

11. ……　　士4进5　　　　12. 车四退一　炮8平7

平炮是黑方预定的反击方案，也是当前黑方最为有力的反击手段。

13. 相三进一　车8进6　　　14. 兵五平六　……

红方此时多走炮五进一隔断黑车，双方变化复杂。如果从保持攻击的连续性考虑，红方也可以选择车四平五。

14. ……　　车8平3　　　　15. 车六平四　将5平4

如炮2退2，马七退五，车3平4，炮八平三，将5平4，马五进七，红方先手。

16. 兵六平七　马3进5　　　　17. 炮八进四　马5进4

也可车1平3，炮八平五，后车进3，前车平六，炮2平4，前炮退三，前车进1，大体均势。

18. 前车平六　将4平5　　　　19. 车六退一　车3进1
20. 车六进四　车1平4　　　　21. 车六平八　……

避兑，保持变化。

21. ……　　　车3进2　　　　22. 仕四进五　车3退4
23. 炮五进六　……

炮打中士，展开攻击。

23. ……　　　卒7进1

正着。延续红方攻势的同时布下陷阱。如红方不察走车四平三，象5进7，车三进四？炮2平5，黑方反败为胜。

24. 车四进七　车3平8
25. 炮八退五　……

也可兵七进一，炮7平3，炮五平六，象5进7，炮八平五，红方优势。

25. ……　　　车4进8（图37）

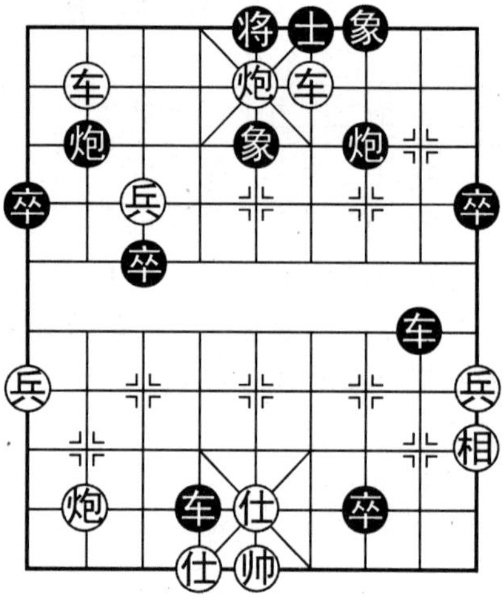

败着。应车8进4，仕五退四，车8退6，仕四进五，炮2平4，炮八平三，炮4退1，车四退一，士6进5，车四平三，车8平3，黑方可战。

26. 炮五平六　士6进5　　　　27. 炮六退二　车8进4
28. 仕五退四　将5平4　　　　29. 车八平五

红胜。

图37

第38局　黄竹风 胜 徐超

1. 炮二平五　马8进7　　　　2. 马二进三　车9平8
3. 车一平二　卒7进1　　　　4. 车二进六　马2进3
5. 马八进七　卒3进1　　　　6. 车九进一　炮2进1
7. 车二退二　象3进5　　　　8. 兵三进一　……

双方以中炮直横车对屏风马两头蛇布阵，红方选择兑三兵是一路相对平稳的变化，选择兵七进一兑七兵则发展起来较为激烈一些。

  8. …… 炮2进1   9. 兵七进一 炮8进2

双方形成四兵（卒）相见的变例。这个变例中黑方的双炮巡炮意在加强巡河一线的防守，这也是红黑双方争夺的焦点。

  10. 车九平六 ……

平车占肋，控制要道。

  10. …… 士4进5   11. 炮八退一 ……

红方退炮，准备续走炮八平七威胁黑方3路线。

  11. …… 卒7进1

兑7卒，策划弃子反击方案。

  12. 车二平三 卒3进1

黑方过卒弃马，力争主动的走法。如马7进6，红可车三平四，炮8平7，马三进二，红方占优。

  13. 车三平七 ……

吃卒稳健，复杂点可选择车三进三，炮8平3，马七退九，炮3进5，仕六进五，车1平2，车三退三，炮2平7，形成纠缠局面。

  13. …… 炮8平3   14. 马七退五 ……

退马较为新颖，旧式应着多马七进六或车六进七。退马较为含蓄，并伏车六进五的先手。

  14. …… 炮2退4

稳健点可选择车8进4，马三进四，车8平6，马五进三，马3进4，黑方可下。

  15. 车六进七 炮2平3   16. 车七平三 前炮平7
  17. 车六平七 马3进2

感觉太偏，应马3进4跳出，炮八进六，马7进6，炮五进四，炮7进3，马五进三，车8进3，黑方稍差但可求和。

  18. 兵九进一 ……

可以考虑车三平八，马2退1，车七退四，红方稳持先手。

  18. …… 车8进3

没有抓住红方的缓手，应车8进4先护住黑炮，兵九进一，马2进1，炮八进七，卒1进1，黑有机会顶和。

  19. 炮五平九 马2退1

坏棋，导致局面恶化。宜马7进6，兵九进一，马2退4，车七平八，炮3平4，炮九进四，车1平3，黑方足可抗衡。

20. 车七退一　卒 5 进 1
21. 兵九进一　车 8 平 4（图 38）

败着。宜马 7 进 6 更有顽强。试演一例：马 7 进 6，兵九平八，炮 7 退 2，车七退五，车 1 进 1，车七平四，车 8 进 1，黑方足可抗衡。

22. 马五进四　车 4 进 5
23. 马四进三　车 4 平 2
24. 兵九进一　马 7 进 6
25. 车三平四

黑方必失一子，投子认负。开局时红方选择了比较新颖的变化，而黑方准备不足，在相持中走了几步缓手，很快落入下风，最终走漏送子认负。

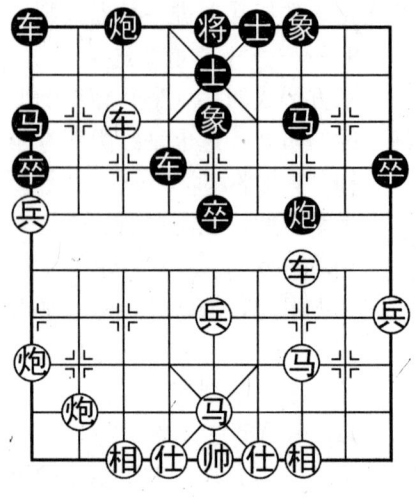

图 38

第 39 局　许国义 胜 王新光

1. 兵七进一　马 8 进 7　　2. 马八进七　象 3 进 5
3. 炮二平六　车 9 平 8　　4. 马二进三　炮 8 平 9
5. 相七进五　……

飞相稳健，也可兵三进一，形成两头蛇阵势。

5. ……　　　卒 7 进 1　　6. 车一进一　车 8 进 1

车 9 平 8 以后，再走车 8 进 1 明显亏了一手棋，不如直接车 9 进 1 较为明快。当然此时车 8 进 1 也是逼红方表态，以后可以走车 8 平 4 这一要点，在战术上也是可行的。

7. 马七进六　……

针锋相对，不能让黑方车 9 平 4 牵制仕角炮。

7. ……　　　马 2 进 4

这手棋是车 8 进 1 的后续。

8. 炮八进二　……

稳健，否则黑方炮 2 进 3，红马位置尴尬。

8. ……　　　车 1 平 3　　9. 车九平七　炮 2 平 3

正着。如卒 3 进 1，兵七进一，车 3 进 4，车七进五，象 5 进 3，车一平七，黑方尴尬。

10. 车一平八 ……

平车好棋，准备炮八进四抢先发难。

10. …… 炮3平2

12. 车七平九 ……

保持变化的选择。

12. …… 车3平2

13. 车九平八 车2进3

14. 车四平八 ……

平车好棋，伏有炮八退一再炮八平六的先手。

14. …… 卒1进1（图39）

败着。应马7进8伺机攻击红方右翼对红方形成牵制。试演一例：马7进8，炮八平九，车2进5，车八进一，卒1进1，炮九平八，马8进7，黑方足可抗衡。

15. 炮八退一 马4进6

16. 马六进五 车8平4

18. 兵五进一 马7进5

20. 兵五平六

红方得子胜定，黑方投子认负。

11. 车八平四 炮2平3

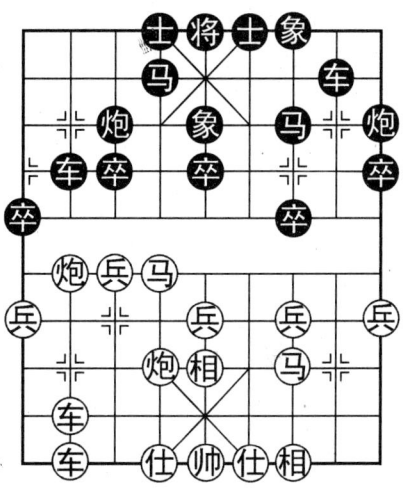

图 39

17. 仕六进五 马6进5

19. 兵五进一 马5退7

第40局 郝继超 胜 苗利明

1. 炮二平五 炮8平5

2. 马二进三 马8进7

3. 车一平二 车9进1

4. 马八进七 马2进3

5. 兵三进一 卒3进1

6. 车二进五 象3进1

飞象保卒正确。如车9平4弃掉3卒，则车二平七，车4进1，车七进一，炮5退1，兵七进一，红方占有空间优势。

7. 炮八进四 卒7进1

弃卒及时。如马3进2，炮八平三，象7进9，兵七进一，黑方受攻。

8. 车二平三 马3进2

9. 车三平六 车9平3

10. 车六进二 ……

进车捉炮造成炮阻住黑车的道路，削弱黑车的效率。如兵三进一，车3进2，兵三进一，车3平2，兵三进一，马2进3，车六平七，车1平3，车七进四，象1退3，黑方优势。

10. ……	炮2平3	11. 炮八平七	车3平2
12. 车九平八	车1平2		

形成霸王车，解除牵制的要着。

13. 炮五退一	士4进5	14. 车六退四	马2进3
15. 车八进八	车2退1	16. 炮七退三	车2进5
17. 马三进四	炮3进4	18. 相七进五	卒3进1
19. 兵三进一	……		

正着。如马四进六，炮5平4，马六进四，马7进6，车六进二，马6进4，黑方先手。

19. ……	车2进1	20. 车六退一	炮3平9
21. 相五进七	炮9平1	22. 炮五平三	炮1进3
23. 帅五进一	马7退9	24. 马四进六	炮5平4
25. 马六进四	车2退3	26. 马四进三	将5平4
27. 车六平三	……		

先叫将再平车保兵，次序井然。

27. ……	炮4退1	28. 马三退四	马9进8
29. 相七退九	……		

退相困炮求稳，积极的选择是马七进九，对攻之势。

29. ……	马8进9
30. 相九退七（图40）	……

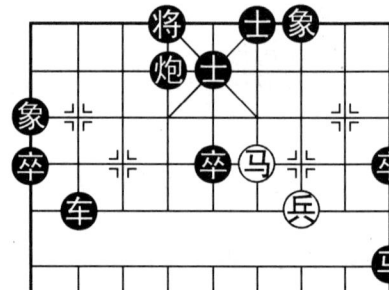

图40

非常可惜，错失机会。上一手相七退九就已经做好了相九退七的准备，所以这手棋犯了"思维上先入为主"的错误，错过了简明扩先的机会。应车三进二！如马9进8，车三平八！红方大优。

30. ……	象7进5		
31. 帅五退一	车2平4		
32. 仕四进五	象1进3		
33. 兵三进一	炮4平3	34. 马七退九	车4进2

可以考虑卒1进1边路突破，徐图进取。

35. 马四退三	炮3进2	36. 车三平八	车4退1

退车捉马有帮忙之嫌，不如炮1平4为宜。

37. 马三退四	炮1平4	38. 车八进七	将4进1
39. 车八退一	将4退1	40. 车八进一	将4进1
41. 车八退三	炮3平7	42. 车八进二	将4退1
43. 车八进一	将4进1	44. 车八退一	将4退1
45. 车八进一	将4进1	46. 马九进七	车4退2
47. 车八退一	将4退1	48. 车八进一	将4进1
49. 马七退六	车4平2	50. 车八退三	炮7平2

兑车以后，红方净多一马，虽然少兵，但是足以控制局面。

51. 马六进七	马9退7	52. 马七进六	卒9进1
53. 仕五退六	将4退1	54. 炮三平五	炮2退2
55. 马六进四	士5进4	56. 炮五进五	炮2平5
57. 炮五平六	将4平5	58. 相七进五	卒9进1
59. 相五进三	马7退6	60. 炮六平四	象5退7
61. 仕六进五	卒1进1	62. 相三进五	象3退1
63. 后马进五	炮5进3	64. 马五退七	士6进5
65. 炮四平五			

打将巧手，黑方无论怎么应将，红方都可马七进六，伏有兵五进一捉死炮的手段。黑方认负。

第41局 陶汉明 负 阎文清

1. 马八进七	卒3进1	2. 兵三进一	马2进3
3. 马二进三	车1进1	4. 车九进一	车1平7
5. 炮八进四	卒7进1	6. 炮八平七	卒7进1
7. 炮七进三	士4进5	8. 车九平八	卒7进1
9. 马三退五	车7进3		

黑方左车巡河是阎文清大师的改进之着。以往曾出现过车7进4骑河的下法。在这个局面下显然巡河车的效率要比骑河车的效率更高一些。

10. 炮七平九	炮2进2	11. 兵九进一	……

红方进边兵，既防黑方炮2平1兑炮，又伏有马七进九从边路出击的攻击手段。

11. ……	炮8进4	12. 车一进二	……

软着。应马七进九，炮8平5，马五进七，炮5退2，兵九进一，红方主动。

12. ……	马8进7	13. 炮二退一	车7平4

14. 车一平二　炮8进2
15. 车二退一　马7进6
16. 马七进九　马6进5
17. 马五进七　马5进3
18. 马九退七　车9进2
19. 马七进九　车9平4
20. 仕四进五　前车进4
21. 车八进一　卒3进1

弃卒好棋，以后可以退骑河车，局势趋向缓和。

22. 马九进七　前车退3
23. 帅五平四（图41）……

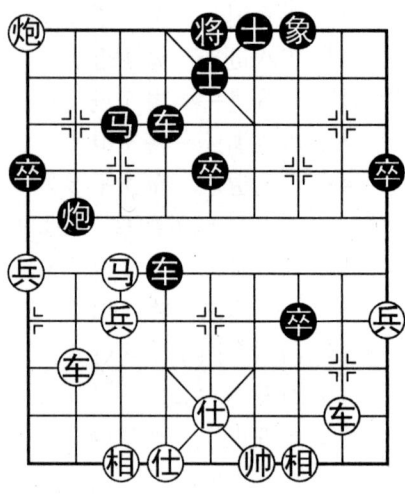

图41

坏棋，造成白丢双仕的不利局面。宜车二平四，炮2平5，仕五进六，前车进2，车八平六，车4进5，马七进五，卒5进1，车四进五，红方尚可周旋。

23. ……　　　前车进4

先弃后取，扩先佳着。

24. 仕五退六　车4进7
25. 帅四进一　车4退1
26. 帅四退一　车4平8
27. 马七进六　车8平4
28. 马六退八　马3进2
29. 车八进三　车4进1
30. 帅四进一　车4退1
31. 帅四退一　车4退1
32. 帅四进一　将5平4
33. 车八进四　将4进1
34. 车八退七　车4退1
35. 帅四退一　象7进5
36. 炮九平五　将4退1
37. 车八进七　将4进1
38. 车八退七　车4退1
39. 帅四进一　车4进1
40. 帅四退一　车4进1
41. 帅四进一　将4退1
42. 车八进七　象5退3

主动求变，如仍走将4进1，则车八退七，双方不变作和。

43. 炮五退三　卒7进1
44. 车八平七　将4进1
45. 车七退一　将4进1
46. 车七退一　将4进1
47. 车七退三　车4退1
48. 帅四退一　卒7进1

黑卒逼近九宫，红方大势已去。

49. 车七平四　车4进1
50. 炮五退六　卒7进1
51. 帅四进一　车4平5
52. 车四平三　车5平3

红方投子认负。

第42局 万春林 胜 谢岿

1. 炮二平五　马8进7　　　**2.** 兵三进一　车9平8
3. 马二进三　炮8平9　　　**4.** 马八进七　卒3进1
5. 炮八进四　马2进3

形成五八炮进三兵对三步虎阵势。黑方跳正马是改进着法。以往多象7进5，相对于马2进3的下法，象7进5可以避免红进炮压马和打卒瞄象的变化，但是边炮失根，以后将成为红方的打击目标。黑方用双马护中卒，易受红炮的压制，同样是有利有弊。

6. 炮八平七　车1平2

出车，以便支持炮的伸进，是一种比较稳健的走法。

7. 车九平八　炮2进2

也可选择炮2进4封住红方左车。

8. 车一进一　象3进5　　　**9.** 马三进四　卒7进1

兑卒活马的同时，争到一个车8进5捉马的先手，这是中局常用的手段。

10. 兵三进一　车8进5　　　**11.** 车一平四　炮2平7
12. 马四进六　车2进9　　　**13.** 马七退八　马3退1

稍软。可以考虑马7进8，马六进七，炮9平3，炮五进四，士4进5，车四平八，炮7平4，黑方不落下风。

14. 马六进四　炮9平4　　　**15.** 车四平三　象7进9
16. 兵五进一　马1退3　　　**17.** 炮七进一　车8平6
18. 马四进三　炮7退3　　　**19.** 车三进六　炮7平5

平炮护住中卒必然。

20. 车三退四　……

软着。宜车三平五先控制黑方的窝心炮，再徐图反击。

20. ……　　　　炮9退1　　**21.** 兵五进一　马3进1
22. 炮七退一　车6平2　　　**23.** 马八进七　车2退2
24. 车三进一　卒9进1

保持变化。如车2平3，车三平一，卒5进1，炮五进五，炮5平3，相七进五，黑方少象，有顾忌。

25. 炮七进二　象9进7　　　**26.** 兵五平四　炮5平7
27. 车三平二　炮7进8

打象稍急。可以考虑卒3进1，兵七进一，车2平3，炮七平六，炮7进

8，黑方攻击手段丰富了很多。

28. 仕四进五　士4进5　　　**29.** 兵四平三　象5进7
30. 车二退四　炮7退3　　　**31.** 车二平三　炮7平8
32. 车三进五　……

红方利用黑方急于进攻的心理，展开攻击，消灭黑方双象后，大占优势。

32. ……　　　炮9进2　　　**33.** 车三平二　炮9平3
34. 车二退二　卒5进1　　　**35.** 车二平五　车2平5
36. 兵七进一　马1进2（图42）

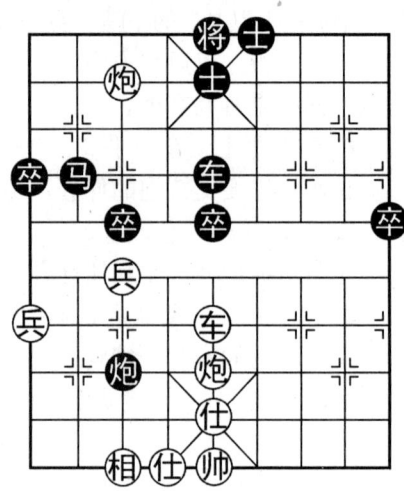

图 42

败着。宜车5平4，车五进二，将5平4，炮五平六，车4平7，车五平六，将4平5，炮六平五，士5进4，黑方尚可周旋。

37. 车五平七　车5平7
38. 兵七进一　马2退3
39. 兵七平六　将5平4
40. 炮五平六　将4平5
41. 车七进五　炮3退4
42. 车七进一　士5退4
43. 车七平六　……

破士以后，红方车炮兵可长驱直入，胜券在握。

43. ……　　　将5进1　　　**44.** 车六退一　将5退1
45. 兵六平五　士6进5　　　**46.** 车六退五　炮3退1
47. 炮六平五　车7平3　　　**48.** 相七进九　卒9进1
49. 车六进五　将5平6　　　**50.** 车六平五

黑方认负。

第八轮（2011年6月15日于各队主场）

第43局　许银川 胜 郝继超

1. 兵七进一　炮2平3　　　　**2.** 炮二平五　象3进5
3. 马二进三　卒3进1　　　　**4.** 相七进九　卒3进1
5. 相九进七　车9进1

郝继超这手棋下得很快，可见郝大师对这个局面有深入的研究。

6. 炮五进四　士4进5　　　　**7.** 车一平二　马2进4
8. 炮五退二　车9平6

黑方也可车1平2，马八进六，再车9平6。这里黑方先走车9平6以后，红方不一定走马八进六，行棋次序的变化必然会带来阵型的变化。

9. 车二进五　……

一步非常好的棋。红方抢到这手棋，占据制高点，占据了较大的空间优势。

9. ……　　车6进5　　　　**10.** 兵三进一　卒7进1

巧手。感觉上这冲7卒是不是随手呢？红方既可车二平三又可兵三进一。关键是弃卒以后，黑方没有反击手段。郝继超下了一手随手棋？

11. 车二平三　……

正确，上一手黑方弃卒暗藏深意。如兵三进一，车6平7，无论红方是相七退五还是马八进七，黑方都有马4进5的反击。

11. ……　　马8进7　　　　**12.** 车三平六　马4进5
13. 马八进六　……

上拐角马位置不是很好，不如相七退五较为工稳。

13. ……　　车6退2

兑车又是一步好棋。红方只有一个明车在外，如果车六平四兑车，则马7进6，以后再开通右车，黑方大占优势。

14. 车六退三 ……

虽然委屈，但也别无他法。

14. ……　马 5 进 3

进马是很犀利的反击，由此也可以看出郝继超对这个局面深刻的研究。

15. 炮八平七　马 7 进 5　　　　**16. 车六平四** ……

红方希望通过兑车盘活拐角马。如果黑方不接受兑车，则占据肋着，以后有车四进六的威胁。

16. ……　　　车 6 平 4　　　　**17. 马六进八　卒 1 进 1**
18. 炮七退一　车 1 平 2　　　　**19. 炮七平八　车 2 平 4**

至此，黑方已经取得非常满意的局面。

20. 仕六进五　炮 8 进 5

打车略急，不如前车平 8 更为含蓄有力。

21. 马三进四　前车平 6　　　　**22. 车四平二　车 6 进 1**

黑方用炮换马，子力价值没有损失，但黑炮的作用明显要好于红马，从效率上来讲，红方占了便宜。

23. 车二进一　车 6 平 7　　　　**24. 相三进五　车 7 平 6**
25. 炮五进一　马 5 进 7　　　　**26. 车二平三　马 3 退 5**
27. 车九平六　车 6 平 4　　　　**28. 车六进四　车 4 进 5**

兑车以后，红方局势已经有了很大改善，双方大体均势。

29. 相七退九　马 7 退 6　　　　**30. 炮五平四　车 4 平 6**
31. 炮四平六　车 6 平 4　　　　**32. 炮六平四　车 4 平 6**
33. 炮四平六　车 6 平 4
34. 炮六平四　车 4 退 1
35. 炮四退四　马 6 进 7

同样进马不如马 5 进 4 更有攻击力。

36. 马八进七　马 5 进 4
37. 车三退一　炮 3 进 1
38. 炮八平六　车 4 平 3
39. 炮六平七　马 4 进 3

进马是担心交换以后，红方多一个中兵，这样残局阶段将陷入苦战。

40. 车三平四　炮 3 进 2（图 43）

败着。应车 3 平 2，相五退七，炮 3 进 1，炮四平三，马 7 进 8，车四平二，

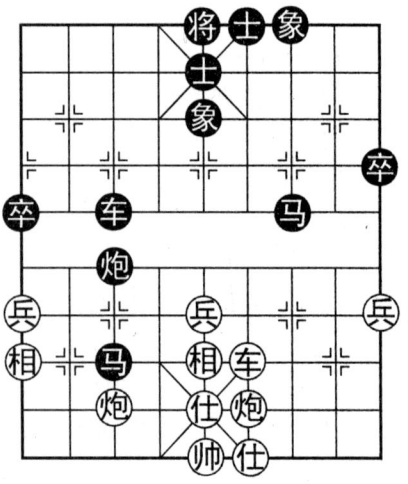

图 43

马 8 退 7，黑方足可抗衡。

| 41. 相五进七 | 车 3 平 5 | 42. 车四平七 | 车 5 进 2 |

43. 炮七平九 ……

红方得子后走得非常稳健，平炮保住边兵，伺机而动。

43. ……	车 5 平 9	44. 车七平八	马 7 进 5
45. 车八进三	车 9 退 2	46. 车八退二	车 9 平 6
47. 炮四平三	车 6 平 7	48. 车八平五	马 5 退 3

黑方仍不敢交换，只好选择退马，保持变化。

| 49. 炮三平四 | 车 7 退 1 | 50. 炮四进一 | 车 7 平 2 |
| 51. 炮九平七 | 马 3 退 5 | 52. 车五进二 | 马 5 进 7 |

53. 炮四平五

红方成功吃死黑卒，胜定。黑方投子认负。

第 44 局　许国义　负　陶汉明

| 1. 兵七进一 | 炮 2 平 3 | 2. 炮二平五 | 象 3 进 5 |

3. 炮五进四 ……

炮打中卒先得实惠，这是许国义比较喜欢的下法，并且取得了不错的战绩。

3. ……	士 4 进 5	4. 相七进五	马 2 进 4
5. 炮五退一	车 1 平 2	6. 马八进六	车 2 进 4
7. 兵五进一	马 4 进 5

这是陶汉明精心准备的一着棋。从枰面来看，黑方进马以后，右翼出现了较大空当，不利防守，但是从进攻的角度来理解这手棋，我们就可以看到以后可以通过马 5 进 7，马 7 进 5 或马 7 进 6 取得一个较为有利的进攻位置。这手棋的效率如何呢？我们拭目以待。

| 8. 车九平八 | 马 5 进 7 | 9. 炮八平九 | 车 2 进 5 |

交换必然，如车 2 平 4，马六进四，红方阵型工整，同时有炮九进四以后车炮配合窥视黑方底线的机会，红方先手明显。

| 10. 马六退八 | 车 9 进 1 | 11. 车一进一 | 车 9 平 6 |

12. 车一平八 ……

右车左调，准备攻击黑方右翼。

| 12. …… | 炮 3 平 2 | 13. 车八进五 | 马 7 进 5 |

进马必然，否则黑方卒林被红方控制后，将陷入少卒的劣势，残局阶段将

陷入苦战。

14. 车八平七　炮2平4　　　15. 车七平九　……

不如兵七进一,以后保留炮九进四的机会,红方攻势更为流畅。

15. ……　　　车6进3　　　16. 车九退一　炮8进6
17. 仕六进五　车6进2　　　18. 车九平八　……

正确,不让黑方实现车6平2先手捉马的棋。

18. ……　　　马5进7　　　19. 兵七进一　车6平3
20. 兵七平六　炮4退2　　　21. 炮九平六　车3平4
22. 炮六平七　马8进7

进马正着,如车4平3,兵六进一,红方先手。

23. 炮七进七　炮4进2
24. 相五进三　卒7进1
25. 炮七平九(图44)　……

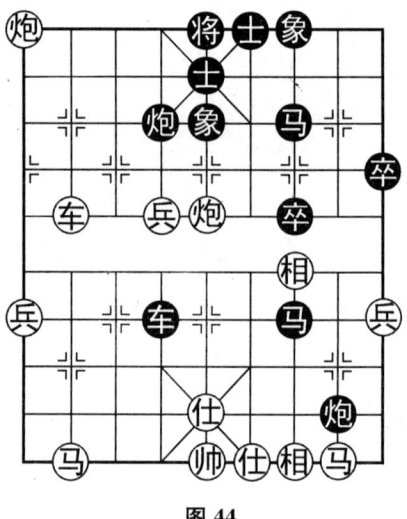

图44

如车八进四,车4退2,炮七平四,炮4退2,炮四平六,车4退4,红方虽然占据一定的优势,但是赢棋不容易。

25. ……　　　将5平4
26. 炮五退三　卒7进1
27. 炮五平七　象5进3

好棋。弃象巧着,红方如吃象必然会延缓进攻的速度。

28. 炮七平六　……

红方不敢吃象,如车八平七,炮4平5!如炮七平五,则前马进9,黑方大优。

28. ……　　　前马退5　　　29. 车八进四　将4进1
30. 车八退一　将4退1　　　31. 车八进一　将4进1
32. 马八进七　马5进4　　　33. 仕五进六　车4平3

控制住红马以后,黑方可以保持战斗的胶着状态。

34. 车八退一　将4退1　　　35. 车八进一　将4进1
36. 车八退七　将4退1　　　37. 车八进七　将4进1
38. 车八退一　将4退1　　　39. 车八进一　将4进1
40. 马七退九　车3平1　　　41. 车八退一　将4退1
42. 车八进一　将4进1　　　43. 车八退一　将4退1

44. 车八进一 ……

红方不断利用打将增加时间,但是已经难以挽回颓势。

44. ……　　将4进1　　　　**45.** 马九进八　炮4平5

平中炮取得空头炮的优势,黑方进攻的速度明显快于红方。

46. 车八退一　将4退1　　　**47.** 车八进一　将4进1
48. 车八退一　将4退1　　　**49.** 车八进一　将4进1
50. 马八进七　马7进5

黑方中路攻势要比红棋的侧翼进攻快很多。

51. 帅五平六　马5进3　　　**52.** 兵六平七　车1进3
53. 帅六进一　车1平5　　　**54.** 相三进五　炮5平6

绝杀。

第45局　谢卓淼 负 赵鑫鑫

1. 炮二平五　马8进7　　　**2.** 马二进三　车9平8
3. 车一平二　马2进3　　　**4.** 马八进九　卒7进1
5. 车二进六　马7进6　　　**6.** 车九进一　……

形成中炮边马过河车对屏风马左马盘河的阵势。红方起横车针锋相对,此外另有车二退二、炮八平六等多种下法,另有攻守。

6. ……　　象3进5

飞象补厚中路,稳健的选择。如卒7进1,车二平四,马6进7,炮五平七,象7进5,兵七进一,红方先手。

7. 车九平四　……

从实战的结果来看,这手平车捉马效果不好,不如炮八平六待机而动。

7. ……　　炮8平6

兑车是摆脱牵制的巧着。

8. 车二进三　炮6进6　　　**9.** 车二退八　炮6平2
10. 炮八平七　前炮退4

布局至此,黑方已经取得均势局面。

11. 兵七进一　马6进4　　　**12.** 兵七进一　象5进3
13. 马九进七　士4进5　　　**14.** 炮七平六　象3退5
15. 马七进八　……

可以考虑马七进六,马4进2,车二平六,马2进4,马六进四,士5进6,车六进一,红方足可抗衡。

15. ……	马4退2	16. 炮六平七	卒3进1
17. 炮七进五	马2退3	18. 车二平八	炮2平1
19. 车八进六	马3进4	20. 车八退三	炮1进4
21. 兵三进一	卒7进1	22. 车八平三	卒1进1

黑方取得多卒的优势，渐渐控制住局势。

23. 炮五进四	车1进3	24. 炮五退一	车1平5
25. 炮五平四	马4进3	26. 仕四进五	炮1进3
27. 车三平八	卒1进1	28. 车八退四	炮1退1
29. 车八进三	卒3进1	30. 相三进五	卒1平2
31. 车八平九	炮1平4		
32. 车九进六（图45）	……		

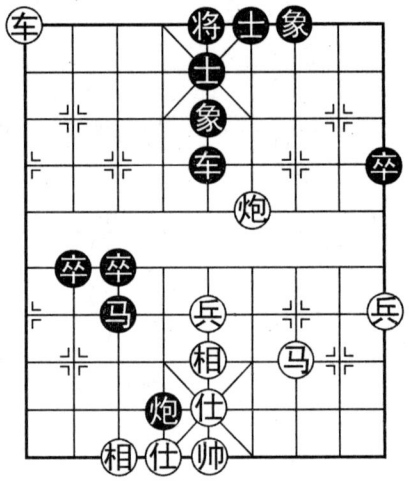

图45

无奈之举。如相五进七，卒2平3，相七进九，马3进5！炮四退三，马5进3，炮四平六，车5平7，马三退四，卒3平2，黑方大优。

32. ……	士5退4		
33. 车九退八	士6进5		
34. 炮四退二	炮4退6		
35. 炮四平七	卒3进1		
36. 车九进四	卒3平4		
37. 车九退二	车5平4		
38. 兵五进一	卒2平3		
39. 兵五进一	卒3进1	40. 车九进一	象5进7
41. 马三进四	车4平8	42. 马四进六	车8平4
43. 兵一进一	炮4平9	44. 车九平八	象7退5
45. 车八平七	士5进6	46. 车七平五	炮9退1
47. 车五平四	士4进5	48. 马六退八	车4平9
49. 车四平三	车8平6	50. 仕五退四	车8平9
51. 马八进七	车9退4		

吃兵简明，通过简化局势，黑方确立胜势。

52. 车三进二	卒9进1	53. 车三平一	炮9平7
54. 车一平三	炮7平8	55. 车三平二	炮8平7
56. 车二平三	炮7平8	57. 车三平二	炮8平7
58. 车二进三	炮7进5	59. 兵五进一	象5进7

60. 仕六进五	车9平5	61. 兵五平四	卒9进1
62. 车二退四	象7进9	63. 车二进四	象9退7
64. 车二退四	象7进9	65. 车二退二	车5进1
66. 车二进六	象9退7	67. 车二退四	象7进9
68. 马七进九	车5平6	69. 马九进七	将5平6
70. 车二进一	卒3进1	71. 兵四平三	卒3进1
72. 马七退六	卒3平4	73. 马六退五	车6退1
74. 车二进三	象9退7	75. 车二平三	……

红方虽然吃掉黑象,但是车兵被牵,已无法形成威胁。

75. ……	将6进1	76. 车三退一	将6退1
77. 车三进一	将6进1	78. 车三退一	将6退1
79. 车三进一	将6进1	80. 兵三进一	车6平5
81. 兵三进一	炮7退5		

弃还一子后形成车三卒双士对车仕相全的例胜残局,黑方胜定。

82. 车三退一	将6退1	83. 车三进一	将6进1
84. 车三平一	车5进2	85. 车一退一	将6退1
86. 车一进一	将6进1	87. 车一退五	车5平3

红方认负。

第46局 李群 和 蒋川

1. 炮二平五 ……

这是2011年伊泰杯全国象棋甲级联赛第8轮的对阵,江苏队李群对北京队蒋川。蒋川是新进"一哥",所以赛前大家都觉得李群会简单求和,但李群出人意料地选择了进攻,此局非常精彩激烈。

1. ……	马8进7	2. 马二进三	车9平8
3. 车一平二	马2进3	4. 兵七进一	卒7进1
5. 马八进七	炮2进4	6. 兵五进一	炮8进4

形成中炮七兵直车对屏风马双炮过河的局面。

7. 车九进一 ……

常见的选择。另有兵五进一或马七进八,均会形成复杂的纠缠局面。

7. ……	炮2平3	8. 相七进九	车1平2
9. 车九平六	车2进6		

老式变化,现在比较流行的是炮3平6,以下车六进六,象3进5,兵五

进一，车2进2，形成红方稍优的局面。

10. 兵三进一 ……

比较简明的选择，另一选择是车六进六，象7进5，车六平七，士6进5，仕四进五，炮8退1，形成红方多子但黑方位置较好的纠缠局面。

| 10. …… | 卒7进1 | 11. 车六进二 | 炮8进2 |

保持变化，如炮8退2，兵五进一，士6进5，马三进五，炮3平5，车六平五，车2平5，马七进五，交换后红方稍优。

12. 仕六进五	象3进5	13. 炮八退二	卒7进1
14. 车六平三	炮8平7	15. 车三平二	车8进6
16. 车二进三	炮3平7	17. 炮八平七	士4进5
18. 马七进六	车2平1

可考虑车2平4，马六进七，马7进6，兵五进一，卒5进1，马七退五，车4平5！黑方可下。

19. 兵七进一 车1退1

正确，如车1进1，兵七进一，马7进6，兵五进一，卒5进1，马六进四，车1平5，马三退一，红方稍优。

| 20. 马六进八 | 马3退2 | 21. 兵七进一 | 车1进2 |
| 22. 马三退一 | 马7进6 |

过于松懈，稳健点应后炮退2，下手伏车1平3，黑方满意。

| 23. 兵五进一 | 卒5进1 | 24. 马八进六 …… |

红方抓住机会果断进攻，取得一定的优势。

| 24. …… | 车1退1 | 25. 车二进二 | 车1平3 |

抓炮反帮倒忙，应马6进5尚可坚守。如车二平五，前炮平8，车五平八，车1平2，黑方稍差。

26. 炮七平六 车3退3

弃子太大，但是如马6进5，炮五进三，马5退7，马六进四，将5平4，炮五平六，车3平4，前炮平三，红方占优。

| 27. 马六退四 | 后炮平1 | 28. 马四进二 | 车3平7 |

29. 车二退二 ……

退车太缓，应炮五平一直接进攻。如马2进3，炮一进四，车7退1，车二平五，红大优。

29. ……	炮1进3	30. 炮六进二	马2进3
31. 炮五平一	炮7退3	32. 炮一进四	炮7平2
33. 炮六平八	……		

太稳，应帅五平六简明优势。车7退1，车二平九，车7平8，马二退三，卒5进1，马三进四，红大优。

33. ……　　车7退1　　　　**34.** 车二平七　……

应车二平八直接兑炮，下手可进车占住黑方卒林，还是红方大优的局面。

34. ……　　马3进4　　　　**35.** 车七平六　炮2退2

36. 炮一平八　马4退2

37. 车六平八（图46）　……

过于稳健，给了黑方简化的机会，交换后优势变小，还是应车六进三占卒林，马2进3，炮八进五，交换后红方胜势。

37. ……　　车7进1

38. 炮八进四　车7平8

39. 马一进二　卒5进1

以上一段黑方非常顽强，至此取得一定的对抗力，红方想取胜已有一定难度。

40. 马二退四　车8平3

41. 帅五平六　卒5平4

42. 车八平九　……

不再纠缠，简化成和。

42. ……　　炮1平6

和棋。

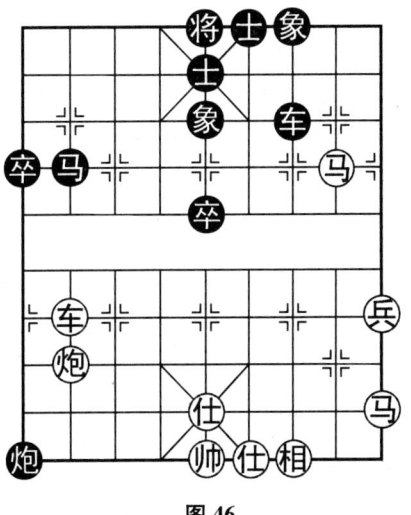

图46

43. 仕五退四　车3平2

第47局　李少庚 胜 于幼华

1. 炮二平五　马8进7　　　　**2.** 兵七进一　……

红不跳马，先进兵是一步试探对方意图的着法，目的是不让自己的子力过早定型。

2. ……　　卒7进1

黑进卒意在观望，看看红方的布局意向。

3. 马八进七　马2进3　　　　**4.** 马二进三　炮2进2

双方弈成中炮七路马对屏风马的阵型。黑此时右炮巡河有意避开流行布局。

5. 车九进一　象3进5　　　　**6.** 马七进六　……

红左马盘河是近年全国赛比较少见的着法，以往多车九平四，士4进5，车四进三（红如车四进五，马7进8，兵七进一，卒3进1，车四平二，炮8

平6，车二退一，炮6进5，黑找回失子黑优)，马7进8，炮五平六，炮2平5，仕四进五，车1平2，双方另有攻守。

6. …… 炮2平4 **7.** 车九平四 士4进5
8. 车四进三 车1平2 **9.** 炮八平七 马7进8

黑进马有些过急，被红方抓住战机。应车2进4静观其变。兵七进一，车2平3，炮五退一，车3进2，炮五平七，车3平4，仕四进五（红如前炮进五贪吃马，车4进3，帅五进一，马7进8，相三进五，车9平8黑弃子后攻势猛烈)，马3退4。红无后续手段，黑优。

10. 兵三进一 ……

进兵好棋！由此打开僵持局面。

10. …… 车2进9

黑进车底线寻求对攻。

11. 炮七进四 ……

红方着法老练，不给黑方对攻机会。如兵三进一，车2平3，仕四进五，炮4平2，黑优。

11. …… 马8进7

黑进马坏棋。此时最顽强的着法如车2退4，兵三进一，车2平3，兵三平二，车3退2。黑虽落后手，但可一战。

12. 车一平二 马7进5
13. 相三进五 炮8平7
14. 马六进四 卒7进1
15. 车四平三 炮7进5
16. 马四进六 ……

红两步运马卧槽，算度深远，由此步入佳境。

16. …… 车2退3
17. 兵七进一（图47） ……

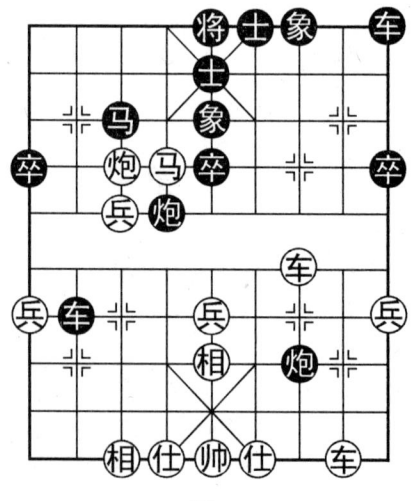

图47

进兵欺炮好棋！如车三退二急于吃子，车2平5，兵七进一，炮4平5，仕四进五，车5平4，马六进七，将5平4，帅五平四，车9进2，黑大优。

17. …… 炮4进3

上仕赶炮好棋。黑已显败势。

18. …… 车2平4

18. 仕四进五 ……

19. 马六进七 将5平4

20. 车三平八	炮 4 平 2	21. 车二进四	车 9 进 1
22. 车二平六	车 4 退 1	23. 车八平六	士 5 进 4
24. 炮七平六	士 4 退 5	25. 兵七进一	马 3 退 1
26. 炮六退一			

红胜。

第48局　苗利明 负 万春林

1. 仕四进五　……

首着上仕是苗大师比较喜爱的布局，经常在全国大赛上使用，效果极佳。此次又祭出此局，也是有备而来。

1. ……　　　象 3 进 5

黑应飞象，是为了避开苗大师熟悉的布局，意在斗内功。

2. 炮八平四　……

红左炮过宫应对黑飞 3 路象着法准确。如炮二平六右炮过宫，马 8 进 7，马二进三，车 9 平 8，马八进九，马 2 进 3，兵三进一，卒 3 进 1，红炮过宫后左翼子力呆板。由此可见苗大师对开局理论研究得非常透彻，同样是过宫炮，左右的差异是非常大的。

| 2. ……　　　马 2 进 3 | 3. 马八进七　车 1 平 2 |
| 4. 车九平八　卒 7 进 1 | |

好棋！此着目的是抑制红方右翼子力的活动，蓄意深远。如炮 2 进 4，兵七进一，炮 2 平 3，兵三进一，车 2 进 9，马七退八，黑虽由此抢得一先，但左翼车马炮无法定位。试演如下：炮 8 平 7，马二进一，马 8 进 9，车一平二，车 9 进 1（如车 9 平 8，炮二进五，也是红优），炮二进六，红优。

| 5. 车八进四　炮 2 平 1 | 6. 车八平四　…… |

红如兑车局势平淡。

| 6. ……　　　马 8 进 7 | 7. 相三进五　车 2 进 4 |
| 8. 马二进四　炮 8 平 9 | 9. 炮二退二　…… |

应炮二退一，可以给右车留出三路线通道，比实战好一些。

9. ……　　　车 9 平 8	10. 炮四平二　车 8 平 9
11. 后炮平四　车 9 平 8	12. 车一平三　士 4 进 5
13. 兵三进一　车 8 进 4	14. 兵一进一　……

从实战效果来看，进边兵有些消极，使本应复杂多变的局形过早简化，不如车三进二试探一下对方的应手，再图进取。

14. ……　　　　卒9进1
15. 兵一进一　　车8平9
16. 炮二平三　　卒7进1
17. 车四平三　　马7进6
18. 后车平二　　炮9平6

机警！吊住红马，抑制红方右翼的攻势。

19. 车二进一　　车2平4
20. 兵七进一　　卒3进1
21. 炮四平三　　象7进9
22. 马四进三　　马6进7
23. 后炮进三　　卒3进1
24. 车三平七　　车9进5
25. 后炮退二　　炮1退2
26. 前炮退一　　……

红退炮有些急躁，不如车七平三守住三路线。

26. ……　　　　车4平7（图48）

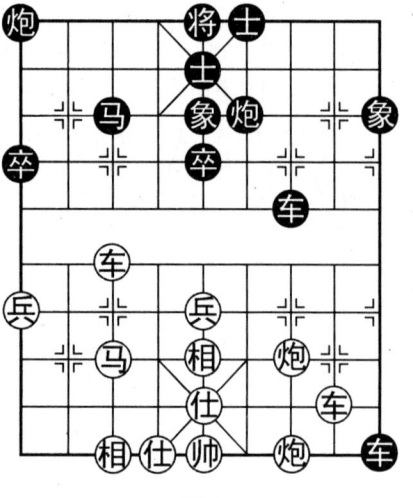

图48

如图48形势，黑平车7路是非常老练的一手！记得围棋的棋理说过：对方之好点，我方之好点。那么，引用到象棋的理论中来，应该是对方好的线路，就是我方好的线路。此时红方的三路线，是双方必争的重要线路。

27. 车二进一　　炮1平3
28. 车七平六　　炮6平7
29. 前炮进五　　车7退2
30. 马七退九　　……

红退马消极躲闪，致使局势落入下风，应车二进三，红足可抗争。

30. ……　　　　车7进4
31. 车六退一　　卒5进1
32. 车二进二　　……

进车巡河过于保守，不如车二进三，等象9进7后，再车二退一巡河。

32. ……　　　　马3进5

黑进马盘头，气势咄咄逼人，形势明显占优。

33. 炮三平四　　马5进3
34. 车六进三　　车7平5

黑两步运马，抢占了河头，且白得一中兵，形势已大优。

35. 车六平七　　卒5进1
36. 车二进二　　车5平6
37. 车二平四　　卒5平6
38. 车四平三　　马3进5
39. 相五退三　　车9退5
40. 相七进五　　马5退3

黑回马机警！重新组织新一轮的进攻。

41. 车三平六　　车6平1

再去一兵，为以后的胜利打下良好的基础。

42. 马九退七	卒1进1	43. 马七进六	卒1进1
44. 炮四进二	卒6进1	45. 炮四平二	车9平8
46. 炮二平一	卒6平5	47. 车六平一	象9退7
48. 炮一进三	卒5进1		

牺牲一卒换取一相，为其他子力展开攻势锁定了进攻的目标。

49. 相三进五	马3进4	50. 车七平二	车8平5
51. 车二平五	车5退1	52. 车一平五	马4退6
53. 炮一平四	车1平4	54. 车五退二	马6进8
55. 炮四退四	卒1进1	56. 车五平八	炮3平4
57. 车八进五	马8退7	58. 炮四进四	马7进6
59. 马六退七	车4退2	60. 炮四进三	车4平5
61. 马七进八	车5进3		

再谋一相，胜局已定。

62. 帅五平四	车5平7	63. 帅四平五	车7进2
64. 仕五退四	车7退8	65. 炮四退二	车7进2
66. 车八退三	马6进4	67. 帅五进一	马4退5
68. 车八平五	马5退6		

黑胜。

第九轮（2011年6月22日于各队主场）

第49局 洪智 和 徐超

1. 马八进七 ……

这是2011年伊泰杯全国象棋甲级联赛第9轮的对阵，湖北队主场对阵江苏队。湖北队今年发挥不佳，8轮后仅积8分排在第十名，所以此轮主场作战希望力争3分。

1. ……	卒3进1	2. 兵三进一	马2进3
3. 马二进三	车1进1	4. 车九进一	……

洪智一向以中局力量强大闻名，所以开局一向喜欢走散手开局，比拼中局力量。

| 4. …… | 车1平7 | 5. 炮八进四 | 卒7进1 |

另有马3进2的选择，马三进四，象7进5，炮二平五，马8进6，局面较为封闭。

6. 炮八平七 象3进5

另有卒7进1的选择较为复杂，炮七进三，士4进5，车九平八，卒7进1，马三退五，车7进4，黑方可战。

| 7. 车九平八 | 炮2退2 | 8. 马三进四 | 炮2平3 |
| 9. 炮七进三 | 象5退3 | 10. 炮二平五 | …… |

如炮二平三，炮8平7，车八进五，卒7进1，车八平七，炮7进5，马四退三，车7进1，黑方满意。

10. …… 卒7进1

简明点应该炮8平5，马四进五，马3进5，炮五进四，士6进5，相三进五，卒7进1，车一平三，卒9进1，黑方可下。

| 11. 车一平二 | 炮8平5 | 12. 马四进五 | 马3进5 |
| 13. 炮五进四 | 士6进5 | 14. 车二进六 | …… |

至此形成红方稍优的局面，红方大子出动较快。

14. ……　　车7平6

只能平车，其他子力均不太好动。

15. 相七进五　　……

飞相坏棋。被黑马从容跳出，可考虑车二平三，马8进9，车三平一，将5平6，仕六进五，红方稍优。

15. ……　　马8进7　　16. 炮五平八　　……

平炮易被黑方反击。稳健的选择是炮五退一，车6进3，炮五退一，卒7平6，炮五平八，红方稍优。

16. ……　　马7进6

好棋，积极反击，此时红方已难把握。

17. 车二平七　　马6进4　　18. 车七进三　　炮5平2
19. 车八平六　　车6进4　　20. 马七退九　　车9进2
21. 车七退四　　车9平6　　22. 仕六进五　　后车进1
23. 炮八退六　　马4进6　　24. 仕五进四　　前车平2

黑方平车兑炮，递出和棋的橄榄枝。

25. 炮八进七　　……

无奈。如勉强炮八平六，马6进8，下手伏马8进9。

25. ……　　车2退3　　26. 马九退七　　卒7进1

至此黑方虽少卒少象，但子力位置较好，且有一过河卒，形势较好。

27. 车七退一　　卒7进1　　28. 仕四退五　　……

无奈。如仕四进五，卒7平6，仕五进四，马6退5，车七平二，车6进4，黑方占优。

28. ……　　卒7进1（图49）

急躁，可考虑车2进7试探应手，车六进一，卒7进1，车七平三，象7进5，纠缠中黑方机会较多。

29. 车七平三　　象7进9
30. 仕五进四　　卒7进1

卒被吃后黑方取胜机会已经不大，双方接近均势。

31. 车三退四　　马6退7
32. 仕四退五　　车6进3

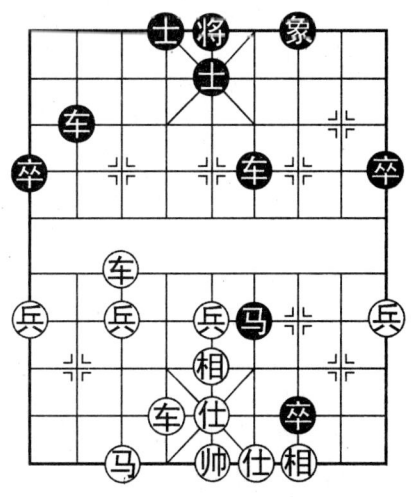

图49

33. 车六进五　车6平5　　　34. 车三进二　车5平3
35. 车六平九　车3平9

连吃三兵，接近和势。

36. 兵九进一　车9平3　　　37. 车九平二　车2进2
38. 车二平六　车3进2　　　39. 车三进二　车2平3
40. 车六退二　后车平5　　　41. 车六平七

和棋。

开局红方稍优，但过于勉强，黑方积极反击，最后有点小机会没有控制好，最终战和。

第50局　蒋川　和　李少庚

1. 兵七进一　炮2平3　　　2. 炮二平五　象3进5
3. 马二进三　车9进1　　　4. 炮五进四　士4进5
5. 马八进七　……

双方以仙人指路对卒底炮布阵。红方先跳左马求变，常见相七进五先补厚中路。

5. ……　　　车9平6　　　6. 车一平二　马2进4
7. 炮五平一　车1平2　　　8. 车九平八　车6进3
9. 炮八平九　车2进9　　　10. 马七退八　马8进9
11. 相七进五　车6平2

至此双方已经完全脱谱，进入一个陌生的局面。黑方平车捉马正着，选择红方防守薄弱的一翼展开攻击，正确。

12. 马八进六　车2平9

再平车捉炮过于迂回，宜车2进2占据兵线为宜。

13. 车二进六　炮8平6　　　14. 炮九进四　炮3平2
15. 兵一进一　车9进1　　　16. 炮一平三　车9平4
17. 马六进八　车4进2　　　18. 马八进九　炮2进7

黑方这几手棋走得非常见功力，转眼间就选择到突破点。

19. 仕六进五　车4平3　　　20. 仕五进四　车3进2
21. 帅五进一　车3退1　　　22. 帅五退一　炮6进2

进炮准备右移，集中兵力攻击红方左翼，着法积极。

23. 炮三退二　炮6平2　　　24. 车二平六　前炮平1
25. 马九进八　……

进马兑炮，巧妙化解黑方攻势。

25. ……	车3进1		26. 帅五进一	车3退1
27. 帅五退一	马4进2		28. 车六退一	卒3进1
29. 车六退二	炮1退6		30. 车六平八	马2进4
31. 兵七进一	车3退4		32. 兵九进一	炮1退1
33. 兵九进一	炮1平2		34. 兵九平八	车3退1
35. 车八平六	炮2进2		36. 马八进九	……

双方交换以后，局势趋于平稳。

36. ……	炮2平7
37. 车六平八	马9进8
38. 车八进六	士5退4
39. 车八退三	车3平2
40. 马九退八（图50）	……

再次交换以后，红方虽然多兵，但是黑方子力占位很好，一时没有突破的机会。

40. ……	士4进5
41. 帅五平六	炮7退1
42. 马八退六	马4进6

进马好棋，守和的关键。

43. 仕四进五	炮7平4
44. 帅六平五	炮4退2

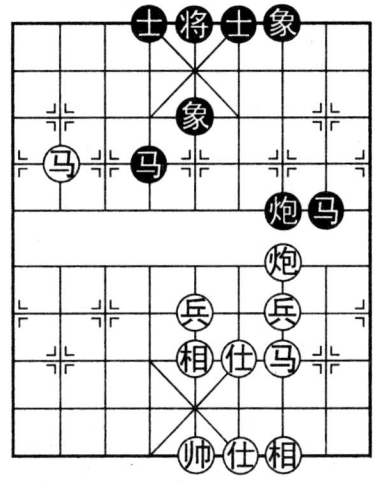

图 50

45. 马三退一	士5进4
46. 马六进八	马8进7

吃兵以后，黑方已经看到守和的希望。

47. 炮三平四	马7退8		48. 炮四平九	马6进5

黑方以牺牲一士为代价，吃掉红兵，策略正确。

49. 马八进六	马5退4		50. 马一进二	马8进6
51. 马二进一	马6进4		52. 炮九平五	士6进5
53. 马一进二	后马退3		54. 马二退四	将5平6
55. 炮五进四	马4退3		56. 马六退七	象5进3
57. 炮五退四	马3进5			

和棋。

第51局　柳大华 负 程鸣

1. 相七进五	马8进7		2. 兵三进一	炮2平5

3. 马二进三　马 2 进 3　　　4. 马八进六　车 1 进 1
5. 马三进四　车 1 平 4　　　6. 车一进一　车 9 进 1
7. 马四进三　卒 5 进 1　　　8. 车九进一　……

双方以飞相对进马布阵，红方此时再起横车似无必要。可以考虑兵三进一，车 9 平 6，车一平三，车 6 进 5，马三退五，车 6 平 9，兵三进一，红方先手。

8. ……　　　车 9 平 6　　　9. 仕六进五　车 6 平 5

进车卒林被红方先手退马踩中卒，可以考虑车 6 进 2。

10. 马三退五　车 6 退 2　　11. 马五进七　车 4 进 2
12. 炮八平七　马 3 进 5　　13. 车九平八　车 6 平 4
14. 炮二退一　马 7 进 6　　15. 炮七退二　……

退炮好棋。黑方以上一段运子方向有问题，现在红方退炮，黑方非常尴尬。

15. ……　　　马 5 进 6　　16. 炮七平六　后车平 3
17. 炮六进五　前马退 4　　18. 兵五进一　马 6 进 7
19. 兵五进一　马 4 进 5　　20. 炮二进四　象 7 进 9
21. 炮二退二　……

坏棋。应车八进一护住中相，车 3 平 6，兵七进一，马 5 进 7，车一平三，炮 8 平 7，炮二平三，象 9 进 7，车三进一，马 7 退 5，车三平二，车 6 平 4，马六退八，红优。

21. ……　　　马 5 进 7　　22. 车一进一　后马进 5
23. 相三进五　炮 5 进 5
24. 仕五进四　炮 8 平 5
25. 炮二退一（图 51）　……

退炮雪上加霜，挡住自己的车路。车一平二较为顽强。试演一例：车一平二，车 3 平 8，车二退一，马 7 退 6，车八进三，前炮退 2，帅五平六，前炮平 4，马六进五，马 6 进 5，车二平五，炮 4 退 3，车五进一，红方稍好。

25. ……　　　士 6 进 5
26. 车一退一　……

应兵九进一，前炮平 4，仕四进五，车 3 进 3，车八退一，车 3 平 5，车八进二，炮 4 平 5，帅五平六，红方可战。

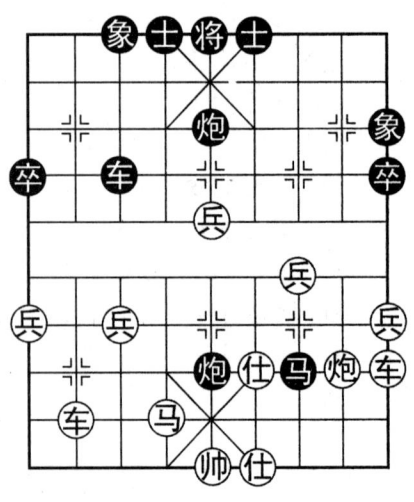

图 51

| 26. …… | 前炮平4 | 27. 仕四进五 | 车3进3 |
| 28. 车八退一 | 车3进2 | 29. 兵五进一 | …… |

速败。应车一平三，车3平4，炮二进四，炮4平5，帅五平四，车4退2，炮二平五，车4平9，炮五退四，炮5进5，车八进一，较实战顽强。

29. ……	车3平4	30. 车一退一	炮4平5
31. 仕五退四	后炮平4	32. 车八进三	炮5退3
33. 车八进二	马7退6		

黑胜。

第52局　程进超 负 陆伟韬

1. 炮二平五	马8进7	2. 马二进三	车9平8
3. 车一平二	马2进3	4. 兵七进一	卒7进1
5. 车二进六	象3进5	6. 马八进七	炮8平9
7. 车二平三	车8进2	8. 马七进六	……

双方形成常见的中炮过河车对屏风马高车保马的阵势。红方跳出七路马，配合过河车展开攻势，是进攻高车保马阵势的一种常见走法。

| 8. …… | 车1进1 | 9. 炮八平六 | 车2进4 |

右炮过河，立意对攻争先。

| 10. 马六进四 | 车1平6 | 11. 车九平八 | 炮2平4 |
| 12. 车八进三 | 车6进3 | 13. 车八平六 | …… |

从当前的出子效率来看，黑方已经取得反先之势。

| 13. …… | 炮9退1 | 14. 兵五进一 | 炮9平7 |
| 15. 兵五进一 | 车6进1 | | |

保持复杂形势。如车6平5，车三平四，车5平6，车六平四，红方稍好。

16. 车三平一	车8进4	17. 车一进三	士4进5
18. 车六平五	卒5进1	19. 车五进二	车6退1
20. 车五退二	车6平4	21. 仕四进五	马7进6
22. 车五平八	车8平7	23. 车八进四	……

可以考虑车八平三，炮7进5，车一退三，卒7进1，双方相持。

| 23. …… | 炮7进2 | | |

弃子抢攻，黑方走得非常凶悍，这也是红方忽视的手段。

| 24. 车八平七 | 炮7平5 | 25. 车七退一（图52） | …… |

败着。车一退五防守较为顽强。试演一例：车一退五，车4进3，车一平

五，车 4 退 5，车七平六，炮 5 进 4，相七进五，士 5 进 4，车五进一，和势。

25. ……　　　马 6 退 4
26. 车七退一　车 4 进 3
27. 车七平五　车 7 进 1
28. 车五进一　车 7 进 2
29. 仕五退四　马 4 进 3
30. 仕六进五　车 4 平 3
31. 炮五进五　将 5 平 4

出将正着。如象 7 进 5，相七进五，红方先弃后取，局面松透。

32. 相七进五　车 7 退 3
33. 炮五平七　车 3 平 2
34. 相五退七　马 3 进 4

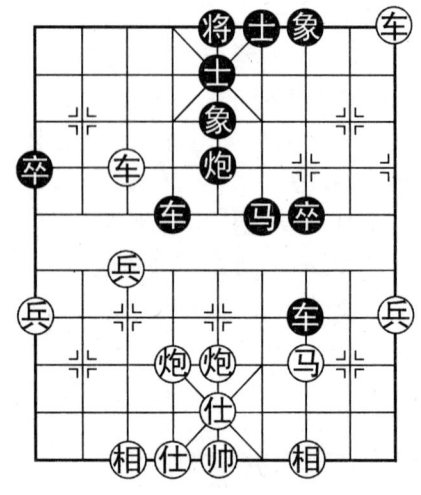

图 52

35. 仕五进六　车 2 平 4
37. 帅五进一　车 7 平 3

36. 炮七退六　车 4 进 2
38. 帅五平四　车 3 平 6

黑胜。

第 53 局　张晓平 负 申鹏

1. 马八进七　卒 3 进 1　　　2. 炮八平九　马 2 进 3
3. 车九平八　……

红方先手布成三步虎，布局节奏简洁明快。

3. ……　　　车 1 平 2　　　4. 车八进六　卒 7 进 1
5. 炮二平五　马 8 进 7　　　6. 马二进三　炮 2 退 1

黑方退炮构思独特，准备通过还架中炮加强反击力度。

7. 兵五进一　……

冲兵虚浮，失先之着。应走车一平二，车 9 平 8，车二进六，红方先手。

7. ……　　　炮 2 平 5　　　8. 车八平七　车 2 进 2
9. 兵五进一　……

仍应车一平二，炮 8 进 2，车二进四，象 7 进 5，仕六进五，红方先手。

9. ……　　　炮 8 进 1　　　10. 车七退一　象 7 进 5
11. 车七退一　卒 5 进 1

黑方连续反击，红方步步后退，黑方先手扩大。

12. 车一平二　　炮8平5
13. 车二进六（图53）……

进车坏棋，局面更加失控。应仕六进五立足于坚守为宜。试演一例：仕六进五，前炮进4，炮九平五，卒5进1，车二进六，马7进6，车二平七，马3退2，前车平九，红方局势尚可。

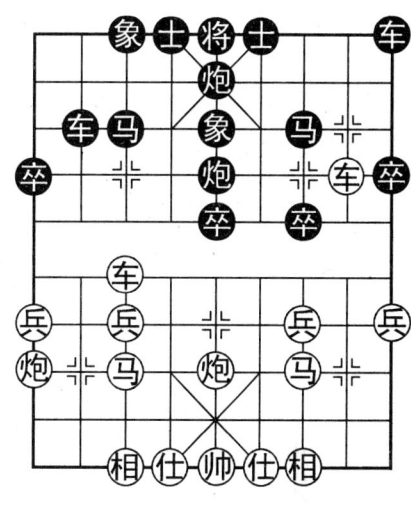

图53

13. ……　　　卒5进1
14. 车七进二　马7进6
15. 兵七进一　卒7进1

冲卒反击犀利，黑方由此展开攻势。

16. 车二平四　前炮进4
17. 相三进五　炮5平3
18. 车七平九　车2进5
19. 车九平八　车2退4
20. 车四平八　卒7进1
21. 车八平四　马6进8
22. 马三退二　车9平7

双方兑车以后，黑方对局势的控制力更强，红方不仅没有松透局面，反而更加被动。

23. 马二进四　车7进4
24. 炮九退一　马8进6
25. 仕四进五　马6进7
26. 炮九平七　马3进2
27. 兵七进一　马2退1

退马稍软，可象5进3，车四平五，象3进5，黑方优势更大。

28. 相五进七　卒5平4

坏棋。应象5进3优势更大，这手平卒几乎把辛苦建立起来的优势拱手葬送。

29. 马七进八　……

红方没有抓住黑方的软着。应马七进六，象5进3，马六进四，象3退5，炮七进七，马1退3，前马退六，红方足可抗衡。实战中的这手进外马致使局面再一次陷入被动。

29. ……　　　象5进3
30. 马八进九　象3进5
31. 马九进七　卒4平3
32. 帅五平四　卒7平6
33. 马四进五　马7进9

正确。如误走卒6平5，车四进三，红速胜。

34. 相七进五　车7平8

红方投子认负。

第 54 局　孙勇征 和 许银川

1. 炮二平五　马 8 进 7	2. 马二进三　车 9 平 8
3. 车一平二　马 2 进 3	4. 兵七进一　卒 7 进 1
5. 车二进六　炮 8 平 9	6. 车二平三　炮 9 退 1
7. 马八进七　士 4 进 5	8. 马七进六　炮 9 平 7
9. 车三平四　车 8 进 5	10. 炮八进二　象 3 进 5

双方以中炮七路马过河车对屏风马平炮兑车开局。双方按谱行棋，局势较为平淡。黑方象 3 进 5 飞象联防是当前局面下必走之着。如卒 3 进 1，马六进五，车 8 平 3，炮八平九，车 1 平 2，马五进七，红方大占先手。

11. 炮五平六　……

平炮封车，稳扎稳打，伺机而动。

11. ……　卒 3 进 1

兑卒，拆散红方炮架，常用的手段。

12. 兵三进一　车 8 退 1

如误走车 8 平 7，相七进五，车 7 进 1，炮八退一，红方大优。

13. 兵七进一　象 5 进 3　14. 炮八平七　……

平炮打马着法积极。如相七进五，卒 7 进 1，炮八平三，炮 7 进 4，相五进三，车 8 平 7，黑不难走。

14. ……　马 3 进 4

进马，先弃后取。

15. 炮六进三　……

进炮打马先得实惠，算准以后弃回一子争取先手。

| 15. ……　卒 7 进 1 | 16. 炮六进三　…… |

弃子引离战术的典范，好棋。

| 16. ……　炮 7 平 4 | 17. 炮七平三　车 8 平 7 |
| 18. 相七进五　炮 2 进 1 | 19. 车四退二　炮 2 进 2 |

也可象 7 进 5，车九平八，炮 2 平 4，均势。

| 20. 马六进五　马 7 进 5 | 21. 车四平八　象 3 退 5 |

22. 车九平八（图 54）　……

也可仕六进五，马 5 进 3，马三进四，炮 4 平 1，车九平六，车 1 平 4，车八平六，炮 1 进 5，前车进五，演变下去双方大体均势。

| 22. ……　马 5 进 3 | 23. 前车进五　车 1 平 2 |

24. 车八进九 ……

兑车以后，双方局势趋向平淡。

24. ……　　　士5退4
25. 车八退五　炮4平1
26. 兵九进一　卒9进1
27. 仕六进五　士6进5
28. 马三进四　车7平5
29. 马四退三　车5平7
30. 马三进四　车7平6
31. 炮三退一 ……

双方经过一番试探性进攻，仍是难以突破鸿沟。但是象甲联赛是团体赛制的比赛，事关团体荣誉。双方不肯作和，仍然拼搏，精神可嘉。

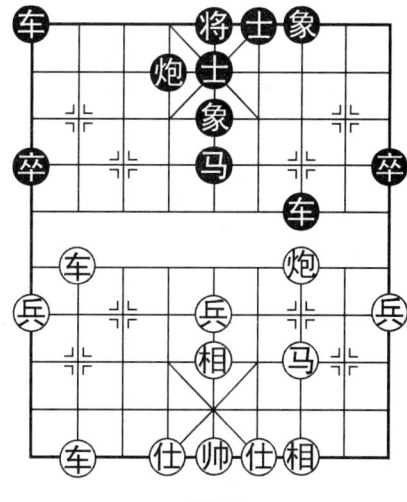

图 54

31. ……　　　马3退5　　　32. 马四退六　车6进2
33. 车八平五　马5进7　　　34. 车五平三　马7退5
35. 马六进八　马5进3　　　36. 马八退七　炮1进4
37. 炮三退二　车6平9

许银川利用孙勇征防守的疏忽，消灭了红方双兵，局势稍好。

38. 车三平七　车9平7　　　39. 炮三平二　车7平8
40. 炮二平三　车8退3　　　41. 炮三进三　炮1进4
42. 车七退一　炮1退5　　　43. 马七进九　车8平2
44. 炮三平六　马3退5　　　45. 马九进七　炮1平3
46. 炮六退四 ……

退炮稳健，消除底线上的弱点。

46. ……　　　马5进7　　　47. 马七进五　马7退8
48. 马五退四　车2平5　　　49. 炮六进一　卒9进1
50. 兵五进一 ……

送兵代价过大。可以考虑马四退三，马8退7，相五进三，红方局势尚可。

50. ……　　　车5进2　　　51. 马四退六　车5平8
52. 炮六平八　士5进6　　　53. 车七平三　车8退2
54. 马六进五　炮3平5　　　55. 炮八进二　马8退9
56. 炮八平五 ……

兑炮谋和的关键。

| 56. …… | 炮5进2 | 57. 车三平五 | …… |

兑炮以后，黑方虽有优势，但不足以取胜。

| 57. …… | 卒9平8 | 58. 车五平六 | 车8平2 |
| 59. 马五进六 | 将5平6 | 60. 马六退四 | 车2进6 |
| 61. 仕五退六 |

和棋。

第十轮（2011年6月26日于浙江杭州）

第55局　陈富杰 负 王天一

1. 马八进七　卒3进1　　2. 兵三进一　马2进3
3. 马二进三　马3进4　　4. 车一进一　炮8平4

双方以起马对挺卒布阵。黑方此时平炮在封住红方肋线的同时，欲集中火力攻击红方左翼。

5. 炮八平九　炮2平3　　6. 车九平八　马8进7
7. 车八进六　士6进5　　8. 车八平六　……

平车正确，先打乱黑方的既定布置，把黑方阵型打散。

8. ……　　马4进3　　9. 车六平七　车1进2
10. 车七退一　马3进1　　11. 相七进九　车9平8
12. 炮二平一　象3进5　　13. 车七进一　车1平2

至此，黑方在布局阶段已经取得反先之势，双车通畅，稍好。

14. 车一平四　车8进6　　15. 车四进三　车8平7
16. 马七退五　……

同样退马可以考虑马三退五较为稳妥。因为左马窝心以后红方左翼更薄弱，显然并不理想。

16. ……　　炮3退2　　17. 车七退二　炮4平3
18. 车七平八　车2进3　　19. 车四平八　前炮平1
20. 炮一退一　炮1进4　　21. 炮一平三　车7平8
22. 车八退一　……

可以考虑相三进五，卒1进1，炮三退一，卒9进1，车八平七，车8进2，相九退七，红方阵型稳固，暂无大碍。

22. ……　　炮1退2　　23. 马三进四　炮1平5
24. 马四进三　车8平7　　25. 马三退五　卒5进1

26. 炮三进一　……

消灭黑方中炮以后，局面并没有松透。红方窝心马的弱点仍没有解决，黑方仍可从容调运子力，展开进攻。

26. ……	马7进5	27. 炮三平七	卒5进1
28. 车八进三	马5进4	29. 兵五进一	马4进2
30. 车八平六	马2进3	31. 车六退五	马3退1

顺手牵羊，把红车逼回二路线的同时吃掉红相。红方车马炮三子壅塞，非常难受。

32. 马五进六	车7平5	33. 仕六进五	车5退1
34. 车六平八	炮3进6	35. 炮七平五	车5平4
36. 车八进一	马1退2	37. 车八进一	车4进1
38. 车八进一	炮3平9	39. 车八进二	卒1进1
40. 车八平一	炮9平5		

平炮，控制局面的佳着。当前的局面下，黑方只要边卒过河助战，红方就难以摆脱危机。

41. 车一平九	车4退2	42. 车九平七	车4进2
43. 车七平九	车4平3	44. 帅五平六	车3平4
45. 帅六平五	车4退2	46. 车九平七	车4平2
47. 帅五平六	卒1进1	48. 车七退三	炮5退3
49. 车七平六	卒1平2	50. 车六进三	炮5进3
51. 车六退三	炮5退3	52. 车六进三	炮5进3
53. 车六退三	炮5退3	54. 炮五平一	炮5平1
55. 炮一进一	炮1退1		

退炮先稳一手，稳健。

56. 相三进五	车2平9	57. 车六平五	炮1退1
58. 车五平六	炮1进3	59. 车六平五	炮1平4
60. 帅六平五	炮4退3	61. 车五平六	炮4平3
62. 炮一平二	车9平8	63. 炮二平一	士5进6
64. 帅五平六	士4进5	65. 帅六平五	炮3进2
66. 车六平五	炮3平9	67. 炮一进一	车8进1
68. 炮一退三	炮9退2	69. 车五平六	车8进3
70. 炮一进三	车8退3	71. 炮一退三	炮9进6
72. 车六平一	炮9平8	73. 炮一平二	炮8平7
74. 车一平三	炮7平9	75. 车三平一	炮9平7

76. 车一平三	炮7平9	77. 车三平一	炮9平7
78. 炮二平三	车8进3	79. 炮三退一	车8退5
80. 车一平五	……		

红方以上一段着法，防守严密，显示出陈富杰大师深厚的残局功力。

80. ……	炮7平9	81. 车五平一	车8进4
82. 相五退七	卒2平3	83. 炮三进一	车8平2
84. 炮三平二	炮9平3	85. 炮二进三	卒3平2
86. 车一平五	炮3退6	87. 相七进五	……

红方少相，显然不能以炮换卒，否则形成车炮士象对车单缺相的残局，黑方胜定。

87. ……	士5退6	88. 车五进一	卒2进1
89. 车五平八	象5退3		
90. 车八平五	炮3平5		
91. 帅五平六（图55）	……		

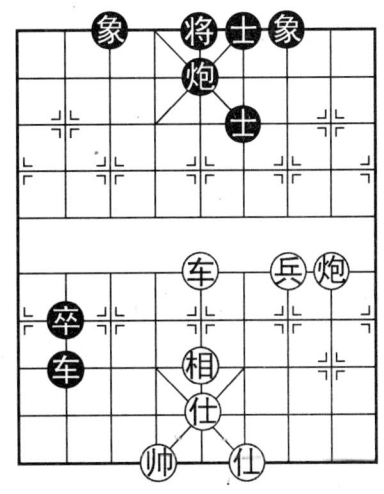

图 55

出帅败着。可兵三进一，卒2平3，兵三平四，卒3平4，兵四进一，增加黑方取胜的难度。

91. ……	象3进5
92. 车五平八	炮5进6
93. 炮二进一	炮5平9
94. 炮二平八	炮9进1

进炮叫杀，摆脱红方牵制的佳着。

95. 仕五进四	车2平4		
96. 帅六平五	卒2平3		
97. 车八平七	车4退3	98. 炮八进一	车4平5
99. 仕四进五	卒3平4	100. 车七平四	车5平2
101. 炮八平五	士6进5	102. 车四退一	车2进5
103. 仕五退六	车2退4	104. 炮五退五	车2平8
105. 炮五平四	车8进6	106. 炮四退一	炮9进1

必失一子，红方认负。

第56局 赵国荣 胜 赵玮

| 1. 炮二平六 | 马8进7 | 2. 兵三进一 | 车9平8 |

3. 兵七进一　炮2平3　　　　4. 相三进五　……

双方以过宫炮对起马开局。红方此时飞中相好棋,既策应三、七兵,又降低了黑方卒底炮的效率。

4. ……　　　马2进1　　　　5. 马八进九　炮8平9
6. 马二进三　车8进4　　　　7. 车九平八　……

保持变化的选择,如车一平二,车8进5,马三退二,车1平2,车九平八,车2进4,黑方同样可以控制巡河线,并且由于红方兑掉右车,以后右翼将承担起很重的防守压力,黑方满意。

7. ……　　　卒7进1　　　　8. 兵三进一　车8平7
9. 炮八退一　车7平4　　　　10. 炮八平三　车4进3
11. 炮三进六　车1进1
12. 车一平二　车1平7
13. 炮三退三　车7平2（图56）

可以考虑车7进3坚守巡河车,以下车二进六,车4退3,车二平五,士4进5,黑方虽然放弃中卒,但是双车位置很好,攻守两利,黑棋足以抗衡。

14. 车八进五　……

左车骑河占据要道,并可配合右马出击,正确。

14. ……　　　象7进5
15. 仕四进五　车4退4
16. 马三进四　车7平6

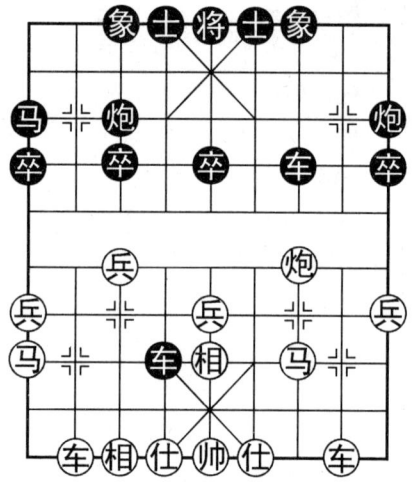

图56

17. 车八平六　车4进1　　　18. 马四进六　车6进1
19. 马六进七　炮9平3　　　20. 车二进六　车6平5
21. 炮三平五　……

双方交换以后,局势又趋于平稳,红方平中炮准备强取中卒,紧凑有力。

21. ……　　　卒9进1　　　　22. 兵九进一　……

应炮五进二,士4进5,再兵九进一,次序更为准确。

22. ……　　　士4进5　　　　23. 马九进八　炮3平4
24. 炮五进二　车5进2　　　　25. 马八进九　车5退2
26. 车二平四　炮4退2　　　　27. 帅五平四　车5进2

败着。应车5平4在巡河一线坚守。

28. 兵九进一　车5退2　　　　29. 马九进七　车5平1

30. 马七进五

弃马踏士，锁定胜局。如士 6 进 5，车四进二捉士叫杀，红方胜定。

第 57 局 卜凤波 和 蒋川

| 1. 兵七进一 | 炮 2 平 3 | 2. 炮二平五 | 象 3 进 5 |

3. 马八进九 ……

左马屯边，避开黑方冲 3 卒的变化，是目前流行的一路稳健着法。

| 3. …… | 车 9 进 1 | 4. 炮五进四 | …… |

炮打中卒意在谋兵并阻止黑车过宫。

4. ……	士 4 进 5	5. 马二进三	马 2 进 4
6. 炮五退一	车 9 平 6	7. 兵三进一	车 1 平 2
8. 车九平八	车 2 进 4	9. 兵五进一	车 6 进 5
10. 相三进五	马 8 进 7

黑方另有炮 8 进 4，仕四进五，炮 8 平 1，车一平四，车 6 进 3，帅五平四，车 2 进 2，双方对峙。

11. 车一平二 马 7 进 5

改进着法。以往多炮 8 平 9，马三进二，车 6 平 7，马二进三，炮 9 进 4，仕四进五，车 2 进 2，炮八平六，车 2 进 3，马九退八，红方多兵占优。

| 12. 车二进五 | 车 2 进 2 |
| 13. 炮五进二 | …… |

炮打中象，先弃后取。

| 13. …… | 象 7 进 5 |
| 14. 兵五进一 | 卒 3 进 1（图 57） |

可以考虑卒 7 进 1 更为积极。试演一例：卒 7 进 1，车二进一，马 5 退 7，车二进一，卒 7 进 1，黑方虽然少象，但是红方右翼受到攻势，足以补偿。

15. 兵五进一	马 4 进 5
16. 车二平五	炮 8 进 1
17. 炮八平七	……

当前局面下，黑方颇具反弹力，平炮准备通过兑子简化局面，红方战略意图相当明显——和为贵。

| 17. …… | 象 5 进 7 | 18. 车八进三 | 车 6 平 2 |

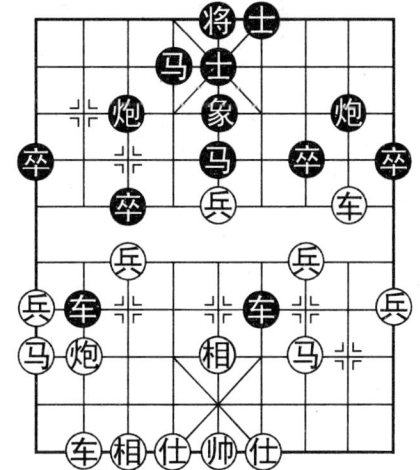

图 57

19. 车五退二　车2平5　　　20. 马三进五　卒3进1
21. 炮七进五　马5退3　　　22. 马五进七
双方兑子成和。

第58局　陆伟韬 和 赵鑫鑫

1. 炮二平五　马8进7　　　2. 马二进三　车9平8
3. 车一平二　马2进3　　　4. 马八进九　卒3进1
5. 车二进六　卒7进1　　　6. 炮八平七　……

面对黑方的两头蛇阵势，红方没有车九进一，而是选择炮八平七针锋相对。

6. ……　　　　马3进4

相对于马3进2而言，跳肋马局面较为平稳，如果马3进2则易引起激烈的变化。

7. 车九平八　炮2平4　　　8. 车八进四　士4进5

也可选择象3进5。不过同样是补厚中路，补士则更为灵活一些。

9. 兵三进一　卒7进1
10. 车八平三（图58）……

平车是红方既定的战术，当然也可炮五进四，马7进5，车二平五，红方打通黑方卒林线也是不错的选择。

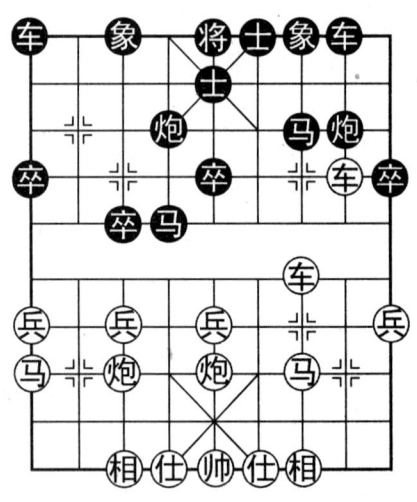

图58

10. ……　　　　象3进5
11. 炮七平六　炮4平3
12. 炮五进四　马7进5
13. 车二平五　炮8进5

兑炮稳健之中不失灵活，既简化局面又有效地活通左车。

14. 车五平六　炮8平4　　　15. 车六退一　车1平4
16. 车六进四　士5退4　　　17. 车三平二　车8进5
18. 马三进二　……

双方兑掉双车以后，进入无车棋的缠斗。这个局面下，红方马的子力配置明显要好于黑方的双炮配置。

18. ……　　　　炮3平1　　　19. 仕四进五　炮4平2

| 20. 相三进五 | 炮1进4 | 21. 兵七进一 | 卒3进1 |
| 22. 相五进七 | 卒1进1 | | |

冲过卒正确，以后可通过边卒过河来控制红方的边马，以谋取均势。

23. 马二进一	卒1进1	24. 兵一进一	炮1平2
25. 相七退五	卒1进1	26. 马一进二	士4进5
27. 马二退三	将5平4	28. 马三退五	卒1进1
29. 相七进九	后炮退3		

至此，黑方虽然多子，但是红方阵型稳固且多双兵，双方仍是势均力敌。

30. 马五进七	象5进3	31. 相九退七	前炮退2
32. 帅五平四	象7进5	33. 帅四平五	士5进4
34. 马七退五	后炮平5	35. 马五退六	炮2进4
36. 相五退三	炮2退8	37. 兵五进一	炮5平1
38. 兵五进一	炮1平9	39. 兵一进一	……

双兵快速过河助战，力争在黑方阵地内构建第一道防线，正确。

39. ……	炮9平3	40. 相三进五	炮2进3
41. 兵一平二	炮3平1	42. 兵五平六	炮1进2
43. 马六进四			

和棋。

第59局　李少庚　胜　洪智

1. 炮二平五	马8进7	2. 马二进三	马2进3
3. 车一平二	车9平8	4. 马八进九	卒3进1
5. 炮八平七	马3进2	6. 车九进一	象3进5
7. 车二进六	士4进5	8. 车九平六	卒7进1
9. 炮七退一	……		

双方形成五七炮直横车对屏风马两头蛇阵势。红方退炮避开黑方马2进1的先手，稳健。

| 9. …… | 卒1进1 | 10. 车六进五 | 马2进1 |
| 11. 炮五进四 | …… | | |

稍急，可以考虑车六平八，炮2平4，炮五进四，黑方就没有弃7路卒抢先的棋。

| 11. …… | 卒7进1 | | |

好棋，伏有马7进6捉双车的手段。

12. 炮五退一	卒7进1	13. 马三退五	炮8平9
14. 车二平三	车8进4	15. 马五进六	炮9进4
16. 炮七进四	……		

宜车三退三吃卒。

16. ……	车8进2	17. 炮五退一	卒7进1
18. 炮七平五	炮9平5		

至此，黑方已经取得满意的局面。

19. 前炮进三	炮2进5	20. 前炮平四	马7进5
21. 帅五进一	车8进2		

局后复盘时，洪智对这手棋十分后悔。应车1平4，车六进三，将5平4，黑方胜势。

22. 炮四退七	马1进3	23. 帅五平六	车8平6
24. 仕六进五	车1平4		

兑车软着。应炮2退7，车三退四，炮2平4，车三平七，车1进3，车六进二，卒1进1，车七平五，车6退2，炮五平七，象5进3，黑方可从容组织攻势。

25. 车六进三	将5平4	26. 炮五平七	马5进6
27. 车三平六	将4平5	28. 马六进五	士6进5
29. 车六平八	炮5平4	30. 马五退六	马3退5
31. 帅六退一	马6进4	32. 车八进三	士5退4
33. 车八退七	……		

至此，红方已经度过危机。黑方虽然仍然占据优势，但是对红方暂时构不成实质的威胁。

33. ……	卒1进1	34. 车八平五	车6退2
35. 炮七平五	将5平6	36. 兵七进一	卒1进1
37. 马九进七	马4退5	38. 兵七进一	……

弃兵活马，正着。

38. ……	象5进3	39. 马七进六	后马进7
40. 相三进一	车6平8		

平车失先。应卒7平6，车五平六，马7退6，马六退五，马6进5，车六平四，车6进1，仕五进四，和棋。

41. 马六退四	……		

退马好棋，红方由此展开攻势。

41. ……	卒7平8	42. 车五平六	士4进5

43. 车六进三　马 5 进 3
44. 帅六进一　马 3 退 5
45. 帅六退一　象 3 退 5（图 59）

败着。应马 5 进 3，帅六进一，象 3 退 5，车六退三，车 8 平 3，炮五平三，马 3 进 2，黑方车马卒仍可坚持。

46. 车六平九　马 5 进 3
47. 帅六平五　马 7 进 6
48. 仕五进四　车 8 平 5
49. 仕四退五　车 5 退 1
50. 车九进四　士 5 退 4
51. 车九平六　将 6 进 1
52. 马四进二　……

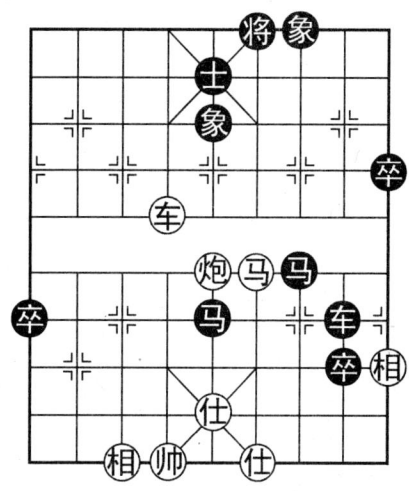

图 59

进马又是一步攻击佳着。伏有马二进三的杀势。

52. ……　　车 5 平 4　　　　53. 车六平五　车 4 平 3
54. 马二进三　车 3 退 5　　　55. 车五退一　将 6 进 1
56. 马三退一　象 7 进 9　　　57. 仕五进六　马 3 退 2
58. 车五退一　将 6 退 1　　　59. 车五进一　将 6 进 1
60. 车五退一　将 6 退 1　　　61. 车五平一　……

车五退二可速胜。

61. ……　　车 3 平 5　　　　62. 仕四进五　车 5 平 7
63. 车一进一　将 6 进 1　　　64. 车一平五

红胜。

第 60 局　谢岿 胜 王跃飞

1. 炮二平五　马 2 进 3　　　2. 马二进三　炮 8 平 6
3. 车一平二　马 8 进 7

以反宫马应对中炮是王跃飞大师比较喜欢的下法，近期使用频率较多。

4. 炮八平六　车 1 平 2　　　5. 马八进七　炮 2 平 1
6. 兵七进一　卒 7 进 1　　　7. 马七进六　士 6 进 5
8. 车九进二　……

进车是当前局面下红方最为经典的走法，可谓久经考验。

8. ……　　车 9 平 8　　　　9. 车二进九　马 7 退 8

10. 炮六平七	车2进4	11. 马六进七	象7进5
12. 炮五退一	马8进7	13. 炮五平七	车2退1

退车蹩马正着。如误走马7进6，马七进九，车2退2，马九进八，红方得子大优。

14. 马七退六	马3退1	15. 兵七进一	车2平4
16. 马六退五	车4平2	17. 兵九进一	马7退6
18. 车九进一	马6进4	19. 前炮进二	车2进2
20. 相七进九	炮1平4	21. 兵五进一	马4进5
22. 相三进五	车2进2	23. 相九退七	车2平3
24. 后炮平一	象5进3		

扬象去兵落入下风。应炮4进6，黑势不错。

25. 仕四进五	车3平2	26. 兵三进一	象3进5
27. 兵三进一	炮4平3	28. 炮七进三	炮6平3
29. 马三进四	……		

通过交换，红马跃出，局势占优。

29. ……	车2退2	30. 炮一进五	车2平5
31. 马四进三	车5平7	32. 车九平二	……

平车凶悍，红方车马炮已成归边之势。

32. ……	车7进4	33. 仕五退四	车7退5
34. 炮一平五	……		

炮打中卒以后，黑方已经疲于应付。

34. ……	车7平6	35. 仕四进五	马1进2
36. 车二进一	炮3退1	37. 炮五退三	马2进4
38. 炮五进二	马4退3	39. 车二平六	车6退1
40. 马三退一	车6平9	41. 马一退三	马3进5
42. 车六平四	车9平7		

坏棋。宜炮3进1，帅五平四，炮3退1，相七进九，马5退7，车四退二，车9平5，炮五平一，车5平9，兵一进一，马7进8，黑方局势尚可。

43. 相七进九	马5进7	44. 车四进一	炮3平1
45. 炮五退二	炮1进4	46. 车四平七	车7平5
47. 车七平四	车5进2		
48. 炮五平七	士5进6（图60）		

败着。宜炮1平7，车四平三，车5进1，车三进四，士5退6，车三退

五，车5平3，和势。

 49. 马三进五　车5进2
 50. 马五进六　将5进1
 51. 车四平八　象5进3
 52. 车八进三　将5进1
 53. 马六退八　车5退2
 54. 车八平六　士6退5
 55. 车六退三

黑方丢子，认负。

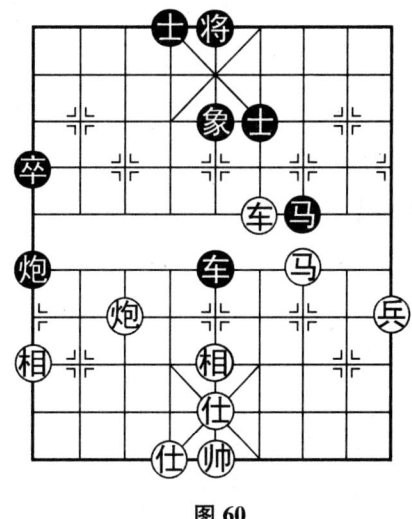

图 60

第十一轮（2011年6月27日于浙江杭州）

第61局 程鸣 胜 郑一泓

1. 兵七进一 ……

这是2011年伊泰杯全国象棋甲级联赛第11轮的对阵，江苏队主场对四川队，程鸣对阵郑一泓。这是双方今年的第一次交锋，江苏队主场力争3分。

1. ……　　炮2平3　　　　**2. 炮二平五　马8进7**

跳马是少见的选择，一般多象3进5或象7进5。

3. 马二进三　卒3进1　　　　**4. 车一平二　卒3进1**

5. 马八进九　车9进1

冷门变化，常见的是车9平8，车二进四，炮3退1，炮八进六，车1进1，车九平八，炮3进8，形成复杂变化。

6. 炮八进五 ……

颇有新意，正常选择是车九平八，马2进1，车二进四，车1平2，仕六进五，马1进3，炮八进四，红方稍优。

6. ……　　炮3进7　　　　**7. 车九平七　炮8平2**

8. 车七进四　象3进5　　　　**9. 兵三进一** ……

也可考虑车二进一，试探黑方应手。

9. ……　　车1进1　　　　**10. 车二进一　车9平3**

11. 车二平七　车3进4　　　　**12. 车七进三　车1平6**

13. 马三进四 ……

跳马被黑方顶住后，效率不高。可考虑马三进二跳出，车6进3，马二进三，马2进4，车七进四，红稍优。

13. ……　　车6进3　　　　**14. 马九进七　马2进4**（图61）

过于简化，应炮2进7保持变化，仕六进五，炮2平1，红方少相，黑方可给以红方牵制。

15. 炮五平四　车6平3

兑完车后属于红方稍优的残棋。可考虑车6平8避兑，毕竟红方少一相。

16. 车七进一　象5进3

17. 炮四平三　象7进5

18. 炮三进四　卒1进1

19. 兵九进一　卒1进1

20. 马七进九　炮2进4

太过大意，应炮2平3求和，下手有炮3进1兑死炮的棋，兑完可迅速成和。

21. 马九进八　炮2平9

坏棋。被红方抢先过兵，应卒9进1先等一手，红尚无棋。

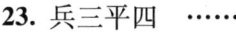

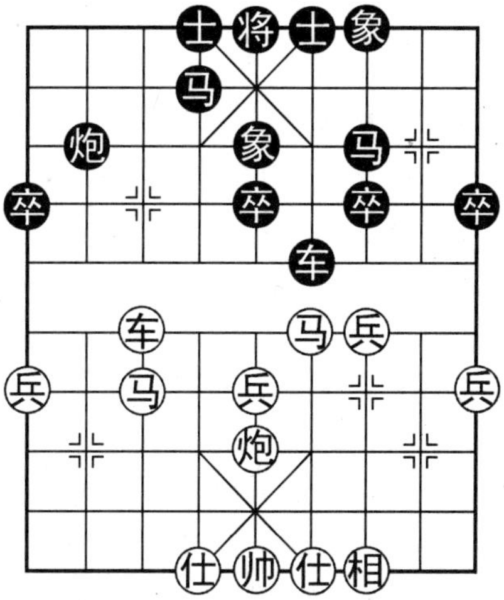

图61

22. 兵三进一　马7退8　　**23. 兵三平四　……**

先手过兵后红方优势扩大，有望下成两个兵的优势。

23. ……　　　马8进9　　**24. 炮三退五　马9进7**

漏招，送子导致速败。应炮9平6，炮三平四，马9退7，虽也是差，但尚可坚守。

25. 马四退三

红方白得一子，黑方投子认负。

第62局　洪智 胜 卜凤波

1. 兵七进一　卒7进1	2. 炮八平五　马8进7
3. 马八进七　马2进3	4. 车九平八　车1平2
5. 马二进一　卒9进1	6. 炮二平三　马7进8
7. 车一进一　象7进5	8. 车八进六　卒9进1
9. 兵一进一　车9进5	10. 车一平六　车9平3

双方由对兵局转为反向的五七炮进三兵对屏风马挺3卒的阵型。此时黑方平车吃兵把局面导向激烈。如果欲寻求稳健可选择车9平6，车六进三，车6进1，双方另有攻守。

11. 马七进六　士6进5　　**12. 马六进五　……**

马踏中卒迫使黑方表态，简明有力。含蓄些可考虑马六进四，炮8进1，相七进九，车3进1，马一进二，双方攻守复杂。

12. ……　　　炮 2 平 1

平炮兑车必然，是当前局面下常用的手段，非常值得初中级爱好者借鉴。

13. 车八进三　马 3 退 2　　14. 相七进九　车 3 平 2
15. 车六进五　炮 1 进 4　　16. 马五退六　炮 1 平 7
17. 马一进三　马 8 进 7　　18. 炮五平七　炮 8 进 2

当前局面下红方子力开扬，稳持先手。卜特大非常顾忌洪智的攻击力。这手炮 8 进 2 非常小心翼翼，伏马 7 退 6 邀兑简化局面的手段，似已有了收兵之意。

19. 马六进七　车 2 进 1　　20. 车六平二　士 5 退 6
21. 仕四进五　马 2 进 1　　22. 马七进六　……

进马寻求对攻。如马七进九，象 3 进 1，炮七进四，车 2 平 5，炮七平五，象 5 退 7，炮三进三，炮 8 进 5，车二退六，车 5 退 3，和势。

22. ……　　　士 4 进 5　　23. 炮七平四　炮 8 平 9
24. 炮四进六　炮 9 平 5　　25. 相三进五　……

飞相求稳，不如车二退六积极。试演下例：车二退六，炮 9 退 3，车二进三，炮 9 进 3，相三进一，马 7 进 5，炮四平二，红棋的攻击节奏明显加快。

25. ……　　　车 2 平 5

卜特大错过了一个扩先的机会。宜马 7 进 5！炮四平二，炮 9 平 7，仕五进四，车 2 平 5，黑棋多卒占势，从容占优。

26. 车二平一　……

坏棋。宜相九退七较为稳健。

26. ……　　　炮 9 退 4

卜特大取得反先之势以后，心理似乎准备不足，没有想到可以这么快取得领先之势。实战中退炮正是保守心态的反应。"机遇总是给有准备的人以机会"。卜特大对此准备不足。应马 7 进 5！炮四退七，炮 9 退 3，相九进七，马 5 进 7，马六退八，车 5 平 6，炮三平四，车 6 平 8，黑方大优。

27. 相九退七　将 5 平 4　　28. 炮四平二　车 5 平 4
29. 马六退八　炮 9 平 5　　30. 炮三退二　车 4 退 4
31. 马八退六　……

局势落后的情况下，反倒激发了"洪天王"的斗志。退马封车是控制局面的好棋，红方重新夺回主动权。

31. ……　　　炮 5 进 1　　32. 车一平四　马 7 进 9
33. 炮二进一　将 4 进 1　　34. 炮二退二　……

以上几个回合，红方先进炮打将，再回炮打车，黑方的防守阵型被打乱。

34. ……	士5进6	35. 马六进四	士6进5
36. 马四退二	车4进4	37. 炮二平三	炮5平7
38. 前炮退四	车4平7	39. 车四平六	士5进4
40. 仕五进四	马9进7		

不如卒1进1较为顽强，以后伏有马1进2的手段，对红方较为威胁。

41. 帅五平四	车7平6
42. 仕六进五	卒1进1
43. 马二进三	将4平5（图62）

败着。车6退4较为顽强。试演一例：车6退4，帅四进一，马7退6，炮三平六，将4平5，车六进一，车6退1，马三退二，车6进4，车六平八，将5平6，马二进三，卒1进1，黑方尚可周旋。

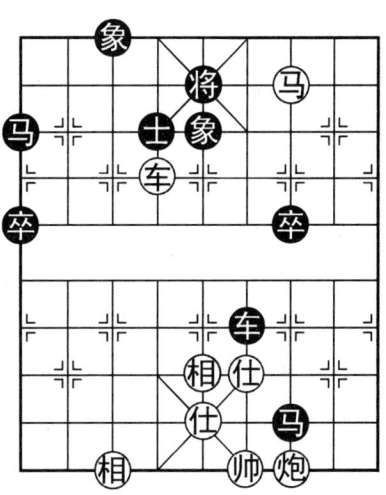

图62

44. 车六进一	马1进3		
45. 车六退一	马3退1	46. 马三退四	将5平6
47. 炮三进五	车6退2	48. 炮三退一	马7退8
49. 马四进三	车6退2	50. 炮三平一	马8退9
51. 车六进二			

如续走将6退1，炮一退三，再炮一平四打死车，黑方认负。

第63局 谢业枧 负 陶汉明

1. 炮八平五	马2进3	2. 马八进七	马8进7
3. 车九平八	车1平2	4. 兵三进一	卒3进1
5. 马二进三	炮8进4		

很多初级爱好者会问，既然红方已经先亮左车，那么同样封车黑方为什么不走炮2进4呢？这样封车的效率不是更高吗？其实不然，陶汉明选择炮8进4是当前局面下的常用战术手段，其目的是高效开出9路车。如炮8平9，车一平二，车9平8，炮二进四，黑方9路车无法有效地开出来。

| 6. 车八进四 | 炮8平3 | 7. 相七进九 | 车9平8 |
| 8. 车一平二 | 车8进4 | 9. 兵三进一 | …… |

弃兵是当前局面下常用的手段。如炮二平一，车8进5，马三退二，炮2

进 2，黑方满意。

9. ……　　　车 8 平 7　　　10. 马三进四　炮 2 平 1
11. 车八平六　象 3 进 5　　　12. 炮二平三　炮 3 平 9
13. 车二进二　……

红方既然不肯让出对黑方 7 路线的牵制，只好选择进车，这是一步比较冒险的选择。当前局面下更为稳健的选择是炮三平一。

13. ……　　　炮 9 退 2　　　14. 马七进八　卒 3 进 1

冲卒准备简化局势，好棋。

15. 车六平七　马 3 进 4　　　16. 马八进七　马 4 进 6
17. 马七进九　车 2 进 2　　　18. 车七平四　车 2 平 1
19. 车四进三　象 5 退 3　　　20. 车四平九　象 3 进 1

双方交换以后，黑方不仅取得多卒的优势，且车马炮子力配置完整，形势占优。

21. 炮五退一　马 7 退 5

黑方不惜以牺牲双卒的代价活通弱马，大局观很强。

22. 炮五进五　马 5 进 3　　　23. 炮五平一　象 1 退 3
24. 炮一进三　象 3 进 5　　　25. 炮三平五　马 3 进 4
26. 兵五进一　……

冲中兵有意让黑车吃掉底相，离开巡河要道，反映出谢业枧大师强烈的求胜欲望。

26. ……　　　车 7 进 5
27. 车二进七　马 4 进 5
28. 兵五进一　炮 9 进 5

黑方沉底炮以后，枰面上烽烟顿起，双方展开激烈对攻。

29. 相九退七　士 4 进 5
30. 兵五平六（图63）……

平兵坏棋，脱离主战场。宜兵五进一，马 5 退 7，仕六进五，车 7 退 3，车二退九，车 7 平 3，炮五进五，士 5 进 6，车二平一，双方仍是对攻之势，红方多子，黑方占势，互有顾忌。

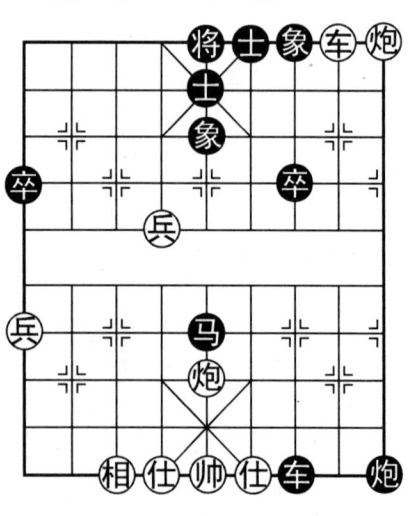

图 63

30. ……　　　将 5 平 4　　　31. 炮五平六　将 4 平 5

进将好棋，黑方利用棋规巧设陷阱。

32. 炮六平五 ……

红方不察，此时应兵六进一，双方仍是对攻。

32. ……	将 5 平 4	33. 炮五平六	将 4 平 5
34. 炮六平五	将 5 平 4	35. 炮五平六	将 4 平 5
36. 炮六平五	将 5 平 4	37. 炮五平六	将 4 平 5
38. 炮六平五	将 5 平 4	39. 炮五平六	将 4 平 5

40. 相七进五 ……

红方二打，黑方两闲，按再行棋规红方必须变着。但是红方没有选择更为紧凑的兵六进一，而是选择相七进五，这手棋稳健有余，锐利不足。在如此紧张的局势下，无疑是一步败着。局势完全被黑方控制。

40. ……	车 7 退 2	41. 仕四进五	车 7 平 5
42. 车二退六	马 5 退 4	43. 车二平一	炮 9 平 8
44. 车一平八	马 4 退 6	45. 炮六进四	马 6 进 7
46. 车八平三	卒 7 进 1	47. 炮六平三	车 5 退 1

48. 车三退一 ……

红方当然不能兑车，否则形成马炮双卒士象全对双炮双仕的必胜残局。

| 48. …… | 马 7 退 9 | 49. 炮三平二 | 炮 8 退 4 |
| 50. 车三平八 | 炮 8 平 3 | | |

红方认负。

第 64 局　徐超　胜　郑惟桐

| 1. 相七进五 | 马 8 进 7 | 2. 兵三进一 | 炮 2 平 5 |

还架中炮体现了郑惟桐的求战之意。

| 3. 马二进三 | 马 2 进 3 | 4. 马八进六 | 车 9 进 1 |

起横车策应右翼的同时，可以起到遏制红方双马的作用。如车 1 平 2，马三进四，黑方不好处理。

5. 马三进四　车 9 平 4

捉马的同时阻止了红方马四进六的先手，这也是起横车的后续手段。

| 6. 车九进一 | 卒 5 进 1 | 7. 马四进三 | 马 3 进 5 |
| 8. 仕六进五 | 卒 5 进 1 | 9. 马三进五 | 炮 8 平 5 |

10. 兵五进一　车 1 进 2

进车又是一步好棋。如炮 5 进 3，红方有炮二平三的先手。

| 11. 炮八退二 | 炮 5 进 3 | 12. 炮八平六 | 车 4 平 8 |

13. 炮二平三　马7进6　　　　14. 车九平八　……

出车稳健。也可炮三进七，士6进5，车一进二，红方也是先手。

14. ……　　　马6进7　　　　15. 车八进三　车8进6
16. 炮三平四　车1平6

稍急，不如炮5退1，静观其变。

17. 炮四进一　炮5进3　　　　18. 仕四进五　车6进4

黑方谋和一仕，局势稍好。

19. 车八平五　车6进3

坏棋。黑方本意是中马受制，通过兑子交换解决中马的问题。但是这样交换以后，黑方由于兵种不全，不利于久战。

20. 炮六平四　马7退5　　　　21. 车一平二　车8进2
22. 炮四平二　……

交换以后，红方虽然损失一仕，但是马炮兵子力配置完整，形势占优。

22. ……　　　卒3进1　　　　23. 炮二进四　前马退6
24. 兵三进一　马6进5　　　　25. 兵三平四　后马退3
26. 兵七进一　……

兑兵简化局势，减少黑方反扑的机会，稳健。

26. ……　　　卒3进1　　　　27. 炮二平七　马3进2
28. 炮七平八　象7进5　　　　29. 马六进五　士6进5
30. 马五进三　卒1进1　　　　31. 马三进二　将5平6
32. 相五进七　马5进7　　　　33. 炮八退二　马7退5
34. 炮八平一　马2进1　　　　35. 相三进五　马1退2
36. 炮一退二　士5进4　　　　37. 马二进三　将6进1
38. 炮一进六　……

打卒以后，形成马炮双兵单缺仕对双马卒士象全的残局，红方取胜的机会很大。

38. ……　　　马5进7　　　　39. 兵四进一　士4进5
40. 相五进三　马2进4　　　　41. 炮一平二　马4退6
42. 炮二退四　马7退5　　　　43. 兵一进一　卒1进1
44. 兵一进一　卒1平2　　　　45. 相七退五　卒2进1
46. 炮二退二　卒2平3　　　　47. 兵一平二　士5退4（图64）

在缠斗过程中，黑方花费大量时间，造成残局阶段用时紧张。这手退士是本局的最大失误，局势急转直下，不可收拾。应马6进7，炮二平四，马7进6，兵二进一，马5进7，兵四平三，士5进6，兵三进一，士4退

5，兵二平三，马 7 进 8，炮四平一，马 8 退 9。黑方利用双马困住红炮，尚可周旋。

48. 炮二平一　马 6 退 4
49. 炮一进四　马 5 退 3
50. 炮一进二　马 3 进 5
51. 兵二平三　卒 3 平 4
52. 兵三平四　士 4 进 5
53. 后兵平五　马 4 退 2
54. 马三退一　将 6 退 1
55. 马一进二　……

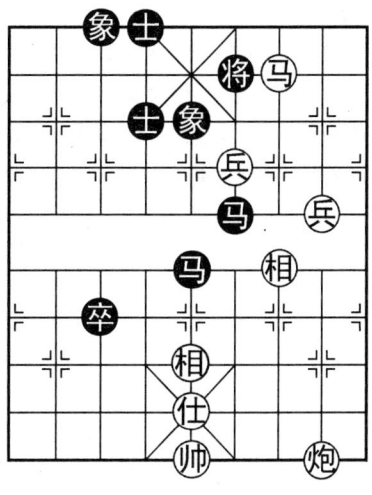

图 64

黑方双马卒子力分散，攻守两端都不能发挥很好的效率。红方马炮双兵如鱼得水，稳稳地控制着主动权。

55. ……　　　将 6 平 5
57. 炮一进三　士 5 退 6
59. 兵四平五　将 5 进 1
61. 帅五平四　马 2 进 3
63. 马五退七　……

56. 兵四进一　马 5 退 7
58. 马二退三　将 5 进 1
60. 炮一退二　马 7 退 8
62. 马三退五　马 8 退 6

红方赚得一子，胜定。

63. ……　　　马 6 进 7

64. 兵五进一　将 5 退 1

65. 炮进二

黑方认负。

第 65 局　程吉俊 和 许银川

1. 炮二平五　马 8 进 7
3. 车一平二　马 2 进 3
5. 马八进九　卒 1 进 1
7. 马三进四　车 1 进 3
9. 炮五平三　车 1 平 4

2. 马二进三　车 9 平 8
4. 兵三进一　卒 3 进 1
6. 炮八平七　马 3 进 2
8. 车九进一　象 3 进 5
10. 炮七平五　……

形成五七炮进三兵对屏风马的常见变化。红方通过炮五平三、炮七平五这两手棋的调动，把原来的七路炮移到三路，在黑方左翼集结重兵，在这个局面下双方一时都难以简化局势，容易引起复杂的缠斗。

10. …… 炮8退1

当前局面下黑方多走士4进5或士6进5补厚中路。临场许银川弈出的退炮变化，较补士更为灵活，既可策应中路，又可左炮右移，寻找战机，从某种程度上来看，同红方七路炮调至三路有异曲同工之效。

11. 炮三进四　车4进4
12. 马四进五　炮8平3（图65）

许银川之所以没有选择马7进5，可能是顾忌马7进5以后炮五进四，士4进5，车二进六，黑方仍要走炮8进1，这样黑方无形之中损失了一步棋。且8路车位置欠佳，红方先手很大。

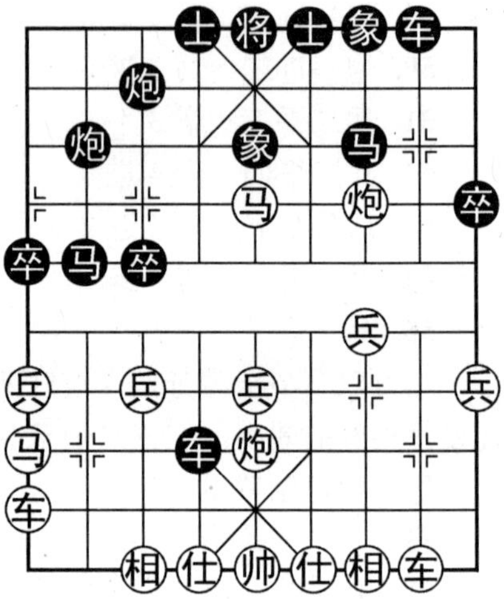

13. 车二进九　马7退8
14. 马五退七　炮2退2

稍软，不如炮2平3更有弹性。

15. 马七退五　士4进5

可马2进4，车九退一，车4平2，黑棋子力较为舒展。

16. 仕六进五　车4退1
17. 马五进四　马8进9
18. 炮三退一　马9退7

退马好棋，有效地化解了红方的攻势。

19. 炮三进二　炮2进2
20. 炮五平三　士5进6

支士调整阵型，许氏风格的体现。另外也可炮2平7，炮三进五，车4平5，车九平八，车5退2，双方也是对峙之势。

21. 相七进五　士6进5

这样黑方补好后防的弱点。

22. 兵三进一　车4平5
23. 车九平六　马2进3
24. 马九进七　车5平3
25. 车六平八　炮2进4
26. 马四退六　……

面对黑方严密的防守，红方没有及时找到扩先的良策，同样退马不如马四退五，红方优势更大。

26. ……　　车3平4
27. 马六进八　炮3平4

只要红车不能及时参战，黑方完全可以抗衡。

28. 兵一进一　象5进7
29. 后炮平一　象7进5
30. 炮三退一　车4退3

图65

双方必然要兑子简化局面，至此双方同意作和。这盘棋许银川在逆境中沉着冷静应对，最终谋得和棋，非常不易。

第66局　赵鑫鑫 胜 李鸿嘉

1. 炮二平五　马2进3　　　　**2.** 马二进三　炮8平6
3. 车一平二　马8进7　　　　**4.** 炮八平六　车1平2
5. 马八进七　卒3进1　　　　**6.** 车九平八　卒7进1
7. 车八进四　……

形成五六炮正马双直车对反宫马两头蛇的阵型。黑方已经挺起3、7卒成两头蛇阵势，有效遏制红方的双正马，因此，红方进车巡河是很有必要的。但是红方为什么不选择车二进四而车八进四呢？车二进四，车9平8，黑方有一个兑"窝车"的手段，红方反而尴尬。这一点要特别注意。

7. ……　　　　象7进5

正着。如炮2平1，车八进五，马3退2，炮五进四！由此也验证了上一手红方选择的车八进四的正确性。

8. 车二进六　车9进2

进边车不单纯为了策应左翼马炮，也是为了高效开通左车。

9. 兵七进一　卒3进1　　　　**10.** 车八平七　马7进6
11. 车二平四　马6进7　　　　**12.** 炮五平四　……

兑炮好棋。既可让黑马失去目标，又可通过兑炮造成黑3路脱根，形成弱型。

12. ……　　　　炮6进5　　　**13.** 车四退四　马3进2
14. 炮六进一　马7退8　　　　**15.** 车四进三　炮2平4

坏棋。炮2平3更有针对性。

16. 炮六进六　……

进炮打士，反映出赵鑫鑫敏锐的攻杀感。

16. ……　　　　车2进2　　　**17.** 炮六退一　……

退炮保留变化。如炮六平四，马8退7，车四进三，车9退1，车四平一，马7退9，炮四退八，红方虽得双士，但是兑一车，对黑方的威胁有限。

17. ……　　　　车2平3
18. 车七平四　马8退7（图66）

李鸿嘉不够果断。"缺士怕双车"，黑方应车9平6强行兑车简化局面。试演一例：车9平6，前车进二，炮4平6，车四进三，车3进5，相七进五，车

3退6，黑方足可抗衡。

19. 前车平八　车3进5
20. 车八平六　士6进5
21. 马三进二　车9退2

略显保守，不如车3进2吃相，造成红方后防出现弱点，让红方有所顾忌。

22. 炮六平九　车9平6
23. 车四进五　马7退6
24. 相三进五　车3退6

退车捉炮被红方利用，造成形势恶化。宜炮4退2先守一着。

25. 炮九平五　将5进1
26. 车六进二　马6进7
27. 仕六进五　车3平4
28. 车六平七　马7进8

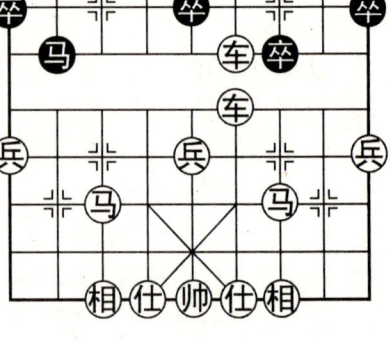

图 66

诱着。红方如不察走车七进二，车4进8，兑车以后，红马不好活动，红马一走则边兵必失，双方和定。

29. 车七退一　车4进4
30. 马二进四　车4退1
31. 马四进六　将5平6
32. 车七平九　……

黑方缺士，红方保留边兵，以后可形成车、马、兵的立体攻势，这样对黑方的威胁巨大。

32. ……　　　马8进7
33. 仕五进四　马7进9

速败。不如马7进8，仕四进五，马8退9，顽强一些。

34. 仕四进五　车4进1
35. 车九进二　将6退1
36. 马六进五　将6平5
37. 马五退三　卒5进1
38. 车九平四　将5平4
39. 车四进一　将4进1
40. 车四平七　……

红方利用黑方缺双士的弱点，车马联攻，逐步扩大优势。黑方车马仍在原地踏步，无法有效支援后防，岂能不败？

40. ……　　　马9进7
41. 帅五平四　车4平8
42. 相五退三　……

退相好棋，攻不忘守，红方后防已无弱点。以下赵鑫鑫为我们展现了精彩的车马联攻的杀法。

42. ……　　　卒7进1
43. 车七退三　将4退1
44. 车七平六　将4平5
45. 车六平一　将5平4

46. 车一进三	将4进1	47. 马三退五	将4平5
48. 车一平四	象5进7	49. 马五进七	将5进1
50. 车四平五	将5平6	51. 马七进六	将6退1
52. 车五退四			

红胜。

第十二轮（2011年6月28日于浙江杭州）

第67局　才溢　负　党斐

1. 兵七进一　炮2平3
2. 炮二平五　象3进5
3. 马八进九　车9进1
4. 炮五进四　士4进5
5. 车一进二　马2进4
6. 炮五退二　……

双方以仙人指路对卒底炮布阵，炮五退二稳健，另有炮五退一的下法也非常流行。

6. ……　　　车9平6
7. 车一平六　车6进5
8. 马二进三　马4进5
9. 兵三进一　……

冲兵失先。不如炮八进一，车6退2，车九平八，炮8进7，炮八进六，卒3进1，兵七进一，马5进3，炮五平九，马3进1，兵九进一，红方对黑方有牵制。

9. ……　　　车6平7
10. 炮五进一　马8进7
11. 车九平八　车7退1
12. 炮八进七　卒3进1
13. 马九进七（图67）……

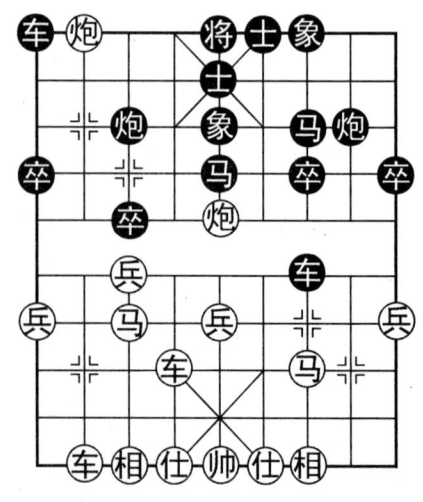

图67

稍急。可以考虑炮八退五，车7进1，炮八退一，车7退1，相三进一，炮8进5，相一进三，炮8平4，仕四进五，炮4退6，炮八平七，卒3进1，炮七进四，马5退3，相三退五，红方足可抗衡。

13. ……　　　卒3进1

冲卒紧凑有力，红马至此疲于逃命。

14. 马七进五　卒3平4

15. 相三进一　炮 8 进 4　　　16. 炮八退五　车 1 平 2
17. 车六平八　炮 3 进 3

进炮好棋，黑方此着一出，已然掌握全局。

18. 炮五进二　象 7 进 5　　　19. 马五进六　车 7 退 1
20. 马六进七　将 5 平 4　　　21. 马七退五　……

红方虽然一炮换双象，但是后续子力无法跟进，仍然不能挽回败势。

21. ……　　炮 8 退 4　　　22. 马五进三　炮 3 退 4
23. 炮八进四　马 5 进 3　　　24. 炮八平九　车 2 进 2
25. 后马进二　炮 3 平 2

红方失子，投子认负。

第 68 局　郑惟桐 和 李群

1. 兵七进一　……

这是 2011 年伊泰杯全国象棋甲级联赛第 12 轮的对阵，四川队主场对阵江苏队，小将郑惟桐对阵李群，赛前江苏队排名第五。四川队排名第八，若想挤进前六就必须击败江苏队，因此势必是一场恶战。

1. ……　　卒 7 进 1

对兵是李群喜下的开局，较为平稳。

2. 炮二平三　炮 8 平 5

另有炮 2 平 5，兵三进一，马 2 进 3，兵三进一，马 8 进 9，相七进五，较炮 8 平 5 更为复杂。

3. 马八进七　马 8 进 7　　　4. 相七进五　马 2 进 1
5. 车一进一　炮 2 平 3　　　6. 车九平八　车 1 平 2
7. 车一平六　士 6 进 5　　　8. 仕六进五　卒 9 进 1

改进之招。如象 7 进 9，兵一进一。

9. 马二进一　象 7 进 9　　　10. 车六进三　车 9 平 6

11. 兵一进一　……

也可考虑炮八进六，待黑方卒 1 进 1 后再兵一进一。

11. ……　　卒 9 进 1　　　12. 车六平一　车 2 进 4
13. 炮八平九　车 2 进 5　　　14. 马七退八　炮 5 进 4

感觉应车 6 进 4，马一进二，车 6 平 2，马八进七，卒 1 进 1，马二进三，炮 5 平 4，黑方可下。

15. 兵三进一　车 6 进 2

边象被吃后红优。还是应马 7 进 8 保留边象，兵三进一，象 9 进 7，车一平五，炮 5 平 2，车五平二，马 8 退 9，红方没有物质优势。

16. 车一进三　卒 7 进 1　　　　　17. 车一退三　卒 1 进 1
18. 车一平三　马 1 进 2　　　　　19. 马一进三　……

缓手。应马八进七，炮 5 退 2，马一进二，马 7 进 6，车三进五，士 5 退 6，马二进四，车 6 进 2，车三退三，红优。

19. ……　　　炮 5 退 2

可考虑马 2 进 1，马三进一，马 7 进 8，黑方尚可坚守。

20. 马三进一　马 7 进 6　　　　　21. 马八进七　马 6 退 5
22. 炮三平二　……

平炮反被黑方占住三路线。应马一进二进攻，车 6 进 1，车三进五，车 6 退 3，车三退六，纠缠中红方占优。

22. ……　　　车 6 平 7　　　　　23. 车三平二　……

勉强，被黑方破相后优势全无。应马一进三，车 7 进 1，马七进五，红方稍优。

23. ……　　　车 7 进 7　　　　　24. 车二进五　士 5 退 6
25. 车二退六　车 7 退 6

过于稳健，应车 7 退 4，车二平八，车 7 平 9，车八进二，车 9 平 5，黑方占优。

26. 车二平五　马 5 退 7　　　　　27. 炮二进三　炮 3 平 8
28. 帅五平六　马 2 退 4　　　　　29. 炮九进三　马 7 进 6
30. 车五平六　炮 8 平 4　　　　　31. 炮九平六　炮 4 平 8
32. 车六平五　……

红方一心求胜，如炮六平九则不变作和。

32. ……　　　马 4 退 3　　　　　33. 炮二进一　马 6 退 7
34. 炮二退四　炮 8 平 4　　　　　35. 帅六平五　炮 4 平 5
36. 炮二进七　……

应车五平三，车 7 进 3，马一退三，形成红方稍优的残棋。

36. ……　　　士 6 进 5　　　　　37. 车五平二　前炮平 9

可考虑车 7 进 4，待红方马一退三后再后炮平九牵制红方。

38. 马七进六　车 7 平 8

保持变化可选择马 7 进 9，炮二退一，马 3 进 4，马一退三，炮 9 进 5，黑方可战。

39. 车二进三　马 7 进 8　　　　　40. 炮六平三　炮 5 平 7

41. 马一退二	卒5进1	42. 炮三平二	马3进5
43. 仕五进六	卒5进1	44. 马六进五	炮7进4
45. 马二进三	炮7平5	46. 仕四进五	炮5退3
47. 马三进二	将5平6	48. 后炮平四	……

至此属于双方均势的残棋，红方平炮导致相被吃掉，可考虑马二进一纠缠。

48. ……	炮5进4	49. 仕五退六	马5进7

白吃红相后黑方占优，如求胜可考虑卒5平4再吃一兵。

50. 炮二退二	将6平5	51. 炮四进一	炮9平2
52. 炮二平八	士5进4	53. 马二进三	将5进1
54. 炮四退五	卒5进1		

细腻点应将5平4点躲开，马三退四，卒5平6，马四退六，炮2进5，帅五进一，炮5退4，黑优。

55. 马三退四	将5退1	56. 马四进六	将5进1
57. 马六退四	将5退1	58. 马四进三	将5进1
59. 炮八平一	炮2进5	60. 帅五进一	马7退9
61. 马三退一	炮5平6	62. 马一退二	卒5进1
63. 帅五平六	炮2退8	64. 仕六退五	炮6退1
65. 炮四退一	……		

漏着。应仕五退四，黑如炮2平4，马二退四，尚可坚守。

65. ……	炮2平4		
66. 马二进三	炮6退4（图68）		

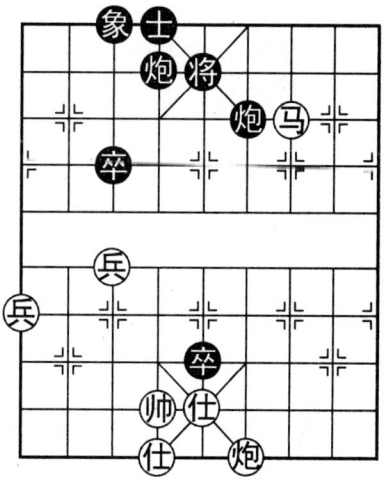

图 68

错失胜机，应将5退1速胜。马三退四，炮6平2，马四进五，炮2退4，马五退七，炮4进2，马七进八，炮4退2，黑胜。

67. 仕五进四	炮4进1		
68. 炮四进七	炮4平7		

简化成和，以下解说略。

69. 仕六进五	象3进1		
70. 兵九进一	卒3进1		
71. 兵七进一	象1进3		
73. 帅六退一	炮7退8		
75. 帅六进一	卒5进1	72. 炮四平八	炮7进6
		74. 炮八退七	炮7平5
		76. 仕四退五	炮5进8

77. 炮八平六	炮5退4	78. 炮六进九	炮5平4
79. 炮六平八	将5退1	80. 炮八退九	将5平6
81. 帅六平五	炮4平5	82. 炮八平四	炮5平9
83. 炮四进五	象3退5	84. 炮四平二	将6进1
85. 炮二平六	将6退1	86. 炮六进一	象5进7
87. 炮六退六	将6进1	88. 炮六平二	炮9平8
89. 炮二进三	将6退1	90. 炮二平八	将6进1
91. 炮八进三	将6退1		

和棋。

第69局　陆伟韬 胜 王天一

1. 炮二平五	马8进7	2. 马二进三	车9平8
3. 车一平二	马2进3	4. 马八进九	卒3进1
5. 车二进六	卒7进1	6. 炮八平七	马3进2
7. 车九进一	……		

双方以五七炮过河车对屏风马两头蛇开局。红起横车是缓攻型下法，另有兵五进一的走法，属于真攻型下法，双方容易形成复杂的对攻变化。

7. ……	象3进5	8. 车九平六	卒1进1

黑方布局到了一个"十字路口"，黑方有车1平2、士4进5和实战的挺边卒等多种选择。王天一选择卒1进1的下法，借鉴五七炮进三兵对屏风马阵型的走法。但是，这个阵型中黑方多挺了一步7卒，红方已经平肋车，这样红方的攻击速度较五七炮进三兵对屏风马阵型攻击速度更快，所以黑方士4进5更为稳健。

9. 车六进五	马2进1	10. 车六平八	炮2平3
11. 炮七退一	士4进5	12. 兵五进一	……

不如炮五进四，马7进5，车八平五，卒1进1，相三进五，红方先手。

12. ……	车1平4	13. 车八平九	……

红方仍可炮五进四，以后利用双车位置灵活的优势稳控局面，同黑方打阵地战。

13. ……	马1进3	14. 车九退一	……

红方花费了两手棋吃到边卒，效率不高。

14. ……	马7进6		

进马抢势之着，黑方已经取得反先的局面。

15. 兵五进一　卒5进1　　　　16. 马九进八　卒5进1

弃子抢攻好棋。黑方敏锐地抓到红方子力呆板的弱点，冲卒抢势，形势判断能力入木三分。

17. 马八退七　卒7进1　　　　18. 车二退一　马6进4
19. 车九退三　卒7进1

黑方虽损失一子，但是双卒过河并且逼退红方右马，局势得到补偿，从这个角度来看，黑方的弃子战术可取。

20. 马三退一　马4进3

弃子方一般都不会选择主动简化局势，这样保持复杂的局面。基于此，黑方可以考虑车8进1为宜。

21. 车九平七　车4进8　　　　22. 仕六进五　卒3进1
23. 炮五平四　卒3平4
24. 炮四退一　车4退2
25. 车七平八　炮3进6（图69）

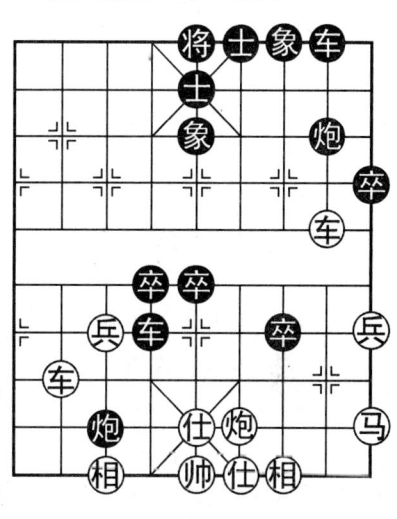

图69

欠细。不如车4平3，车八进七，士5退4，炮七进六，车3进3，仕五退六，车3退7，红方少相，黑方可以充分发挥三个过河卒的攻击力，制造战机，黑方的前景更为乐观。

26. 炮四平七　车4平3
27. 炮七进一　……

进炮以后，红方阵型暂时没有明显的弱点，右车牵制住黑方车炮，红方已经稳住阵脚。

27. ……　　　　炮8进1　　　　28. 相三进五　卒5进1
29. 车八进七　士5退4　　　　30. 炮七平六　士6进5
31. 车八退三　……

红方车炮借先手摆脱牵制，好棋。

31. ……　　　　炮8退1　　　　32. 车八平三　卒5平6

黑方不想失去对红马的控制，所以没有选择卒7平6。

33. 车二进一　车3进1

坏棋。宜卒4进1，炮六平九，车3平2，仍可以保持纠缠之势。

34. 车三进一　卒4进1　　　　35. 炮六退二　炮8退1
36. 车二进一　车3退3　　　　37. 车三进一　车3平9

38. 炮六进一 ……

明为保马,实际上准备以后平炮展开攻击。

38. …… 车 9 进 2 　　　39. 炮六平九　象 5 退 3

40. 车二平七 ……

简明入局。如车二进一,黑方多卒,仍可周旋。

40. …… 炮 8 进 7 　　　41. 炮九进八　车 9 进 2

42. 车七进二　士 5 退 6 　　43. 帅五平六　……

避开黑方炮 8 进 1 的最后偷袭手段。下手车三平六,黑方已经不好应对。

43. …… 炮 8 进 1 　　　44. 帅六进一　炮 8 退 1

45. 帅六退一　炮 8 进 1 　　46. 帅六进一　炮 8 退 1

47. 帅六退一　炮 8 进 1 　　48. 帅六进一

红胜。

第 70 局　苗利明 负 张强

1. 仕四进五　……

首着支仕是一路冷门布局,其用意是避开熟套。

1. …… 马 8 进 7 　　　2. 兵三进一　卒 3 进 1

3. 马八进九　马 2 进 3 　　4. 车九进一　炮 8 平 9

5. 车九平六　车 9 平 8 　　6. 炮二平七　车 8 进 4

7. 相三进五　……

开局阶段红方战略思想是调动子力于左翼,伺机发动攻势。但是如果红方左翼子力不能及时展开,以后势必形成子力壅塞的弱点。

7. …… 卒 7 进 1 　　　8. 马二进四　……

跳拐角马华而不实,不如兵三进一,车 8 平 7,马二进三,更为简明。

8. …… 卒 7 进 1 　　　9. 车一平三　卒 7 平 6

10. 车六进三　卒 6 进 1 　　11. 兵七进一　马 3 退 5

12. 马四进二　炮 2 平 3 　　13. 马二进四　车 1 平 2

红方虽然成功围歼过河卒,但是黑方已经从容布置子力,黑方取得反先的局面。

14. 炮八退二　卒 3 进 1

冲卒,准备通过子力交换缓解右翼压力。

15. 车六平七　炮 3 进 5 　　16. 车七退二　象 7 进 5

17. 兵五进一　炮 9 进 4

炮打边兵，黑方发出反击的信号。

18. 马四退六（图70） ……

退马仍想贯彻攻击黑方右翼的计划，但是实战证明这种以牺牲右翼防御为代价换取左翼攻势的计划是行不通的。冷静的下法是车七进六，炮9平8，车三平二，车2进7，兵九进一，红方徐图进取为宜。

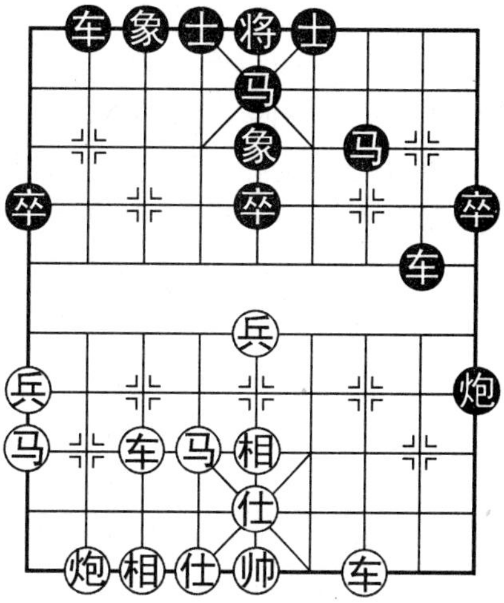

18. ……	车2进4
19. 车七进一	炮9退1
20. 兵九进一	……

宜车七进三，策应双马。

20. ……	卒9进1
21. 马六进八	车2平7
22. 车三平四	车7平6
23. 车四平三	车8平7
24. 车三平二	马7进8

图70

黑方通过连续兑车，抢占要位以后，先手扩大。

25. 马九进八	马5进7	26. 前马进七	马8进7

黑棋重兵集结在红方左翼，红棋又不能找到简化局面的机会，防守压力顿增。

27. 车二进三 ……

败着。车二平一较为顽强。

27. ……	前马退5	28. 车七平四	炮9进4
29. 车四进二	马7进6		

以下黑方伏有车7进5再车7退3得子的手段，红方投子认负。

第71局　阎文清 负 蒋川

1. 相三进五	炮8平4	2. 马二进三	马8进7
3. 车一平二	车9平8	4. 炮二进四	卒7进1
5. 兵七进一	马2进1	6. 马八进七	炮2平3
7. 马七进八	……		

进马封车必然。如车九平八，车1平2，炮八进四，红方虽然可以封锁黑方右车，但是黑方的左马灵活，同样可以形成犀利的反击，且红方左右两翼子力布置重复，缺少灵气。

7. ……	马7进6	8. 车九进一	卒7进1
9. 炮二平三	车8进9	10. 马三退二	马6进8
11. 炮三平四	卒7进1	12. 车九平二	……

平车方向正确，但是具体是捉马还是车九平三捉卒值得商榷。从实战来看，捉马的效果不好，不如车九平三，马8退6，马二进四，红方前景较好。

12. ……	马8进6	13. 马二进四	车1进1
14. 马四进三	车1平7	15. 马三进四	马6进7
16. 帅五进一	车7进3	17. 马四退六	炮4平5

平炮瞄住红中兵，选点准确。

18. 马八退七	马7退6

退马叫将，先弃后取，打乱红方的子力布置。

19. 马六退四	……

退马交换是黑方所希望的结果。红棋冷静的选择是帅五退一，士4进5，车二平四，马6退8，马六进五，红方略优。

19. ……	车7平6	20. 马四进二	车6退1
21. 车二平四	车6进5	22. 帅五平四	……

兑车以后，红方子力灵活，但是盘面上也存在两点隐患。其一是帅位不佳，其二是黑方有卒3进1的反击。

22. ……	卒3进1	23. 马七进六	……

红方考虑马七进八更为准确。试演一例：马七进八，卒3进1，马八进九，炮3退1，相五进七，炮5进4，炮八平五，象7进5，炮五进四，炮3平5，炮五平六，红方稍好。

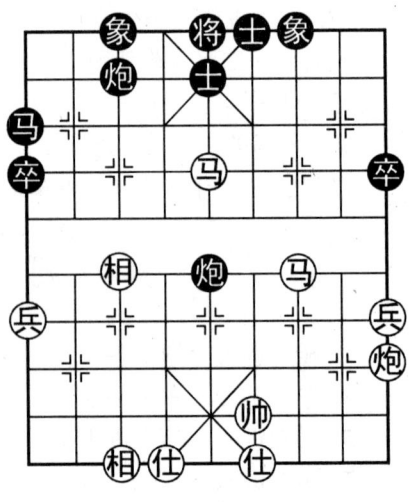

23. ……	卒3进1
24. 马六进五	炮3退1
25. 相五进七	炮5进4
26. 马二进四	炮5退2
27. 马四进二	士4进5
28. 马二退三	炮5进1
29. 炮八平一（图71）	……

平炮谋卒并非当务之急。宜相七退九，卒1进1，马五退六，炮3平4，炮八平三，象7进5，马三进四，红方先手。

图71

29. ……	卒1进1	30. 马五进七	马1进3

31. 炮一进四　炮5平6	32. 炮一平五　象3进5

33. 炮五平六　……

阎大师是一位出名的"长考派"棋手，关键时刻用时再次紧张，这手平炮走得不够严密，宜马三进二更为精准。

33. ……　　　炮6退3	34. 马七退九　马3进4

35. 马三进五　……

败着。应帅四平五。红方虽落后手，但不至于速败。

35. ……　　　炮6进1

黑方必得一子，红方投子认负。

第72局　郝继超 胜 张晓平

1. 炮二平五　马8进7	2. 马二进三　车9平8
3. 车一平二　卒7进1	4. 车二进六　马2进3
5. 马八进七　马7进6	6. 兵五进一　卒7进1
7. 车二退一　卒7进1	8. 兵五进一　马6退7

双方以中炮过河车对屏风马左马盘河列阵。此时黑方退马正确，如急于卒7进1展开对攻，则兵五平四，象3进5，马七进五，卒7进1，马五进六，红方先手。

9. 兵五进一　……

冲兵必然，如车二进一，则卒7进1，兵五进一，士4进5，兵五平六，象3进5，红方节奏明显慢了一步。

9. ……　　　士4进5	10. 兵五平六　象3进5
11. 车二平三　卒7进1	12. 车三进二　车1平4

平车吃兵稳健。如卒7平6，炮五进一，卒6进1，车九进一，车1平4，车三退一，炮2进1，双方对攻复杂。

13. 马七进五　车4进3	14. 炮八平三　车4进3

进车捉马试探红方应手。

15. 马五进四　……

另一种思路可以考虑车九平八保持对黑方的压力。

15. ……　　　马3进5	16. 车三退三　炮8平6

布局至此，黑方已经取得抗衡之势。

17. 车九平八　车8进4	18. 车八进五　卒3进1
19. 车八进一　车8平6	20. 车八平五　车6平4

21. 仕四进五　炮2平4

平炮软着，黑方完全处于一种防守状态。此时更为积极的下法是前车平3，车五平八，象7进9，车三平五，车4退2，炮三进五，象9退7，双方仍处于胶着状态，但黑方子力位置明显好于实战。

22. 车三进四　将5平4　　　　**23.** 车五平九　炮6进4
24. 车九进三　将4进1　　　　**25.** 车九退一　将4退1
26. 车九进一　将4进1　　　　**27.** 车九平四　……

破士以后，黑方后防出现漏洞。红方多仕多兵，尤其是双车位置很好，对黑方的威胁很大。

27. ……　　炮6平5　　　　**28.** 帅五平四　后车平7

"缺士怕双车"，黑方选择兑车思路是正确的。

29. 车三退三　士5退6　　　　**30.** 车三平四　炮5退1

退炮空着，宜炮5平3扫兵，消灭红方有生力量。

31. 车四进四　车4平7　　　　**32.** 车四退一　将4退1
33. 车四进一　将4进1　　　　**34.** 车四退一　将4退1
35. 炮五平六　将4平5　　　　**36.** 车四平一　将5进1
37. 车四退一　将5退1　　　　**38.** 相三进五　车7平3
39. 车四退四　炮5退1　　　　**40.** 炮三进四　炮5退1
41. 兵九进一　车3平9　　　　**42.** 兵九进一　……

红方边兵急进，对黑方威胁很大。

42. ……　　车9平7
43. 相五进三　车7平8
44. 兵九平八　车8进3
45. 帅四进一　车8退6
46. 炮六进四　车8退1（图72）

退车准备肋线兑车，这只是黑方一厢情愿的计划。应走车8进5，以下帅四退一，车8进1，帅四进一，卒3进1，车四平七，车8退5，车七进一，车8平3，兵八平七，这样双方战线较长。

47. 兵八平七　车8平6
48. 炮三平四　炮4退1
49. 仕五进四　炮4平6

平兵先弃后取，扩先的佳着。

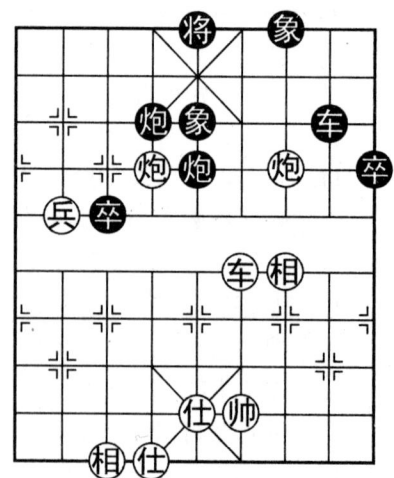

图72

50. 兵七平六　……

50. ……	炮6进2	51. 兵六平五	车6退2
52. 炮六平四	炮5平3	53. 炮四平五	象5进3
54. 兵五平四	……		

平兵中炮还家闪出空间，好棋。

54. ……	车6进2	55. 炮五退六	车6平4
56. 仕六进五	将5平4	57. 炮五平六	将4平5
58. 炮六平五	将5平4	59. 炮五平六	将4平5
60. 兵四进一	炮3退1	61. 车四进一	象3退1
62. 车四平三	象7进9	63. 车三平五	……

以上两个回合，红方用车分捉黑方双象，进一步打乱黑方的防守阵型，黑方中路空虚的弱型完全暴露在红方的炮火之下，红方胜势。

63. ……	将5平6	64. 炮六平五	象9退7
65. 车五平四	象7进5	66. 兵四平三	将6平5
67. 仕五进六			

以下黑方如象5进3，相三退五，象3退5，相五进七，象5进3，仕四退五，将5平4，炮五平六打死车，胜定。张晓平大师投子认负。

第十三轮（2011年6月29日于浙江杭州）

第73局　蒋川　胜　谢岿

| 1. 兵七进一　马8进7 | 2. 兵三进一　…… |

红方挺起两头蛇阵型，有效地制约黑马。

| 2. ……　　　炮8平9 | 3. 马二进一　…… |

进边马有意避开流行布局，把局面引向散手局，一较中残局功力。

| 3. ……　　　炮2平3 | 4. 相七进五　…… |

飞相削弱黑方卒底炮的效率，正确。

4. ……　　　马2进1	5. 马八进七　车1平2
6. 车九平八　车9平8	7. 车一平二　卒3进1
8. 炮八进五　象3进5	9. 兵七进一　炮3进5
10. 炮二平七　车8进9	11. 马一退二　象5进3
12. 炮八进一　……	

进炮压车，正确。红车被牵，不能给黑车活动的空间，否则易被利用。

12. ……　　　象7进5	13. 马二进三　卒7进1
14. 兵三进一　象5进7	15. 马三进四　马7进6
16. 马四进六　象7退5	17. 炮七平九　……

从当前的局面来看，双方必然形成一盘细棋，平炮谋卒也是从长远方面考虑的一手棋。

| 17. ……　　　士4进5 | 18. 炮九进四　卒5进1 |
| 19. 兵九进一　车2平4 | 20. 炮九退一　车4进3 |

应车4平2，暂时不让红方解除牵制。

| 21. 车八进四　炮9进4 | 22. 仕六进五　炮9退2 |
| 23. 炮八平九　马6进7 | 24. 马六退七　炮9进2 |

进炮对攻，不过红方车双炮马四子集中黑方右翼，大兵压境，黑方还是应

避其锋芒,将5平4较为稳妥。

25. 后炮平五 ……

平炮打卒,扩先好棋。

25. ……　　　炮9平5

26. 炮九进一　马7进8

27. 炮五平六　士5进6

28. 兵九进一 ……

冲兵过河,继续对黑方增加防守压力。

28. ……　　　马1进3(图73)

败着。应马1退3,车八进五,将5进1,炮九平四,马3进2,黑方尚可周旋。

29. 兵九平八　车4平6

30. 帅五平六 ……

出师助攻,紧凑。

30. ……　　　炮5退3

31. 炮六进四　将5进1

32. 车八平二

红方得子,黑方认负。

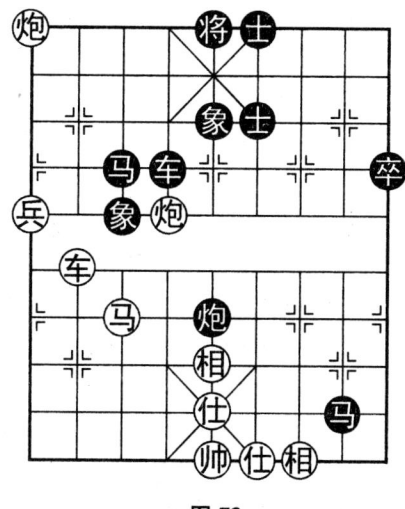

图 73

第74局　王天一　胜　张申宏

1. 相三进五　炮2平4　　　2. 车九进一　马2进3
3. 车九平六　马8进7　　　4. 马八进九　车1平2
5. 兵九进一　车2进4　　　6. 车六进三　车2平6

双方以飞相对士角炮开局。黑方平车抢占肋道的同时,避开红方马七进八的先手,正确。

7. 马九进八　卒3进1　　　8. 马二进一　士6进5
9. 兵一进一　卒7进1

双方子力布置都很开扬,一场阵地战在所难免。

10. 马一进二　炮8进5

张申宏大师没有选择车6进4,而选择一车换二,希望利用本方厚实的阵型展开防守反击的战略。

11. 马二进四　马7进6　　　12. 车六平四　炮8平2
13. 车四进一　象7进5

147

当前的局面下，黑方阵型厚实，但子力分散，红方双车灵活，优势明显，由此可见黑方一车换二的效果不佳。

14. 车一平二　炮2退1
16. 仕六进五　炮5退2

红马突入敌阵，伺机突破。

17. ……　　　卒9进1
18. 车二平六（图74）……

平车好棋。如兵一进一，炮4进2，车四进一，炮5平9，黑方有松透局势的机会。

15. 车二进四　炮2平5
17. 马八进七　……

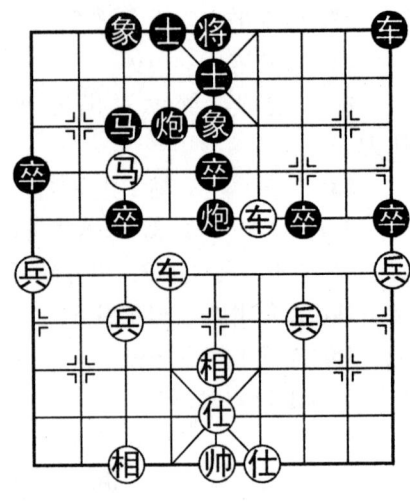

图 74

18. ……　　　卒9进1
19. 车四进一　车9进2
20. 车四平五　炮5平6
21. 马七退五　炮6退2
22. 车五平七　马3退2
23. 车七平九　炮4平3
24. 车六退一　……

守住兵林线，不给黑方简化局势的机会，红方可以从容发动攻势。

24. ……　　　车9平8
26. 兵九进一　卒9平8

25. 车九平八　马2进1
27. 兵九进一　炮6平7

弃马求攻，勇气可嘉，实战效果并不理想。

28. 车八平一　……

可以考虑兵九进一，象3进1，车六进三，红方优势。

28. ……　　　卒8进1
30. 马五退三　炮7进2
32. 马四进五　炮7退4

29. 兵三进一　卒7进1
31. 马三退四　卒8进1
33. 兵九平八　……

平兵，大局观很强的一手棋，加快进攻节奏。

33. ……　　　车8进2
35. 兵八进一　马1进2
37. 马四进三　车6退3

34. 马五进四　车8平6
36. 兵八平七　马2退3
38. 马三退四　……

退车封车以后，黑方子力非常局促，红方优势进一步扩大。

38. ……　　　马3进5
40. 车三进一　……

39. 车六平三　车6进1

进车巡河，控制黑方的路线。

40. ……	卒 8 进 1	41. 车一平二	将 5 平 6
42. 车三平五	马 5 退 3	43. 车五平八	卒 8 平 7
44. 车八进二	卒 7 平 6	45. 相五进三	将 6 平 5
46. 相七进五	将 5 平 6	47. 车八平七	马 3 退 2
48. 马四退五	卒 6 进 1		

无奈。黑方已经没有丝毫的反击机会,一卒换双仕是黑方当前最顽强的选择。

49. 仕五退四	车 6 进 7	50. 帅五进一	将 6 平 5
51. 马五进六	马 2 进 1	52. 车七退一	炮 7 平 6
53. 兵七进一	……		

红方多子占势,黑方子力分散,只能被动防守,红方胜势。

53. ……	车 6 平 4	54. 车七平四	象 5 退 7
55. 兵七进一	象 3 进 5	56. 车四进三	象 7 进 9
57. 车二平五	象 9 进 7	58. 车五平二	车 4 退 3
59. 车四退二	车 4 退 1	60. 车二进一	车 4 进 1
61. 帅五退一	车 4 平 5	62. 兵七平八	

平兵以后黑方边马危险,黑方投子认负。

第75局 王跃飞 胜 卜凤波

1. 兵七进一 ……

2011年伊泰杯全国象棋甲级联赛第13轮,卫冕冠军北京威凯建设队对阵山东中国重汽队。赛程过半,半程冠军意外地被发挥出色的黑龙江队夺得,北京队落后1分排名第二,而山东队在连续输给湖北队两场后掉到了第九名。

1. ……　　炮 2 平 3

北京队的外援王跃飞是2010年的夺冠成员之一,新科全国亚军,近几年发挥出色,是北京队比较成功的引进之一。山东队卜凤波是老牌特大,功力深厚,是山东队的主力得分手。

2. 炮八平五　马 8 进 7

此时跳马是较为冷门的选择,黑方可能希望尽早把局面搅乱以图进入野战的局面。正常的选择是炮 8 平 5,马二进三,马 8 进 7,车一平二,卒 3 进 1,是黑方可以抗衡的开局。

3. 马八进七　象 3 进 5　　4. 马二进一　……

也可考虑车九平八,让黑方马 2 进 4 定位后再马二进一,这样减少黑方的选择。

4. …………　炮 3 进 3

寻求复杂的变化，如马 2 进 1，车九平八，车 1 平 2，车八进九，马 1 退 2，车一进一，感觉红方位置较正，稍优。

5. 炮二平三　炮 8 进 4

进炮较为激进，感觉正常应车 9 平 8 出车或炮 3 进 1 压马较为稳妥。

6. 车九平八　马 2 进 3　　　7. 相七进九　…………

如马七进六，炮 8 平 5，仕四进五，车 9 平 8，马六进四，炮 5 退 2，黑方有先弃后取的手段，可战。

7. …………　炮 3 进 1

应炮 3 退 1 防守，减少红方的选择。

8. 车八进三　…………

可考虑直接车八进四，以下车 9 平 8，车八平七，炮 3 平 2，车七进二，车 1 平 3，炮三平二，红方主动。

8. …………　炮 3 退 2　　　9. 车八进一　车 9 平 8

10. 兵一进一　车 1 平 2

缓手，导致落入下风。应炮 3 平 7 邀兑，减轻 7 路线的压力。如炮三平四，车 1 平 2，车八平二，车 8 进 5，马一进二，车 2 进 4，黑可抗衡。又如炮三进三，卒 7 进 1，车一平二，炮 8 进 1，马七进六，车 1 平 2，黑可抗衡。

11. 车八平二　车 8 进 5　　　12. 马一进二　…………

至此红方战术顺利实施，取得主动权。

12. …………　炮 3 平 7

坏棋，让红方轻易取得大优。应卒 7 进 1 静待红方进攻，车一平二，炮 8 平 9，马二进三，黑可炮 3 平 4 或车 2 进 6，虽仍是红方主动，但黑方仍可一战。

13. 炮三进三　卒 7 进 1　　　14. 车一平二　卒 7 进 1

无奈被迫弃卒。如炮 8 平 9，马二退三，黑炮仍被捉死。

15. 兵三进一　炮 8 平 7　　　16. 炮五平三　…………

紧凑，抓住黑方 7 路线的弱点进攻，以后有兵三进一或马二退一等多种进攻手段。

16. …………　车 2 进 4　　　17. 兵三进一　…………

必要的手段，防止黑方车 2 平 8。

17. …………　象 5 进 7　　　18. 相三进五　…………

简明点可选择马二退一，以下黑马 7 进 6，马一进三，马 6 进 7，车二进三，马 7 退 6，炮三进七，破象后红方大优。

18. …………　车 2 进 3

无奈，不然红方可车二进三捉死炮。

19. 兵九进一　象7退9

黑方子力位置太差，已经很难防守。如马3退5，马二退一，炮7平6，马七进六，炮6进1，马一进二，车2退5，马六退四，红方大占优势。

20. 马七退五　……

强行得子。如马七进六，车2退2，相九进七，马3退5，黑方可保留不丢子，但局势也非常被动，红方占优。

20. ……　　　　车2平5　　　**21. 炮三进五　炮7退1**
22. 马二退三　……

导致仕相被破局面透松。应车二平三，炮7平9，马二进四，下手有马四进二、马四退三、相九退七等多种手段，黑方难应，红方胜势。

22. ……　　　　炮7平2　　　**23. 相九退七　炮2进4**
24. 马三进四　车5平4　　　**25. 马五进三　车4进2**
26. 帅五进一　卒3进1　　　**27. 车二进五　车4平3**
28. 马四进五　……

局面虽有所透松，但红方仍占据优势，此时简化是明智之举，不给黑方浑水摸鱼的机会。

28. ……　　　　马3进5
29. 车二平五　车3退4
30. 车五进一　士4进5
31. 车五退二　炮2退4（图75）

败着。兑车之后红方毫无压力地进入大优的残棋。应车3进3，帅五退一，卒3进1，红方残仕相，黑方尚可一战。

32. 车五平七　卒3进1
33. 炮三退一　炮2平9

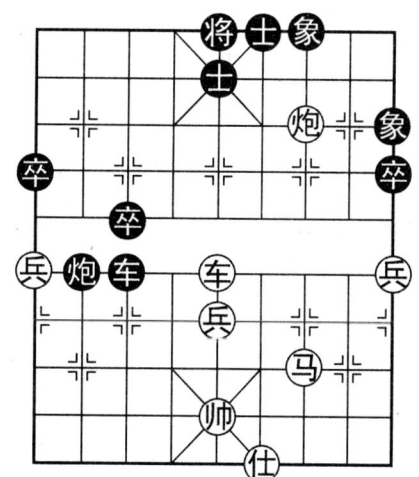

图75

如将5平4，炮三平五，卒3平4，炮五平二，下手要退炮邀兑，仍无法阻止红马跳出。

34. 马三进四　卒9进1　　　**35. 炮三退四　卒3平2**
36. 炮三平九　卒2平1　　　**37. 炮九进四　炮9平7**
38. 炮九平五　士5进6

顽强点应将5平4保留双卒，虽是败势但可以给红方一点牵制。

39. 马四进三　将5平4　　　**40. 马三退一　……**

吃卒，红方胜势。

40. ……　　炮7退4　　　　**41.** 炮五平二　炮7平5
42. 帅五平四　卒1平2　　　**43.** 仕四进五　象7进5

应卒2平3尽量往中间靠，飞象导致卒被打死。

44. 马一退三　卒2平3　　　**45.** 炮二退二　卒3进1
46. 炮二退一　卒3进1　　　**47.** 仕五进四　象9进7
48. 炮二进六

下手红可炮二退七打死卒，黑方投子认负。

黑方开局就变招，力图把局面导向陌生的野战局面，而中间已经取得了可以抗衡的局面，但一步兑车导致局面迅速落入下风，中局红方顺利得子后大优。可能由于双方用时紧张，红方过于放松，局面透松后黑方却未能走出正确的着法。

第 76 局　洪智 胜 李少庚

1. 炮二平六　马8进7　　　**2.** 马二进三　车9平8
3. 兵三进一　炮8平9

黑方以三步虎应过宫炮，简洁明快。

4. 马八进七　卒3进1　　　**5.** 炮八进四　象7进5
6. 炮八平三　炮2平3　　　**7.** 相七进五　车1进1
8. 车九平八　车1平4

平车捉炮反映出李少庚强悍的棋风。黑方另有马2进1，兵九进一，卒3进1，相五进七，车1平4，仕六进五，车4进5，炮三平九，士6进5，黑方满意。

9. 仕六进五　马2进1　　　**10.** 车八进七　车4进3

不如车4进5更有针对性。

11. 炮三平九　炮3退1

可以考虑马7进6更积极，车八进一，车8进3，兵九进一，卒3进1，相五进七，炮9平7，相三进五，士6进5，双方对峙。

12. 车八退三　车4退1　　　**13.** 炮九退二　车4进3
14. 马七退六　炮3进5　　　**15.** 马六进七　……

红马退而复进。看似损失步数，实是巩固中防的好棋。

15. ……　　车8进4

正确，如炮3平5，马三进五，车4平5，炮四进五！红优。

第十三轮(2011年6月29日于浙江杭州)

16. 车一进二　马1进3
17. 马三进四　车4退4
18. 车一平四　士6进5
19. 兵五进一　……

冲中兵，选点准确。

19. ……　　　马7进6（图76）

进马坏棋。宜车4进4，炮九进二，车4平9，车八进二，马3退4，马四进三，炮9平8，黑方虽然委屈，但尚可一战。

20. 车八退一　……

应车四进一，退车捉炮给了黑方松透局势的机会。

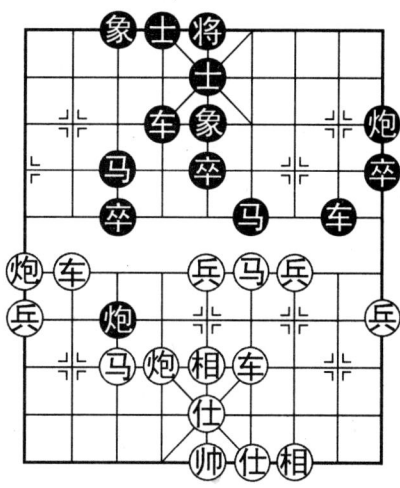

图76

20. ……　　　卒3进1
21. 相五进七　炮9平7
22. 相七退五　炮3平7
23. 车四平二　车8进3
24. 炮六平二　车4进6

进车作用不大，不如前炮进2较为稳健。

25. 兵三进一　……

好棋，红方顺势巧过一兵，优势扩大。

25. ……　　　马6进4

如象5进7，车八进二，红方迅速扩先。

26. 马七进六　马3进4
27. 车八平七　马4退2
28. 车七平八　马2进4
29. 车八平七　马4退2
30. 车七平八　马2进4
31. 车八平七　象5进7
32. 炮二退一　前炮进2

无奈。黑车没有逃跑的线路，明知被牵制也无可奈何。

33. 仕五退六　车4退1
34. 车七进六　……

进车吃象，展开最后一击。

34. ……　　　后炮平2
35. 车七退五

红方得子胜定。黑方认负。

第77局　张晓平　胜　许国义

1. 相三进五　炮2平4
2. 兵三进一　马2进3

3. 马八进九　车1平2　　　　4. 车九平八　象7进5

双方以飞相对士角炮开局。黑方飞左象比较少见，可能是有意避开流行布局，较量中残局功力。

5. 马二进三　卒7进1　　　　6. 兵三进一　车2进4
7. 马三进四　车2平7　　　　8. 马四进五　车7平4
9. 马五进七　……

弃仕有些冒险，不如仕六进五，炮4进1，马五退四，车4平6，马四退三，马3进5，双方对峙。

9. ……　　　炮4进7　　　10. 车八进一　炮8平3
11. 车一进一　炮3平4　　　12. 炮八进七　马8进7
13. 炮二进二　士6进5　　　14. 炮二平五　车9平6
15. 车一平四　前炮退1

由于后续子力没有有效跟进，天地炮没有给黑方造成实质性的威胁。黑方退炮隔车好棋，由此反夺主动。

16. 车四进八　将5平6　　　17. 仕四进五　马7进5
18. 车八进三　马5进6　　　19. 相五进三　……

防止马6进8扑槽，必走之着。

19. ……　　　车4平8　　　20. 车八退二　车8进5
21. 仕五退四　车8退3　　　22. 炮五进四　……

也可考虑仕四进五，车8平5，炮五进四，象5退7，车八平四，将6平5，车四进二，将5进1，双方交换以后，局势较为平稳。

22. ……　　　将6平5
23. 车八平四　将5进1
24. 车四进二　车8平5
25. 仕四进五　象5进7
26. 炮八退八　后炮平5
27. 帅五平六　炮4退6
28. 相三退五　炮5进5

黑方已经占据很大的优势，没有必要简化局势。应车5平9，徐图进取。

29. 相七进五　车5进1
30. 车四进三　车5平1（图77）

坏棋。白丢一子。应车5平4，帅六平五，炮4平1，车四进一，将5退1，

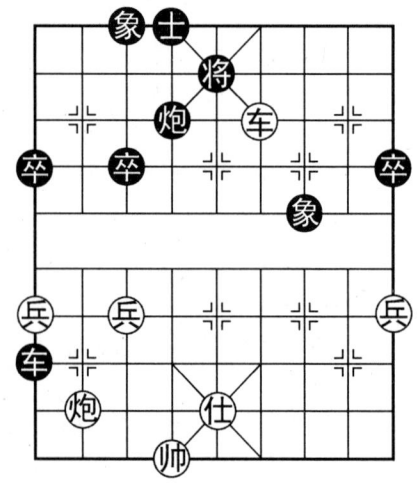

图77

炮八退一，车4平1，帅五平四，炮1平5，黑方胜势。

31. 车四平六　车1平2

软着。应车1进2，帅六进一，车1退1，车六进一，将5进1，车六平八，车1退2，黑方多卒，红方缺相少仕，互有顾忌。

32. 车六进一　将5退1　　　33. 车六进一　将5进1
34. 车六退八　卒3进1　　　35. 兵九进一　卒9进1
36. 仕五退四　车2退1　　　37. 车六平七　……

形成车炮单仕对车双象三组对头兵（卒）的残局。红方车炮受牵，取胜难度很大。

37. ……　　　将5退1　　　38. 车七平五　象3进5
39. 车五平七　象5退7　　　40. 车七平五　象7进5
41. 车五平七　象5退7　　　42. 车七平五　象7进5
43. 车五平七　象5退7　　　44. 车七平五　象7进5
45. 车五平七　象5退7　　　46. 仕四进五　将5进1

应车2退1，及时消灭兵，仍有和棋的机会。

47. 帅六平五　将5退1　　　48. 帅五平四　将5进1
49. 仕五进六　将5退1　　　50. 车七平五　象7进5
51. 车五平四　象5退7　　　52. 车四进八　将5退1
53. 车四退一　将5退1　　　54. 炮八平五　车2平3
55. 车四进一　将5进1　　　56. 车四退一　将5退1
57. 车四退二　卒3进1

黑方此时才如梦方醒，进卒试图组织反击，但为时已晚。黑方自第46回合以来消极防守，殊为可惜。

58. 车四平五　将5平4　　　59. 炮五平六　卒3平4
60. 帅四平五　象7进5　　　61. 炮六进三　……

消灭过河卒，红方胜定。

61. ……　　　车3平9　　　62. 车五平六　将4平5
63. 炮六平五　象5退7　　　64. 车六平五　将5平4
65. 炮五平六　象7进5　　　66. 车五平九　车9平5
67. 帅五平六　车5退2　　　68. 车九平一　将4平5
69. 车一退一　车5进1　　　70. 车一进四

红方残局阶段运子有序，紧凑老练，展现了深厚的功力。至此将5进1，车一平六！黑方投子认负。

第78局　赵玮 负 聂铁文

1. 炮二平五　马8进7　　　2. 兵三进一　车9平8
3. 马二进三　炮8平9　　　4. 马八进七　卒3进1

挺3卒制马正确。如马2进3，兵七进一，黑方阵型呆板，红方前景乐观。

5. 炮八进四　马2进3　　　6. 炮八平七　车1平2
7. 车九平八　炮2进2

进炮巡河准备兑7卒活通左马，稳健。

8. 车八进四　卒7进1　　　9. 兵七进一　……

这是当前局面常用的手段，削弱巡河炮的效率。

9. ……　　　卒3进1　　10. 车八平七　卒7进1
11. 车七平三　马7进6　　12. 车一进一　……

起横车，准备策应左翼。

12. ……　　　象3进5　　13. 马七进八　士4进5
14. 车一平六　炮2平5

兑炮一方面可以缓解压力，另一方面顺势亮出右车，巧手。

15. 炮五进三　卒5进1　　16. 炮七退四　……

退炮的作用不大，不如车六进三严守巡河线。

16. ……　　　车8进6　　17. 车三平四　炮9平6
18. 车四进一　……

红方显然不能避让。如车四平三，车8平7，车三退一，马6进7，红方还要解决黑车捉马的问题，这在职业棋手中是不能容忍的。

18. ……　　　车2进5　　19. 车四平五　车8平7
20. 车六进一　……

进车保马，但红车失去策应功能，局势更加恶化。不如相三进五稳健。

20. ……　　　炮6平7　　21. 相三进一　车2进2
22. 马三退五　炮7平8　　23. 车六平二　……

以上一段着法红方非常被动。平车捉炮见着拆着，不如相一退三较为稳健，保持双车的灵活性。

23. ……　　　炮8进4　　24. 炮七平五　马3进2
25. 马五退三　炮8平5　　26. 仕四进五　车2进2

27. 车二进二（图78） ……

败着。宜车五平六，车7平9，帅五平四，车9退2，车六退二，炮5平1，车二平四，红方尚可周旋。

27. …… 马2进3
28. 车二平七 车2平3
29. 马三进二 车3退1
30. 帅五平四 炮5平1
31. 车七平八 马3进5

炮1进3更为紧凑有力，车八退四，车3平1，相一退三，车7平9，黑方攻势更大。

32. 车五退三 车7平8
33. 车八平九 车3退5

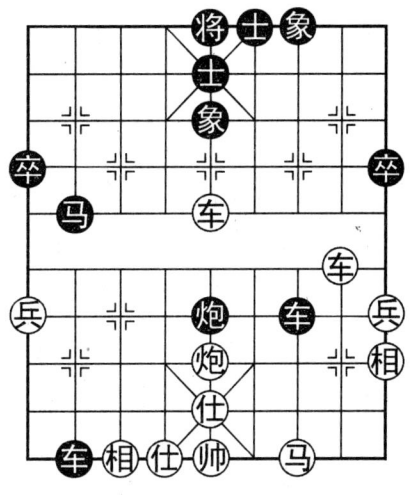

图78

34. 兵一进一 炮1平3
35. 车五平七 车3平6
36. 帅四平五 炮3平5
37. 仕五退四 炮5退2

退炮锁定胜局。

38. 车九平七 车6平4
39. 前车平八 车4进5

以下黑方伏有车8平5的凶着，红方认负。

第十四轮（2011年7月6日于各队主场）

第79局 李群 和 党斐

1. 炮二平五 ……

这是2011年伊泰杯全国象棋甲级联赛第14轮的对阵，江苏队主场对阵湖北队，李群对阵党斐。双方都发挥不佳。

1. ……	马8进7	2. 马二进三	车9平8
3. 车一平二	马2进3	4. 兵七进一	卒7进1
5. 马八进七	炮2进4	6. 兵五进一	炮8进4

至此形成中炮七兵直车对屏风马双炮过河的局面。

7. 马七进八 ……

跳马属于少见的变化。以往多车九进一或兵五进一，都有复杂的变化。

| 7. …… | 象3进5 | 8. 车九进一 | 士4进5 |

9. 车九平七 ……

红车没有别的好点，平七路可伺机马八进七或兵三进一。

| 9. …… | 车1平4 |

也可考虑炮2平6，仕四进五，炮6退3，黑可坚守。

10. 仕四进五	马7进6
11. 马八进七	车4进4
12. 兵五进一（图79）	……

送兵没有后续手段，可考虑兵三进一，卒7进1，车七进二，炮8退3，马七进五，象7进5，车七平八，形成黑方少象但子力灵活的复杂局面。

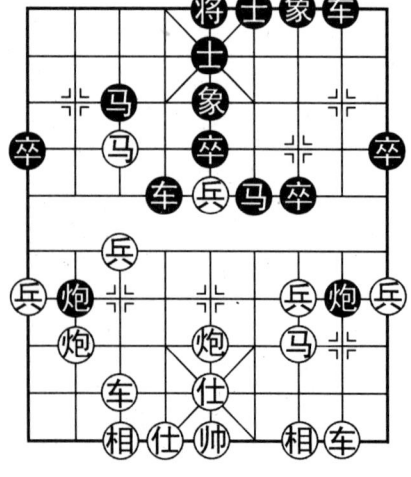

图79

12. ……　　卒 5 进 1　　　　13. 兵七进一　象 5 进 3
14. 马七退五　马 6 进 7

至此，红方的攻势被化解，黑方反先。

15. 马五进三　马 3 进 5　　　16. 前马进四　……

理智的选择，被反先后红方开始简化局面。

16. ……　　马 7 进 5

无奈。如车 8 进 3，车七进二，炮 8 平 3，车二进六，马 7 进 5，相三进五，马 5 退 6，车二平八，简化后接近和势。

17. 相三进五　马 5 退 6　　　18. 车七进二　炮 2 退 4
19. 车七平二　车 8 进 6　　　20. 车二进三　马 6 进 5
21. 车二平八　炮 2 进 5

过于简单，应炮 2 平 5 继续纠缠，黑方属于有赢无输的局面。

22. 车八退一　象 3 退 5　　　23. 车八平六

和棋。

红方虽然一直努力进攻，但黑方阵型扎实，连吃两兵后黑方反先。红方理智地快速简化局面，最终快速成和。

第 80 局　许银川　胜　孙勇征

1. 炮二平六　马 8 进 7　　　2. 马二进三　卒 3 进 1
3. 车一平二　车 9 平 8　　　4. 兵三进一　马 2 进 3
5. 相七进五　象 7 进 5　　　6. 马八进九　卒 1 进 1

挺卒制马从棋理上是行得通的一着棋。但是就当前局面来看，节奏稍缓，可以考虑炮 8 进 4，炮八平七，马 3 进 2，黑方阵型工整。

7. 兵七进一　卒 3 进 1　　　8. 车九平七　炮 2 平 1
9. 车七进四　车 1 平 2　　　10. 炮八平七　马 3 进 4
11. 车二进一　……

红方把主攻方向放在黑方的右翼，二次运车准备右车左调。

11. ……　　车 2 进 4　　　12. 车二平六　马 4 进 2
13. 车六平八　车 2 平 4　　　14. 车八进三　车 4 进 3
15. 车八进三　炮 8 进 4

进炮欠冷静。宜马 7 退 5，先避一着。

16. 仕六进五　车 4 退 4　　　17. 炮七进七　象 5 退 3
18. 车八平三　炮 8 平 7

虽然压住红马，但是损失双象，代价过大。

19. 车七进五　炮1进4　　　20. 马九进七　士6进5
21. 马七进八　车4平2　　　22. 马八退九　炮7平1
23. 车七退九　……

红方通过交换解除了被压制的左马，现在退车守住底线，不让黑方的车炮成势，稳健。

23. ……　　　车2进2　　　24. 相五进七　……

飞相拦车，为右马开出留出空间。

24. ……　　　车2退1　　　25. 车三退一　车8进7
26. 马三进四　车2平6　　　27. 马四退五　炮1平9
28. 车三平一　车6进2　　　29. 车七平六　……

平车好棋。既可车六进六强进黑方卒林线，又可在黑炮打中兵以后牵制黑方车炮。

29. ……　　　炮9平5　　　30. 车六进三　车8退5
31. 帅五平六　……

正着。如车一平五，炮5进2，黑方先手。

31. ……　　　车8平4　　　32. 车六进四　士5进4
33. 车一进三　车6退6　　　34. 车一退六　炮5退2
35. 车一进三　士4进5　　　36. 车一平五　炮5平3

可以考虑车6进4，否则车位过低，不好调整。

37. 马五进三　车6进6　　　38. 马三进一　卒1进1
39. 马一进二　炮3退3（图80）

软着，黑方现在单纯的防守很难守和，不如利用红兵尚未过河展开对攻。可车6平4，帅六平五，将5平4，兵三进一，卒1平2，互有顾忌。

40. 帅六平五　卒1平2
41. 相七退五　……

退相以后，红方阵型工整，暂无后顾之忧，可以放手进攻。

41. ……　　　卒2进1
42. 兵三进一　炮3退1
43. 兵三平四　车6平7
44. 相三进一　……

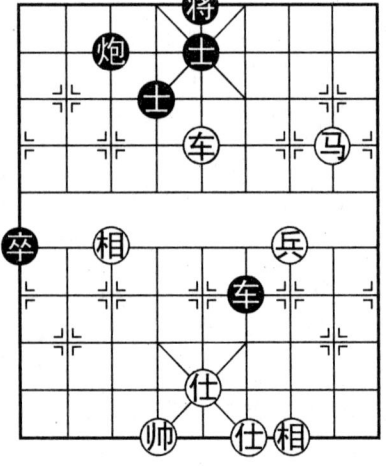

图80

飞相准备罩住黑车，为红马卧槽赢得战机。

44. ……　　炮3进7　　　　45. 相一进三　将5平4
46. 兵四进一　炮3平1　　　　47. 兵四进一　……

冲兵紧凑，黑方子力不能及时回防，败势。

47. ……　　炮1进2　　　　48. 兵四平五　车7平4
49. 车五平九　炮1平2　　　　50. 马二退四　卒2进1
51. 马四进三　车4平2　　　　52. 车九平七　车2退3
53. 车七进三　将4进1　　　　54. 车七退一　将4退1
55. 马三进五

红方胜定。

第81局　陆伟韬 胜 孟辰

1. 炮二平五　马8进7　　　　2. 马二进三　卒3进1
3. 车一平二　车9平8　　　　4. 马八进九　马2进3
5. 车二进六　象3进5　　　　6. 炮八平七　马3进2
7. 车九进一　士4进5　　　　8. 车九平六　卒7进1

挺7卒是近期流行的下法。以往多车1平4兑车，车六进八，将5平4，兵九进一，炮8平9，车二进三，马7退8，炮五进四，卒7进1，兑掉双车以后，局势较为平稳，红方稍优。

9. 兵九进一　卒1进1
10. 兵九进一　车1进4
11. 车六进五　卒7进1（图81）

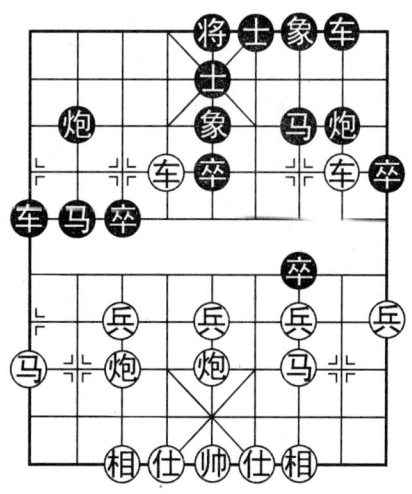

图81

同样冲卒反击，可以考虑卒3进1对红方更有威胁，车六平八，炮2平4，兵七进一，马2进4，炮七进一，马4退6，黑方阵型稳固，双方对峙。

12. 车六平八　马7进6
13. 车二退一　马6进4

冲兵先弃后取，扩先的好棋。

14. ……　　马4进3　　　　15. 马九进八　……

14. 兵三进一　……

不能车八进一，炮8平2，车二进四。红方虽然得回失子，但是左翼防守压力很大，得不偿失。

15. ……　　　马 3 进 1　　　　16. 相七进九　车 8 进 1

可以考虑士 5 退 4，炮五进四，士 6 进 5，黑方花费两手棋，把自己的弱点补好。

17. 炮五进四　车 1 退 4　　　　18. 车八退一　车 8 平 6

黑车虽然通头，但是局势已经是今非昔比，红方已经组织起有效的攻势。

19. 马八进六　车 6 进 6　　　　20. 马三进四　……

进马罩车，好棋。

20. ……　　　炮 8 平 6

败着。应车 6 平 1，兵三进一，前车退 1，黑方局势尚可。

21. 马四退五　车 1 进 7　　　　22. 马六进七　马 1 进 3
23. 仕六进五

补仕以后，红方必得一子，胜定，黑方认负。

第 82 局　李少庚　胜　王天一

1. 炮二平五　马 2 进 3　　　　2. 马二进三　炮 8 平 6
3. 兵三进一　马 8 进 7　　　　4. 马八进九　车 9 平 8
5. 炮八平七　象 3 进 5　　　　6. 车一平二　……

面对攻击力强劲的王天一大师，一向擅长乱战的李少庚大师这时选择兑车的变化，是要削弱对方的反击力量，把局势导向一个相对平稳的局面。

6. ……　　　车 8 进 9　　　　7. 马三退二　卒 7 进 1
8. 车九平八　炮 2 平 1　　　　9. 兵三进一　象 5 进 7
10. 车八进五　象 7 退 5　　　　11. 炮七进四　……

炮打 3 卒，也是不给黑方提速的机会。

11. ……　　　士 4 进 5

软着。可以考虑炮 1 进 4，车八退二，炮 1 退 2，车八进二，士 4 进 5，马九进八，车 1 平 4，黑方足可抗衡。

12. 兵九进一　车 1 平 2　　　　13. 车八进四　马 3 退 2
14. 马九进八　……

双方进入无车局的争夺，红方战略得以实现。

14. ……　　　马 2 进 4　　　　15. 炮七平八　炮 1 进 3
16. 马二进三　炮 6 进 4　　　　17. 炮五平六　炮 6 平 7
18. 相三进五　炮 1 进 1　　　　19. 马八进六　马 4 进 3

20. 兵七进一　卒 5 进 1

此时局面黑方是可以接受的，挺卒蹩马，准备同红方打持久战。

21. 炮八退五　马 3 进 4
22. 仕四进五　马 7 进 8
23. 炮八进四　炮 7 退 5

退炮给了红方扩先的机会，不如炮 1 退 2 保持纠缠。

24. 炮八平五　……

红方谋得这个中卒的价值很大。

24. ……　　　马 4 进 6
25. 炮五退一　炮 1 平 4
26. 炮六退一　马 6 退 5
27. 马三进二　马 8 退 6（图 82）

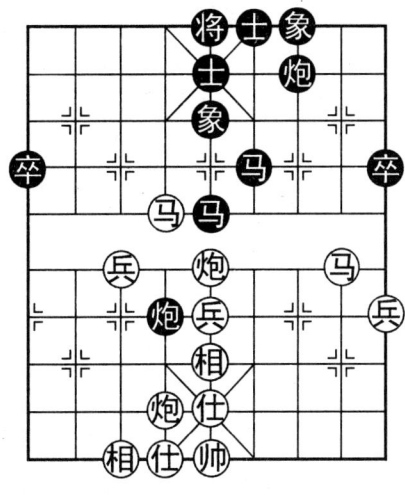

图 82

退马又是一步软着。宜炮 4 平 9 消灭红方边兵，马二进四，炮 9 进 3，对红方形成牵制。

28. 马六进八　炮 4 平 9

右炮左移，虽然消灭红兵但是削弱了防守力量，让红方有了更大的进攻空间。

29. 马二进四　炮 7 平 6

黑方用时紧张，平炮打马走出败着。

30. 炮五进三　士 5 进 4　　31. 炮五退一　马 5 退 3
32. 炮六进五　……

紧凑，迫使黑方交换，这样红方马炮兵配合起来更加有力。

32. ……　　　炮 6 进 3　　33. 炮六平四　马 3 进 4
34. 马八进六　……

进马踏士，撕开黑方的防线。

34. ……　　　将 5 进 1　　35. 炮五平一　卒 1 进 1
36. 兵五进一　……

红方通过兑子战术扩大优势，现在冲中助战，黑棋已经不好应对。

36. ……　　　炮 9 退 2　　37. 马六进七　将 5 退 1
38. 炮四平九　士 6 进 5　　39. 炮九进三　士 5 退 4
40. 马七退六　将 5 进 1　　41. 马六退四　将 5 平 4
42. 炮九平三　……

红方连削带打，消灭黑象，黑方无法守和。

42. ……　　士4进5　　　43. 炮三退一

如将4退1，马四进五，红方胜定，黑棋投子认负。

第83局　孙浩宇 负 蒋川

1. 炮二平五　马8进7　　　2. 兵七进一　车9平8
3. 马二进三　卒7进1　　　4. 车一平二　马2进3
5. 车二进六　炮8平9　　　6. 车二平三　炮9退1
7. 马八进七　士4进5　　　8. 马七进六　炮9平7
9. 车三平四　马7进8

黑方跳外马，形成冲卒逐车的威胁，是对攻性较强的老式的应着。蒋川对这一变例研究有素，多次在大赛中使用，很有杀伤力。

10. 车四退三　……

退车兵线，着法稳健。另有马六进四跃马过河，这是一种在战略上以我为主的强硬下法，双方容易引起复杂的对攻。

10. ……　　象7进5　　　11. 车九进一　炮2平1
12. 马六进七　车1平2　　　13. 炮八平七　车2进3

14. 兵五进一　……

冲中兵主动挑起战火，着法积极。

14. ……　　卒7进1

面对红方咄咄逼人之势，蒋川不甘心苦守，弃7卒反击有力。

15. 马三退一（图83）　……

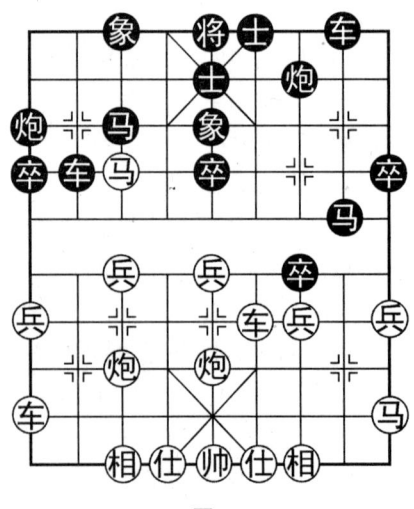

图83

可以考虑兵三进一弃子，炮7进6，炮五进一，车8平7，车九平二，马8退9，车二进三，炮1进4，炮五进三，马3进5，车四平九，红方少子但有三、七兵及中兵，仍可抗衡。

15. ……　　卒7平6

抓住红方退马保守的时机，平卒攻车，先手扩大。

16. 车四平五　炮7进2　　17. 马七退六　马3进2
18. 兵七进一　马2进1　　19. 炮七平九　车2平4

20. 马六退八　马 8 进 9　　　　　21. 相三进一　车 8 进 6

黑方连续的攻击令红方非常头痛，由此红方陷入被动防守之势。

22. 车九平七　卒 6 平 5　　　　　23. 车五进一　车 8 平 7

吃兵必走之着，打通红方兵线后，牢牢地控制局势。

24. 兵七平六　车 4 进 1　　　　　25. 车五进二　炮 7 进 1
26. 车五平三　将 5 平 4　　　　　27. 炮九平六　炮 1 平 4
28. 炮五平二　马 9 退 8　　　　　29. 炮六进五　车 4 退 2
30. 炮二平六　将 4 平 5　　　　　31. 炮六进四　车 7 平 2

吃去红马，黑方基本上确立胜势。

32. 炮六平一　马 8 退 9　　　　　33. 车三平五　卒 1 进 1
34. 马一进三　车 4 进 4　　　　　35. 炮一退三　车 4 平 9

一车换二简明，不给红方反扑机会。

36. 马三进一　车 2 平 9　　　　　37. 相一退三　马 9 进 8
38. 相七进五　车 9 平 4　　　　　39. 车七进五　马 8 进 7
40. 车五平六　炮 7 平 5　　　　　41. 仕四进五　车 4 退 3
42. 车七平六　马 7 进 8　　　　　43. 车六退二　马 1 进 2

红方认负。

第 84 局　郑一泓　负　王跃飞

1. 炮二平六　卒 7 进 1

后手应对过宫炮有很多的选择，而这手卒 7 进 1 是较为冷僻的下法。

2. 马二进三　马 8 进 7　　　　　3. 兵七进一　车 9 平 8
4. 马八进七　马 2 进 1　　　　　5. 相七进五　车 1 进 1
6. 车一进一　车 1 平 4　　　　　7. 车一平四　车 4 进 5
8. 车四进三　炮 8 平 9

双方在开局阶段走得有板有眼，深谙棋理。

9. 兵三进一　车 8 进 4　　　　　10. 仕六进五　车 4 平 3
11. 车九平七　象 7 进 5　　　　　12. 兵九进一　炮 9 退 2

当前局面下黑方有两种选择。其一是实战的退炮，以后准备攻击红方的三路线；其二是炮 2 平 3，攻击红方的七路线。

13. 炮八平九　炮 9 平 7　　　　　14. 兵三进一　车 8 平 7
15. 炮九进四　士 6 进 5　　　　　16. 马七退九　车 3 平 4

避兑，表明王跃飞有意把局面引向复杂。如果车 3 进 3，马九退七，兑车的同时红方顺势调整好马位，红方满意。

17. 车四退一 ……

红方有两种选择都比实战要好一些：①马九进七，车4平3，马七退九，车3平4，双方不变作和；②车七平八，炮2平4，炮六平七，卒3进1，兵七进一，车7平3，车八进七，红方稍好。

17. ……	炮2平3	18. 车七平八	炮3进3
19. 车八进三	车4平2	20. 马九进八	炮3进1
21. 兵五进一	车7进2	22. 车四平三	炮7进6
23. 马八进九	卒3进1	24. 炮六平八	……

红方马炮兵三子在九路线上，位置欠佳，红方当务之急是应考虑如何运子解决子力受制的问题。可以考虑炮六平七，炮3平6，兵一进一，较实战效果好。

24. ……	马1退3	25. 炮八平七	马3进4
26. 炮七进三	马4进5	27. 炮七退一	炮7退2
28. 马三进二	炮7平2	29. 炮七平八	炮3平4
30. 马二进三	……		

宜炮九平一，为边马闪出空间或者选择炮八平六挤住黑马，都要比实战的效果好一些。

30. …… 马5退3

31. 炮八平三（图84） ……

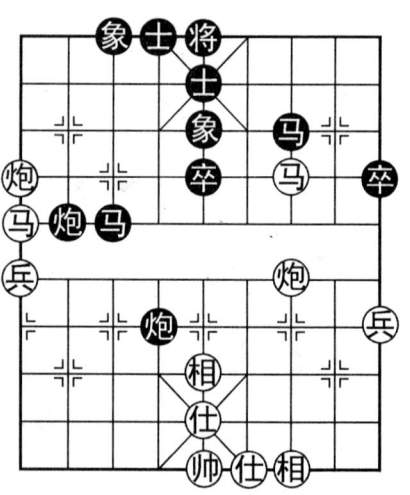

图84

败着。宜炮八退二，炮4退3，兵一进一，炮2进2，炮九平七，红方足可抗衡。现在红方平炮攻马，左翼防守更为薄弱，无异于自毁长城。

31. …… 马3进2

弃马抢攻，严厉。

32. 炮三退三	炮4平5
33. 马三退四	炮5退1
34. 炮三进二	马2进3
35. 帅五平六	马3退4
36. 炮三进一	……

如炮三平五，炮2平4，仕五进六，马4退3，帅六平五，马3退1，黑方得子，也是胜势。

36. …… 炮2平4 37. 帅六平五 马4进3

38. 帅五平六　马3退4　　**39.** 帅六平五　马4进6
40. 帅五平六　马7进6　　**41.** 炮三退一　后马进4
42. 炮三平六　炮4进2　　**43.** 仕五进四　马4进2
44. 帅六进一　马2进4
绝杀，黑胜。

第十五轮（2011年7月13日于各队主场）

第85局　陶汉明 和 许银川

1. 炮二平五　马8进7
2. 马二进三　车9平8
3. 车一平二　马2进3
4. 兵七进一　卒7进1
5. 车二进六　炮8平9
6. 车二平三　炮9退1
7. 马八进七　士4进5
8. 马七进六　炮9平7
9. 车三平四　马7进8
10. 马六进五　……

这个局面在本届象甲联赛中出现多次，红方马踏中卒是当前公认的官着。

10. ……　　炮2进1
11. 车四进二　马3进5
12. 车四平三　象3进5（图85）

飞象稳健。另有马8退9，车三平一，炮2退2，炮五进四，象3进5，车一退一，象7进9，炮八平九。红方一车换二以后出子速度领先，稍优。

13. 车三平四　炮2退2
14. 车四退五　……

退车兵线，正着。

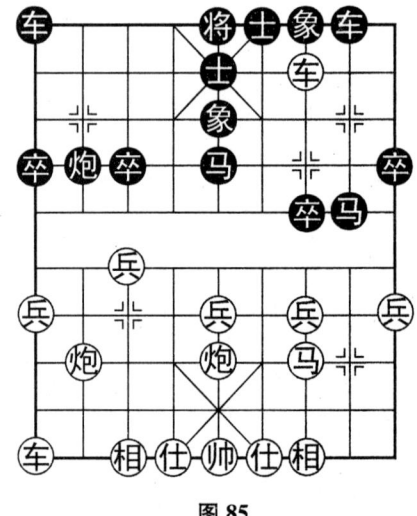

图85

14. ……　　马5进4
15. 兵五进一　炮2平4
16. 炮五平四　……

平炮准备调整，稳健。

16. ……　　卒3进1
17. 相七进五　卒3进1
18. 车九平七　卒3平2
19. 车四进三　卒2进1
20. 车四平六　卒2进1
21. 车六退二　炮4进1

22. 炮四平八　……

双方兑子交换以后，黑方过河卒虽然损失掉，但是得到的补偿是阵型工整，双车可以抢占要点，足可以抗衡。

| 22. …… | 车1平2 | 23. 炮八平九 | 车8进3 |

黑方双车占位灵活，这也是黑方子力交换以后的后续手段。

24. 车七进三	车2进7	25. 炮九退二	车8平2
26. 仕四进五	马8退7	27. 兵五进一	前车退1
28. 车七平五	……		

平车后中先。如黑方车2平5，马三进五，顺势调整马位。

28. ……	后车进1	29. 车六进一	后车平4
30. 兵五平六	车2退2	31. 车五进二	炮4退1
32. 炮九进六	士5进4	33. 兵六平七	车2平3
34. 车五平七	象5进3	35. 兵三进一	卒7进1
36. 相五进三			

双方同意作和。

第86局　蒋川 胜 徐超

1. 相三进五	炮8平4	2. 马二进三	马8进7
3. 车一平二	卒7进1	4. 兵七进一	车9进1
5. 马八进七	卒3进1		

通过弃卒快速打开3路线，这是车9进1的后续着法，也是当前局面下常用的战术手段。

6. 兵七进一	车9平3	7. 马七进六	车3进3
8. 马六退八	车3退2	9. 炮八进五	炮4平2
10. 马八退六	象3进5		

改进之着。徐超大师曾经车3平4捉马，也是一个不错的选择。面对蒋川特级大师，徐超并没有主动进攻，而是选择飞象固防，先稳一手。

| 11. 车九平八 | 马2进4 | 12. 炮二进四 | 车1平2 |
| 13. 车二进四 | …… | | |

面对徐超的坚守战略，蒋川也没贸然进攻，进车巡河，稳步进取。

13. ……	炮2平1	14. 车八进九	马4退2
15. 兵三进一	车3进2	16. 马六进五	卒7进1
17. 车二平三	车3平5	18. 炮二平九	……

平炮谋兵是蒋川惯用的战术，以期在残局阶段凭借物质优势积小胜为大胜。

18. ……	马2进3		19. 炮九平七	马3进1
20. 马三进二	马1进3		21. 马二进三	车5平6
22. 马五进六	炮1平4		23. 马六退七	车6平7
24. 车三平六	士4进5		25. 仕四进五	炮4进2
26. 兵九进一（图86）	……			

这手棋蒋川暗设陷阱。如不察走马3进1，马七进六，马1退3，马六进七，将5平4，炮七平六，马3退2，炮六平九，炮4退2，车六平八，红方大优。

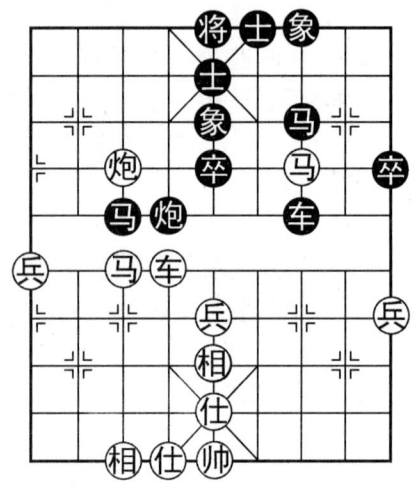

图86

26. ……	士5进4			
27. 兵九进一	士6进5			
28. 车六退二	炮4平6			
29. 兵九平八	炮6平2			
30. 车六平八	卒5进1			
31. 马三进五	象7进5			
32. 车八进三	卒5进1			
33. 兵五进一	马3进5			
34. 车八进四	士5退4		35. 马七进八	……

至此，红方三子归边，优势很大，黑棋将陷入苦战。

35. ……	车7平8		36. 炮七平三	马5退3
37. 马八进七	将5进1		38. 仕五进六	车8退1
39. 炮三退五	车8平3		40. 车八退一	马7进5
41. 炮三平五	象5退3		42. 车八平九	车3退1
43. 马七进九	……			

缓着。宜帅五平四更加简明。

43. ……	将5退1		44. 车九平二	士4进5
45. 车二进一	士5退6		46. 车二退三	车3进1
47. 马九退八	车3平2		48. 马八进七	将5平4
49. 炮五平六	车2进5		50. 炮六进六	……

连吃士象，红方胜势。

50. ……	车2退8		51. 炮六平一	车2进6
52. 仕六进五	卒9进1		53. 车二进三	车2平6
54. 炮一进二	车6退1		55. 车二平四	将4进1

56. 车四平二	卒9进1	57. 车二退四	将4退1
58. 炮一退四	马3进2	59. 车二平六	将4平5
60. 车六平五	马2退4	61. 马七退六	将5平4
62. 兵一进一	车6平9	63. 车五平六	马5退3
64. 车六平七	马4进2	65. 车七平三	马2退4
66. 相五退三	将4进1	67. 马六退四	马4进5
68. 车三进三	将4退1	69. 马四退三	车9进4
70. 相七进五	马5进6	71. 车三退一	马3进4
72. 炮一平五	马6进5	73. 马三进四	马4退2
74. 马四进三	马5退4	75. 马三退五	将4进1
76. 车三进一	将4进1	77. 马五进四	马4退5
78. 车三退五			

黑方认负。

第87局 王天一 负 程鸣

1. 兵七进一	炮2平3	2. 炮二平五	象3进5
3. 马二进三	卒3进1	4. 车一平二	卒3进1
5. 马八进九	车9进1	6. 车九平八	车9平4
7. 炮五进四	士4进5	8. 炮五平一	马2进1

右马屯边是近期流行的下法，老式应着多马8进9，双方另有攻守。

9. 仕六进五 ……

补仕稳健。另有炮一进三，马8进9，炮八平五，马1进3，车八进六，马3进4，仕六进五（炮五进五，将5平4，仕六进五，马4进6，红方有麻烦），马4进5，相七进五，车4进3，车二进四，车4平3，双方互有顾忌。

9. ……	马8进9	10. 车二进四	卒3进1

冲3卒保持复杂局面，如卒7进1则稳健得多。

11. 兵九进一 ……

红方也非常稳健。另有炮八进五挥炮打入敌阵的下法。

11. ……	卒7进1	12. 马九进八	车4进2
13. 炮一平九	车1平4	14. 兵九进一	前车进2
15. 车二平五	前车平5	16. 兵五进一	车4进5

17. 炮八平五 ……

平炮加强中路的攻势。此时红方更好的下法是炮八平九，车4退2，相七进五，车4平2，马八退七，车2进6，马七退八，马1进3，兵九平八，红方子力较集中，仍持先手。

17. ……　　　炮8进3
18. 马八退九　卒3平4
19. 车八进七　炮3进5
20. 车八平九　炮3平7
21. 炮五平八　车4退5

表面上看，红方车双炮马兵集中优势兵力屯在黑方右翼，来势汹汹，其实不然。红方子力虽然集中，但缺少层次感，难以转化成攻势。黑方退车好棋，化解了红方攻势。

22. 车九平八　卒7进1
23. 相七进五　炮7平2

交换及时，在红方形成攻势之前削弱红方进攻力量，正着。

24. 车八退五　炮8平5
25. 兵三进一　马9进8
26. 车八进二　炮5进1
27. 炮九平五　马8进7
28. 炮五平四　马7进8
29. 炮四退五　车4进3
30. 马九退七　……

稍软。可考虑马九退八，车4平3，帅五平六，马8退7，炮四平一，红方可战。

30. ……　　　将5平4
31. 炮四进三（图87）……

败着，本意是想平炮照将以后延缓黑方的攻势，从实战来看这手棋是本局的失利根源。宜车八进五，将4进1，车八退九，卒4平3，马七进九，卒3平2，马九进八，红方尚可一战。

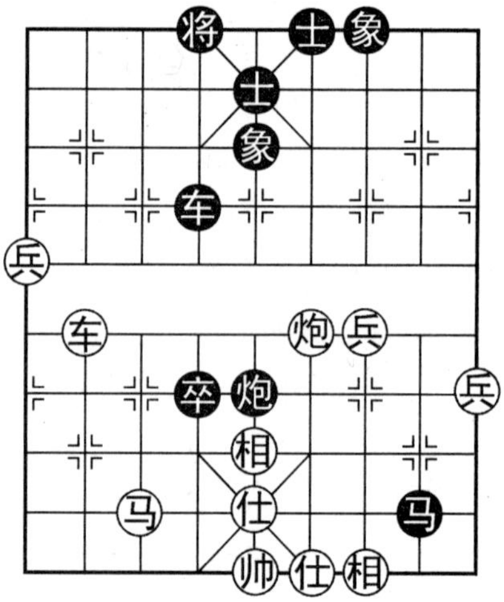

31. ……　　　卒4进1

冲卒好棋，算度精准。

32. 炮四平六　车4平3

顺势捉马，这正是红方忽略的手段。

33. 帅五平六　车3进5
34. 仕五进六　马8进6

黑方得子的同时，吃掉红仕，优势扩大。

35. 车八进五　象5退3
36. 车八退六　炮5退4
37. 兵三进一　车3平1
38. 车八平七　象3进1
39. 兵九平八　车1平2
40. 兵八平七　象1进3

吃掉红兵消除隐患，黑方胜势。

41. 车七进二　车2退1
42. 仕六退五　炮5进6

图87

43. 相五退七　车2平4　　　44. 帅六平五　马6退7
45. 车七平六　士5进4　　　46. 车六进二　将4平5
47. 兵三平四　炮5退6　　　48. 车六退一　士6进5
黑方胜定。

第88局　聂铁文 胜 李鸿嘉

1. 炮二平五　马8进7　　　2. 马二进三　车9平8
3. 车一平二　马2进3　　　4. 兵三进一　卒3进1
5. 马八进九　卒1进1　　　6. 炮八平七　马3进2
7. 车九进一　卒1进1　　　8. 兵九进一　车1进5
9. 车二进四　象7进5　　　10. 车九平四　车1平4
11. 马三进四　……

双方以五七炮进三兵对屏风马挺3卒开局。红方右马盘河是寻求变化的走法，近期颇为流行。

11. ……　　　士4进5　　　12. 马四进五　……

红方另有马四进三吃卒的下法。

12. ……　　　马7进5　　　13. 炮五进四　车8平7

黑方此时多卒7进1，炮五退二，卒7进1，黑方反击的速度较快。

14. 仕四进五　卒7进1　　　15. 炮七平三

这就是先冲卒与先平车的区别。红方平炮牵黑方7路线的同时，伺机相三进五调整阵型。

15. ……　　　卒3进1
16. 车四进四　车7进3
17. 炮五退二　马2进3
18. 兵三进一　车7平3
19. 马九进七　……

交换必走之着，否则红方左翼承担的压力太大。

19. ……　　　卒3进1
20. 相三进五　卒3平4（图88）

平卒稍急。可以考虑炮8平6，炮三进二，车4退2，炮五进一，卒3平4。黑方利用双车加强防守，再平卒威胁中

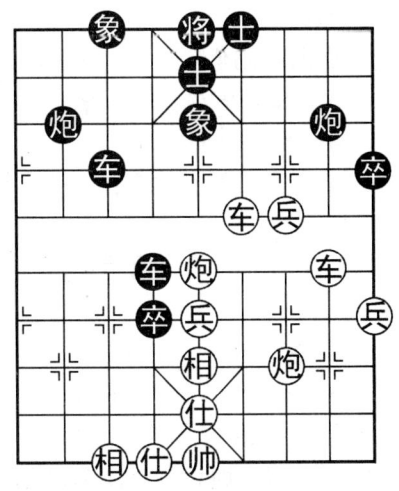

图88

兵，黑方足可抗衡。

21. 车四平五　将5平4

出将，急于摆脱中炮的牵制。但是出将以后，将位不安，易被红方利用，不如车4退2加强防守。

22. 炮三进二　车4退2　　　　**23.** 炮五平九　车3平1
24. 炮九退二　车4进2　　　　**25.** 兵三平四　炮8平7
26. 兵五进一　车4退2　　　　**27.** 车五平八　卒4平5
28. 炮九平六　将4平5　　　　**29.** 车二退一　……

退车捉卒引离黑车，拆散黑方"霸王车"的联络，有助于以后展开攻势。

29. ……　　　　车4进3　　　**30.** 兵五进一　卒5平6
31. 车八平六　车4平5

李鸿嘉考虑到兑车以后，红方双兵威胁很大，残局阶段将陷入苦守，所以先保留高车。

32. 炮三平八　卒6平7　　　　**33.** 车二进一　炮7平9
34. 兵一进一　车1平3

平车作用不大，可以考虑炮9平7。

35. 炮六平九　象3进1

飞象虽然自乱阵脚，但也别无他法。

36. 炮八平五　象1进3

象5退7较好，车六进三，炮2平5，炮五进三，象7进5，兑掉中炮局势松透了很多。

37. 车六退一　炮2平4　　　　**38.** 车六平八　车5平1

速败。应车3平1，兵四进一，炮4退2，黑方坚守，战线较长。

39. 兵五平六　象3退1　　　　**40.** 车八进四　炮9平6
41. 车二进五

伏有车二平五的杀着，黑方认负。

第89局　孙勇征 负 苗利明

1. 炮二平五　炮8平5　　　　**2.** 马二进三　马8进7
3. 车一平二　车9进1　　　　**4.** 马八进七　马2进3
5. 兵三进一　卒3进1　　　　**6.** 车二进五　……

双方以顺炮直车对横车列阵。红方进车捉卒是现代流行下法。

6. ……　　　　象3进1

右翼三大子不动，飞边象保卒，通常认为会影响全局部署，容易吃亏。现在苗利明大师反其道而行之，想来是有了新的研究成果。

7. 炮八进四 ……

通常红方选择炮八平九平炮通车，策划攻击黑方兵力薄弱的一侧。

7. ……　　卒7进1　　　　8. 车二平三　马3进2
9. 车三平六 ……

计划进车捉炮，但是过于迂回，不如车三平七简明，车1平3，车七进四，象1退3，兵三进一，红方稍好。

9. ……　　车9平3　　　　10. 车六进二　炮2平3
11. 炮八平七　车3平2　　　12. 车九平八　车1平2
13. 炮五退一 ……

退炮灵活，伏有炮五平八的手段。此外也可兵三进一，士6进5，车六退六，红方先手。

13. ……　　士4进5　　　14. 车六退四　马2进3

邀兑好棋，化解了红方的攻势。

15. 车八进八　车2进1　　　16. 炮七退三　车2进5
17. 马三进四　炮3进4　　　18. 相七进五　卒3进1

交换以后，黑3卒过河参战，已经取得反先之势。

19. 马四进六　炮5平4　　　20. 马六进四　马7进6
21. 车六进二　马6进4
22. 相五进七（图89） ……

败着，应炮五平三移开窝心炮。试演一例：炮五平三，象7进9，马七退九，车2平1，仕六进五，红方尚可周旋。

22. ……　　马4进3
23. 炮五进五　士5进6
24. 炮五退二 ……

无奈，如车六进二，炮3平1，车六退五，炮1进3，帅五进一，车2平5，相七退五，车5平9，相五退七，车9平5，相三进五，车5退3，车六平七，车5平6，黑方得子，胜势。

24 ……　　炮4进7

进炮打仕，红方败势，投子认负。

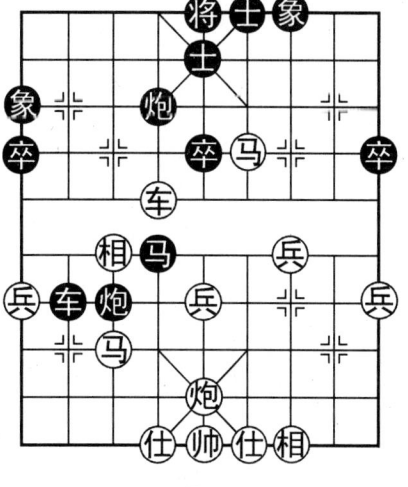

图89

第 90 局　张强 胜 李群

1. 相三进五　……

这是 2011 年伊泰杯全国象棋甲级联赛第 15 轮的对阵，北京队张强对阵江苏队李群，北京作为卫冕冠军是夺冠热门，第一次对阵时客场 4∶4 与江苏队打平，这次回到主场志在必得。

1. ……　　炮 8 平 5　　**2.** 马二进三　马 8 进 7
3. 车一平二　车 9 平 8　　**4.** 马八进七　马 2 进 1
5. 兵三进一　……

至此形成飞相对左中炮的标准阵型。此时另有兵七进一的选择，车 8 进 4，炮二平一，车 8 进 5，马三退二，车 1 进 1，车九进一，红方稍占先手。

5. ……　　炮 2 平 4　　**6.** 车九平八　车 1 平 2
7. 仕四进五　……

如仕六进五，车 2 进 6，炮二进四，车 2 平 3，炮二平五，士 6 进 5，车二进九，马 7 退 8，炮八进五，将 5 平 6，黑方满意。

7. ……　　车 2 进 4　　**8.** 炮八平九　……

如炮八进二，车 8 进 6，炮八平七，车 2 进 5，马七退八，车 8 平 7，车二平三，卒 5 进 1，黑势不差。

8. ……　　车 2 平 6

以往多车 2 平 4，车八进四，车 8 进 6，另有复杂变化。

9. 炮二进四　卒 7 进 1　　**10.** 车八进四　卒 1 进 1
11. 炮二平三　车 8 进 9　　**12.** 马三退二　象 7 进 9
13. 马二进三　……

至此形成红方稍占先手的相持局面。

13. ……　　炮 4 平 3　　**14.** 车八平四　车 6 进 1

感觉应该车 6 平 4 躲开保留变化。兵七进一，士 4 进 5，马七进八，炮 3 退 1，黑方可下。

15. 马三进四　炮 3 进 4

炮勿轻发，此时稳健的选择应卒 7 进 1，马四进六，炮 3 进 4，马六退七；炮 5 平 3，前马进六，炮 3 进 5，黑方可下。

16. 兵三进一　象 9 进 7　　**17.** 炮九进三　炮 5 平 4

没有实际用途，不如炮 5 平 3 给予红方牵制。

18. 兵九进一　象 7 退 5　　**19.** 炮九进一　……

至此黑方双马被压，红方占优。

19. ……　　卒3进1　　　　**20.** 马四进六　……

应兵九进一先等一手，卒3进1，马七进九先手跳出。

20. ……　　卒3进1　　　　**21.** 马七进九　卒3平4

22. 兵九进一　炮3平9

急躁。应士6进5先补一手，兵一进一，炮3退3，黑方稍差但可求和。

23. 马九进八　象5进3（图90）

飞象反落后手。不如士6进5，马六进四，卒4进1，兵五进一，炮9平5，黑方保留双卒可战。

24. 马六进四　士6进5

补士后边马被制，可考虑马1退3绕出。

25. 马八进七　将5平6
26. 兵九平八　象3退5
27. 兵八进一　……

至此红方位置走好，优势慢慢扩大。

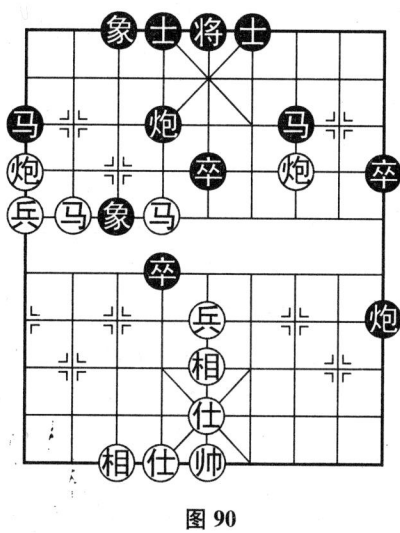

图90

27. ……　　象5进3　　　　**28.** 炮三平五　炮9平6

可考虑马7进5交换，减轻压力。

29. 炮五退一　马1退3　　　　**30.** 兵八平七　炮4平5
31. 兵七平六　马3进1

应马3退1，下手马1进2顶住，尚可坚守。

32. 马四退三　炮6退4　　　　**33.** 马七退五　马7进6
34. 马五退三　卒9进1

缓手，不如马6进5，炮九平一，炮6进1，消灭掉中兵后红方不一定有棋。

35. 前马进一　炮6退1　　　　**36.** 马一进二　炮6平7
37. 炮五平一　马6退4

漏着送子，顽强点应炮5平6。

38. 马三进二　炮5平3　　　　**39.** 炮一进三　炮3退1
40. 炮一平三

红方得子，黑方投子认负，红胜。

开局属于双方均势的局面，但中局黑方过于简单，应留车保持变化，无车残棋一直属于红方稍优的局面，黑方不够顽强，最终落败。

第十六轮（2011年7月20日于各队主场）

第91局 程鸣 负 黄竹风

1. 兵七进一 ……

这是2011年伊泰杯全国象棋甲级联赛第16轮的对阵，江苏队程鸣对阵浙江队黄竹风。赛前江苏队排名第九，所以此轮力争取胜，努力提前脱离降级危险。

1. ……　　炮2平3　　**2.** 炮二平五　象3进5
3. 炮五进四　士4进5　　**4.** 仕六进五　……

网络新招，印象中比赛里未曾出现过，可见程鸣是有备而来，希望能出奇制胜。

4. ……　　马8进7

正常出子。也可选择马2进4，炮五退一，车1平2先动右边子力。

5. 炮五退一　车9平8　　**6.** 马二进三　马2进4
7. 马八进九　卒7进1

积极点可考虑车1平2，车九平八，炮8进5，相七进五，车2进4，兵五进一，马4进5，感觉黑方机会较多。

8. 车九平八　车1平2　　**9.** 炮八进三　……

如车一平二，黑可炮8进6，相七进五，车2进4，红车被封，黑方满意。

9. ……　　炮8平9

亮车正常出子，以后有进车攻击红方三路马的手段，红方的阵型已经不太协调了。

10. 车一平二　……

无奈，没有什么太好的选择。如车一进二，马4进5，相七进五，车2进2，相持中黑方易走，红方位置还是很怪。

10. ……　　车8进9　　**11.** 马三退二　马7进5
12. 兵五进一　……

太过松懈。此时黑方已经反先,应炮八平六兑车进行封锁,尚可抗衡。

12. …… 卒3进1	13. 炮五平四 卒3进1
14. 兵五进一 马5退7	15. 炮四进三 士5退4
16. 兵五平六 马7进8	17. 马二进三 ……

稳健点儿可考虑马二进一,马4进6,炮八进一,局面相对缓和。

17. ……   马8进7   **18. 马三进五   ……**

红马跳出后反易成为攻击目标,先兵六进一封住黑方四路马的出路,试探黑方应手。

18. ……   卒3平4(图91)

也可考虑卒3平2,车八进四,炮9进4,马五退三,炮9退2,伏有马4进3,黑方优势。

19. 兵六进一   炮3进2
20. 炮八进一   炮3平5

至此黑方优势扩大,红方防守颇有难度。

21. 帅五平六   ……

无奈。如相七进五,卒4进1,马五退三,炮9平7,红方还是被封锁。

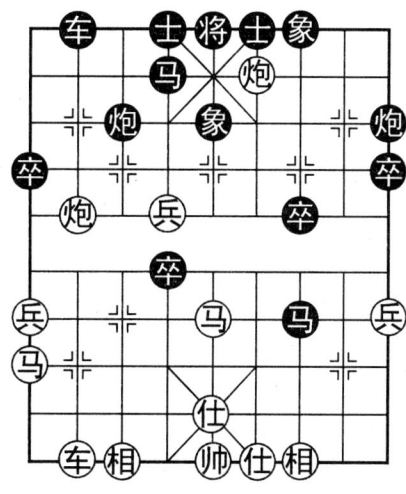

图91

21. …… 车2平3	22. 相七进五 车3进4
23. 车八进三 马7退5	24. 炮八平一 炮9进4
25. 马五进三 卒7进1	26. 车八平一 车3平4
27. 马九进七 车4退1	28. 马七进五 卒4平5

至此黑方净多两个过河卒,已经是胜势。

29. 帅六平五 卒7平6	30. 炮一进三 马4进6
31. 车一进四 士4进5	32. 车一平三 车4平9
33. 车三进二 车9退1	34. 车三平二 炮5平3
35. 仕五进六 炮3退2	36. 仕六退五 炮3平1
37. 仕五进六 炮1进4	38. 车二退六 ……

红方的车双炮全部被牵死,此时无奈弃子,形成了车马卒对车仕相全的必胜残棋,以下解说略。

| 38. ……   车9退1 | 39. 车二平九   车9进1 |
| 40. 炮四退四   卒5平6 | 41. 车九进三   马6进7 |

42. 车九退三	车9进2	43. 仕四进五	马7进6
44. 车九平五	象5退3	45. 车五平七	象3进1
46. 车七进一	马6进7	47. 帅五平六	车9平6
48. 车七平九	卒6进1	49. 车九平三	马7退8
50. 车三平七	卒6平5	51. 车七退一	车6进3
52. 车七平八	卒5平4	53. 车八平九	卒4平3
54. 帅六平五	马8进7	55. 帅五平六	车6平4
56. 相五退七	卒3平2	57. 车九退一	车4退4
58. 车九平七	车4进2	59. 相七进五	车4平1
60. 相五退七	车1平5	61. 仕五进四	卒2进1
62. 车七退一	车1平2	63. 帅六进一	卒2进1
64. 车七进三	卒2平1	65. 车七退一	车2退2
66. 仕六退五	卒1平2	67. 帅六退一	车2退3
68. 仕五进六	车2平1	69. 相三进五	车1进4

下步卒2平3，红方无险可守，遂投子认负，黑胜。

第92局　陈翀 负 聂铁文

1. 相三进五　炮2平6

后手应对飞相局的下法有很多种，胡荣华曾总结出18种可行的下法，右炮过宫也在其中之列。

2. 马八进七	马2进3	3. 兵七进一	车1平2
4. 马七进六	车2进6	5. 马二进四	车2退2

退车避开红方兵七进一的反击，稳健。

6. 兵三进一	象7进5	7. 车九进一	马8进7
8. 车九平七	炮8平9	9. 炮八平六	车9平8
10. 车一进一	……		

重复，不如炮二平三，卒7进1，车一平二兑车以后，双方大体均势。

10. ……	卒9进1	11. 炮二退二	车8进6
12. 炮六进一	车8退2	13. 炮六退一	车8进2
14. 炮六进一	车8退2	15. 炮六退一	车8进2
16. 炮六进一	车8退2	17. 炮六退一	车8进2
18. 炮六进一	车8退2	19. 炮六退一	车8进2
20. 炮六进一	车8退2	21. 炮六退一	车8进2

22. 马四进二 ……

陈翀大师认为己方有一定优势，所以率先变着。其实如不变着，双方可以形成不变作和的局面。

22. ……	车8平5	23. 马六进七	炮9进4
24. 车七平四	士6进5	25. 车四进五	炮9平1

黑方左炮右移，加强攻势。

26. 马二退四	车5平8	27. 车四平三	马7退6
28. 兵三进一	炮6进3	29. 马四进二	车8平5
30. 马二进三	车5平8	31. 马三退二	车8平5
32. 马二退四	车5平8		

33. 马四进二（图92） ……

红方过于消极，黑方已经确立局面的优势，不可能再选择不变作和的下法。因此，红方宜仕四进五补厚中路，炮6平5，兵三平四，车2平6，车三退二，炮1退1，炮六进二，炮1进3，车三平五，车6进4，车一平四，炮1平6，炮二平三，红方阵型稳固，足可抗衡。

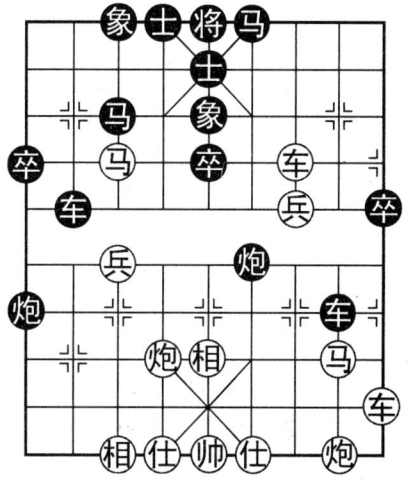

图92

33. ……	炮6平5		
34. 仕四进五	车8平5		

准备硬吃中相，强硬。

35. 帅五平四	炮5进2		
36. 车一平四	炮5平7	37. 兵二平二	炮7退1

这一轮攻击中，黑方多赚一相，且子力占据要位，优势明显。

38. 车四进七	炮7平8	39. 炮六进六	……

进炮塞象眼，准备马踏中象，以攻对攻。

39. ……	士5进6	40. 车四退一	士4进5
41. 车四进一	炮8进3	42. 马七进五	车2平4
43. 车三平四	车5平7		

平车入局佳着，红方败势。

44. 兵七进一	车7进3	45. 帅四进一	炮1进2
46. 仕五进六	车7退1	47. 帅四退一	车4进3
48. 帅四平五	炮1进1		

绝杀。红棋认负。

第 93 局　苗利明 胜 陶汉明

1. 仕四进五　……

以上仕开局是一种冷僻的下法。苗利明大师对这路布局情有独钟。

1. ……　　　　卒 7 进 1　　　　**2.** 炮二平三　　象 3 进 5
3. 马二进一　马 8 进 7　　　　**4.** 车一平二　车 9 平 8
5. 炮八平四　马 2 进 4

改进的下法。本届比赛第 11 轮程吉俊应对这个局面时，程应以炮 2 平 4，马八进七，马 2 进 3，车九平八，车 1 平 2，车八进九，马 3 退 2，兑车以后，红方的阵型更有活力。

6. 车九进一　炮 8 进 6　　　　**7.** 仕五退四　炮 8 退 2

陶特大进炮、退炮顿挫，非常有质量，黑方此时已经取得平先的局面。

8. 马八进七　卒 5 进 1　　　　**9.** 兵一进一　炮 2 平 3

正着。如马 4 进 5，车九平八，炮 2 平 3，车八进三，黑方也难以突破。

10. 车九平六　马 4 进 5　　　**11.** 车六进三　马 3 退 1

退炮是一个非常有意思的构思，准备策应中路或者左翼。但从实战的效果来看并不好。不如炮 3 进 4 简明，相七进五，士 4 进 5，黑方足可抗衡。

12. 相三进五　卒 3 进 1

卒 3 进 1 和炮 3 退 1 有些脱节，宜车 1 平 2 开动右车为宜。

13. 仕四进五　炮 3 平 9

平炮伺机强攻红方右翼。不过就当前的局面来看，红方右翼屯集车双炮马四个大子，且六路车随时加以策应，黑方的计划很难实现。应考虑车 1 平 2。

14. 车六平四　车 8 进 3　　　**15.** 马一进二　炮 9 进 4
16. 马二进三　车 8 平 7　　　**17.** 车二进三　炮 9 退 1
18. 车四进四　……

双方兑子交换以后，黑方子力壅塞，未能取得预期的效果。红方进车下二路，很有侵略性。

18. ……　　　　象 5 退 3　　　**19.** 车四平三　车 1 进 2
20. 兵三进一　……

冲兵紧紧抓住了黑方 7 路线的弱点，好棋。

20. ……　　　　象 7 进 9
21. 炮三退一　士 4 进 5（图 93）

败着。应车1平6支援左翼。如兵七进一，卒3进1，相七进五，车6进1，黑方足可抗衡。

22. 炮四平三　车7平6
23. 兵三进一　车6进5
24. 前炮进五　马5进7
25. 车三平二　……

平车，借叫杀之机摆脱牵制。

25. ……　　　　将5平4
26. 前炮进二　将4进1
27. 前炮退一　车6退7

如将4退1，后车进三，马7退6，后炮进六！象3进5，后车平一，红方也是胜势。

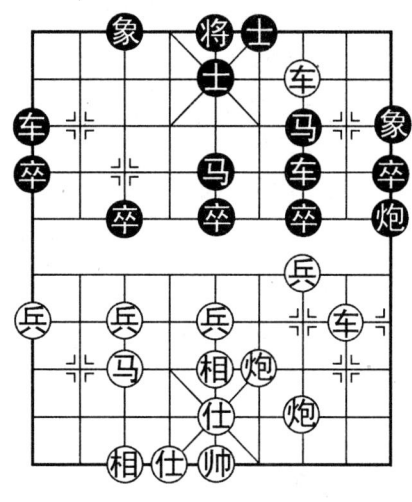

图93

28. 后车进三　炮9进2　　　**29.** 仕五进六　马7退6
30. 后炮平六　车1平4　　　**31.** 后车平七　炮9平3
32. 车七平八

黑方认负。

第94局　柳大华 胜 王天一

1. 炮八平五　马2进3　　　**2.** 马八进七　车1平2
3. 兵三进一　炮2平1　　　**4.** 马二进三　卒3进1
5. 车九进一　……

双方以中炮对三步虎开局。柳大师老师再一次使用反向布局，考验对手的应变能力。当前局面下红方起横车是稳健的选择，如马三进四则因目标不明确而显得有点冒进。

5. ……　　　　象7进5　　　**6.** 马三进四　……

在横车的策应下，再选择马三进四正确。

6. ……　　　　马8进7

在红方没起横车的情况下，黑方存在一个车2进5的反击，现在红方起横车以后，黑方这个反击就不存在了，由此可见掌握布局次序的重要性。

7. 炮二平三　车9平8　　　**8.** 马四进三　炮8进4

进炮强硬，体现了黑方积极进取的心态。

9. 马三进五　炮 1 平 5　　　　10. 炮三进五　炮 8 平 3
11. 相七进九　马 3 进 4

双方交换以后，黑方虽然损失一象，但是出子速度较快，双车占据通路，子力开扬，仍是两分之势。

12. 车九平四　卒 3 进 1　　　　13. 车一进二　士 6 进 5
14. 相九进七　车 2 进 6　　　　15. 车四平六　……

平车捉马作用不大，不如兵三进一更为积极。

15. ……　　　马 4 进 6　　　　16. 车六进三　马 6 进 5
17. 相七退五　炮 3 退 2

不如炮 3 平 1 更为简明：炮 3 平 1，马七进九，炮 5 进 4，仕四进五，炮 5 平 1，车六平九，车 8 平 6，黑方易走。

18. 兵五进一　车 8 进 6

似急实缓，还应车 2 平 3，不给红马调整的机会，逼红马退至八路。

19. 仕六进五　车 2 平 3　　　　20. 马七退六　炮 3 平 2
21. 车六平八　车 3 退 2　　　　22. 车八退四　炮 2 进 2

稍急。不如炮 5 平 2，车八平七，车 3 进 5，相五退七，后炮平 5，车一平八，炮 5 进 3，相七进五，车 8 平 6，黑方易走。

23. 车一平四　炮 5 进 3　　　　24. 车四进二　卒 5 进 1
25. 炮三退二　车 3 进 4
26. 车四进一　炮 2 平 9
27. 车八进一　车 3 进 1（图 94）

面对柳特大铜墙铁壁般的防守，王天一大师显得有点急躁。这手车 3 进 1 是步坏棋。应走车 3 平 2 兑车，马六进八，车 8 平 2，炮三平五，象 3 进 5，车四退一，炮 9 平 1，车四平五，车 2 进 2，双方和望甚浓。

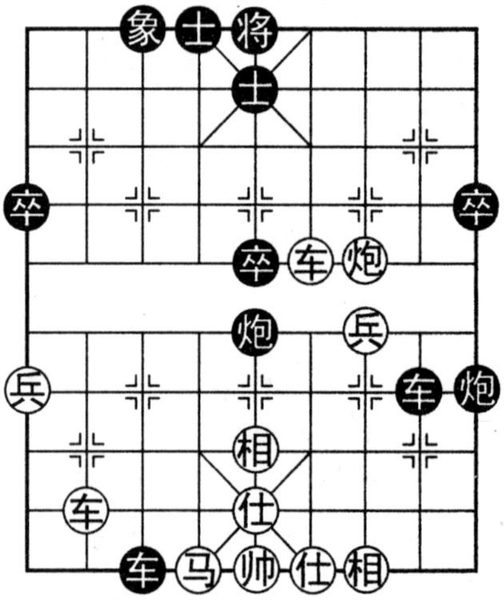

28. 车四平五　……

应炮三平五，先手更大。

28. ……　　　炮 9 退 1
29. 车八进三　……

稍急。不如炮三进一，车 3 退 6，兵三进一，红方先手。

29. ……　　　车 3 退 6　　　　30. 车八平五　炮 9 平 5
31. 车五退一　……

图 94

一车换二以后，局势较为平稳。红方掌控着局势发展的方向，最起码想谋得一盘和棋是轻而易举的。

31. ……　　　车8平1　　　32. 炮三平五　象3进5
33. 炮五平四　车1平6　　　34. 炮四平八　车3平2
35. 炮八退四　象5退3　　　36. 炮八平七　车6平3
37. 炮七进一　卒1进1　　　38. 兵三进一　车2进6
39. 相五退七　……

抓住黑方急于求胜的心理，弃相抢攻，好棋。

39. ……　　　车2平3

正中红方下怀，黑方已经取胜无望，不如退车联防，红方也没有好的突破手段。

40. 炮七平五　后车退4　　　41. 车五平二　士5进6
42. 兵三进一　……

冲兵反击有力，黑方中路被控，中防漏洞很大。

42. ……　　　前车退4　　　43. 车二进五　将5进1
44. 车二退一　将5进1

上将无奈，红方有连续三兵的叫杀的手段。

45. 兵三平四　将5平4　　　46. 兵四平五　后车进1
47. 车二退二　将4退1　　　48. 兵五平六　后车退1
49. 车二进二　士4进5　　　50. 炮五平六　……

平炮叫将，红方得子，胜定。

50. ……　　　前车平4　　　51. 兵六平七

黑方认负。

第95局　汪洋 胜 张强

1. 兵七进一　炮2平3　　　2. 炮二平五　象3进5
3. 炮五进四　……

炮打中卒是讲究实惠的选择，也是汪洋大师比较偏爱的变例。

3. ……　　　士4进5　　　4. 相七进五　马2进4
5. 炮五退一　马8进7

跳左马准备盘头而上，削弱红方中炮的效率。也可车1平2，马八进六，卒7进1，双方另有攻守。

6. 车一进一　马4进5　　　7. 马二进三　卒3进1

8. 马八进六　　卒 3 进 1

布局至此，黑方已经取得均势的局面。

10. 车九平八　　卒 7 进 1

进马略急，不如炮 8 进 6，马三进五，车 1 平 2，炮八进五，炮 3 退 2，仍是均势。

12. 马三进五　　马 7 进 6

13. 车一平四　　马 6 进 7

14. 车四进二　　卒 7 进 1（图 95）

9. 相五进七　　车 9 平 8

11. 兵五进一　　马 5 进 3

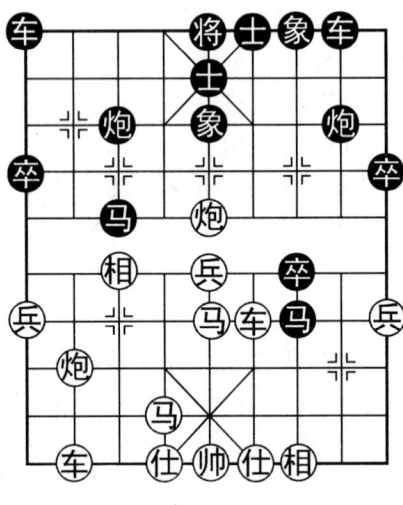

黑方双车缓出，仅凭马炮卒对红方难以形成威胁，黑方仍应以快速出动大子为宜。可以考虑马 3 进 5，炮八进七，炮 8 平 6，保持一个通路车为宜。

15. 炮八平四　　车 8 进 1

16. 炮四平三　　马 3 进 5

17. 车四进一　　……

进车巧手，红方扩大优势。

17. ……　　　　炮 8 进 3

19. 炮五进一　　象 7 进 9

18. 车四平三　　车 8 进 3

20. 炮五平三　　……

图 95

如果说第 17 回合车四进一是巧取，那么这手炮五平三就是豪夺。

20. ……　　　　象 5 进 7

22. 前炮退三　　炮 7 进 4

21. 车三平五　　炮 3 平 7

23. 炮三平五　　……

红方得子，且中路有攻势，大优。

23. ……　　　　车 1 平 4

24. 车五平三　　车 4 进 8

25. 马五进六

进马叫杀，胜定。黑方认负。

第 96 局　　李少庚　胜　张晓平

1. 炮二平五　　马 8 进 7

3. 兵七进一　　马 2 进 3

5. 车一平二　　车 9 平 8

2. 马二进三　　卒 7 进 1

4. 马八进七　　车 1 进 1

6. 炮八进二　　……

红方缓进右车，先起左炮巡河，稳健。

6. ……　　　　象 7 进 5

由于黑方已经起右横车，所以飞左象更合棋理。

7. 车九进一　车1平4　　　　**8.** 马七进六　炮8进3

进炮准备下一手巧过7卒，着法积极。

9. 炮五平六　车4平8　　　　**10.** 相三进五　炮2平1

平炮看似无可厚非，但是这手棋确实给红方松透局面的机会。此时可以考虑卒3进1，车九平七，前车进3，仕四进五，炮2平1，黑方满意。

11. 车九平八　炮1进4　　　　**12.** 马六进七　炮8平2

交换以后红方的阵型舒展，黑方可以考虑炮1平3保持纠缠的局面。试演一例：炮1平3，炮八平二，前车进4，车二进四，车8进5，兵三进一，车8退1，兵三进一，车8平7，马七退六，马7进6，马六进四，车7平6，大体均势。

13. 车二进八　车8进1　　　　**14.** 车八进三　马7进6

15. 车八进三　……

进车捉马，选点准确。

15. ……　　　　车8平3

平车保马坏棋，造成愚型。应炮1平3，车八平七，马6进4，车七平六，马4退3，车六退四，炮3进2，黑方足可抗衡。

16. 车八退四　炮1进3　　　　**17.** 兵五进一　车3平4

平车捉炮有帮忙的感觉，不如马6退4顽强。

18. 仕四进五　车4进3

宜车八平四更为紧凑，以下黑方有两种应法：①炮1退5，炮六平七，红方大优；②马6退7，车四平九，炮1平2，车九平八，炮2平1，马三进五，红方大优。

19. 车八平九　……

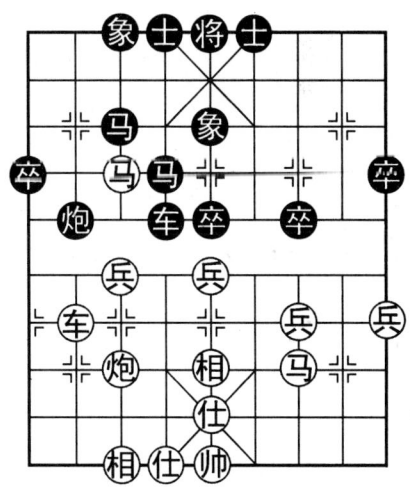

图 96

19. ……　　　　炮1平2

20. 车九平四　炮2退5

21. 炮六平七　马6退4

如马6退7较为稳健。

22. 车四平八　卒5进1（图96）

败着。应士6进5，炮七平六，卒5进1，炮六进四，车4退1，兵七进一，炮2平1，马七退九，卒1进1，兵五进一，车4平6，战线较长。

23. 车八平七　马4退6　　　　**24.** 兵七进一　象5进3

25. 车七平八　象3退1　　　　**26.** 炮七进五　……

红方净得一子，胜利在望。

26. ……	卒5进1	27. 车八进一	士6进5
28. 车八平五	车4退2	29. 炮七平四	车4平6
30. 车五进二	……		

进车占据卒林线,攻守两利,红方基本锁定胜局。

30. ……	车6平9	31. 马三进五	炮2进2
32. 车五平三	炮2平7	33. 车三退一	炮7平6
34. 马五进四	象1进3	35. 车三进四	士5退6
36. 马七退五	炮6平2	37. 马四进二	车9平8
38. 马二进四	将5进1	39. 车三退一	

绝杀,红胜。

第十七轮（2011年8月3日于各队主场）

第97局　孟辰 胜 李群

1. 炮二平六　……

这是2011年伊泰杯全国象棋甲级联赛第17轮的一场对阵，湖南队孟辰对江苏队李群。这是一场保组战。赛前湖南队比江苏队和山东队低4分，如取胜的话则拉近到1分，保组希望大增。

　1. ……　　炮8平5　　　　**2. 马二进三　马8进7**
　3. 相三进五　车9平8　　　**4. 仕四进五　马2进3**

至此形成过宫炮对左中炮直车的阵型。

　5. 车一平四　车8进4　　　**6. 马八进九　……**

另一常见选择是车四进七，马7退8，马八进九，卒3进1，另有攻守。

　6. ……　　卒3进1　　　　**7. 炮八进四　卒7进1**

也可考虑马3进2，炮八平三，象7进9，兵三进一，卒1进1，车四进四，红方稍优。

　8. 炮八平七　车1平2　　　**9. 车九平八　士4进5**

缓手，应炮2进5，炮七进三，士4进5，下手伏炮2平5打相再车2平3吃炮，黑可抗衡。

　10. 兵九进一　……

太悠闲，应炮六平七直接进攻，以下如卒7进1，兵三进一，炮2进5，兵九进一，红优。

　10. ……　　炮2进2

好棋，顺利取得抗衡之势，下手可马7进6跳出。

　11. 兵七进一　卒7进1

积极的选择。如卒3进1，车四进四，炮5平6，车四平七，象3进5，炮六平七，红方稍优。

189

12. 兵三进一　卒 3 进 1　　　　13. 车四进四　卒 3 进 1

没有太大的用处。应卒 3 平 4，车四平六，车 8 平 3，车六平七，车 3 进 1，相五进七，炮 2 进 3，相七退五，马 7 进 6，黑方可下。如马 7 进 6，车四平七，马 6 进 5，车七退一，马 5 退 4，车七进二，炮 2 进 3，兵三进一，伏马三进四的手段，红大优。

14. 马九进七　炮 2 进 3　　　　15. 马七退九　……

此手可能是黑方所忽略的，下手伏马九进八抓死炮，黑方反落后手。

15. ……　　　车 8 平 2　　　　16. 兵三进一　……

顺势过兵，黑如吃兵则车四平八抓死黑炮。

16. ……　　　卒 5 进 1　　　　17. 车四平七　卒 5 进 1

18. 兵五进一　炮 2 平 5

无奈，红方已经多兵，黑方只能一心寻求对攻。

19. 相七进五　炮 5 进 5　　　　20. 仕五退四　……

缓着。应仕五进四，炮 5 平 1，车八进五，车 2 进 4，炮七进三，马 7 进 5，炮七平九，红方稍优。

20. ……　　　炮 5 平 1　　　　21. 车八进五　车 2 进 4

22. 炮七进三　马 7 进 5

也可考虑炮 1 平 7，车七进三，马 7 进 5，车七退四，马 5 进 7，局面复杂，双方对攻。

23. 炮七平九　……

坏棋，应马三进二，尚是均势。

23. ……　　　车 2 平 7（图 97）

可惜，这一段着法双方错进错出。应炮 1 平 7 吃马，炮六平七，车 2 退 2，兵五进一，马 5 进 7，黑方反先。

24. 炮六进四　炮 1 进 2
25. 仕六进五　车 7 进 3
26. 车七进三　车 7 平 2
27. 车七进二　士 5 退 4

至此红方大优，黑方防守困难。

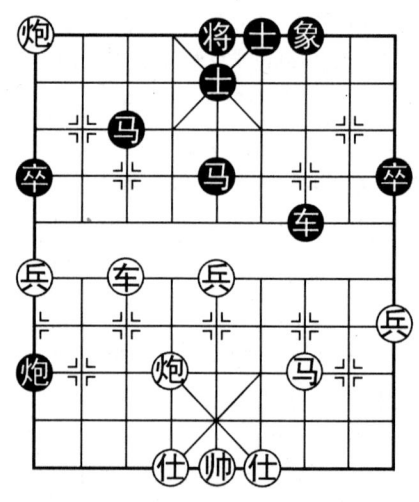

图 97

28. 帅五平六　……

28. ……　　　马 5 进 4

败着，顽强点应马 5 进 6，炮六退二，马 6 进 5，尚可期待红方出错。

29. 车七退五　……

简明,交换后黑方败势。

29. ……	车 2 退 7	**30.** 车七平六	车 2 平 1
31. 炮六平五	卒 1 进 1	**32.** 兵五进一	卒 1 进 1
33. 兵五平四	……		

黑方已无险可守,输定,以下解说略。

33. ……	卒 1 平 2	**34.** 兵四进一	炮 1 平 6
35. 兵四进一	炮 6 退 1	**36.** 仕五退四	车 1 进 9
37. 帅六进一	车 1 退 1	**38.** 帅六退一	

红胜。

布局中黑方已经取得抗衡之势,但中局的一步漏算导致落入下风,但红方把握得并不好,在黑方积极寻求对攻的时候走了几步缓着,而黑方竟也没有抓住,最终红方还是及时控制住了局面,取得了胜利。江苏队依靠主将王斌的胜利顺利地从湖南队取得 2 分,提前保组成功。

第 98 局　吕钦　胜　苗利明

1. 炮二平五	炮 8 平 5	**2.** 马二进三	马 8 进 7
3. 车一平二	车 9 进 1	**4.** 马八进七	马 2 进 3
5. 兵七进一	卒 7 进 1	**6.** 车二进四	车 1 进 1

当前局面下黑方起双横车是近年流行的下法,其意图是希望能够通过控制肋线,与红方相抗衡。

7. 炮八平九	炮 2 平 1	**8.** 车九平八	车 1 平 2

正确。虽然多走了一步棋,但是得到的补偿是左车可移,加强右翼的攻击力量。

9. 车八进四	车 9 平 4	**10.** 仕四进五	士 4 进 5
11. 车八进四	车 4 平 2	**12.** 兵三进一	……

先兑车再冲三兵正确。如果上一回合红方不走车八进四而兵三进一,车 2 进 4,马七进八,车 4 进 3!相三进一,车 4 平 2,马八退七,象 7 进 9。黑方严阵以待,红方无便宜。

12. ……	车 2 进 3	**13.** 炮五平四	炮 5 平 4
14. 相三进五	象 3 进 5		

以上两个回合,双方不约而同地平炮调整阵型,稳固后防。

15. 炮九退一	炮 1 退 2	**16.** 马三进四	炮 1 平 3
17. 仕五退四	卒 3 进 1		

冲卒挑起战端，这也是炮 1 平 3 的后续手段。

18. 兵七进一　卒 7 进 1

强硬，好棋。

19. 车二平三　……

可以考虑兵七平八，卒 7 平 8，马七进六，红方先手更大。

19. ……　　　　车 2 进 4

好棋。进车拦炮牵制了红方的七兵，苗利明大师这一段着法很见功力。

20. 马四退六　车 2 平 4　　　**21.** 马六进八　炮 3 进 4
22. 仕六进五　炮 3 平 5

稍急。应炮 3 进 2，保持纠缠的态势。

23. 炮九进一　炮 5 平 8　　　**24.** 炮四平三　马 7 进 6
25. 车三平四　马 6 退 7　　　**26.** 车四平七　马 3 进 2

宜马 3 退 1，车七平二，马 1 进 3，马七进六，车 4 平 2，黑方局势不差。

27. 炮九进四　车 4 退 5　　　**28.** 炮九进三　车 4 平 1
29. 车七进五　炮 4 退 2　　　**30.** 炮九平八　……

利用黑方的失误，红方迅速沉底炮，车炮成势对黑方的底线形成攻势。

30. ……　　　　车 1 退 3　　　**31.** 马八进六　马 7 进 6
32. 马六进四　炮 8 进 5　　　**33.** 相五退三　士 5 进 6
34. 车七退四　车 1 平 2　　　**35.** 车七平四　……

交换以后，红方车马炮快速转移至黑方兵力薄弱的一侧，由此可见昌钦的连续攻击能力之强。

35. ……　　　　车 2 平 3　　　**36.** 仕五进四　……

保留变化。如欲保持平稳，可以选择车四平八，车 3 进 7，双方交换。

36. ……　　　　马 2 进 3　　　**37.** 车四平二　炮 8 平 9
38. 马四退三　炮 4 进 3

进炮控制红马，好棋。

39. 车二退五　炮 9 退 1　　　**40.** 车二进一　炮 9 进 1
41. 车二平六　车 4 平 3　　　**42.** 车六进一　炮 9 平 8

以上一段着法，双方都小心翼翼，局势仍处于胶着状态。

43. 炮三平二　车 3 平 2　　　**44.** 车六进一　车 2 进 6
45. 马七退五　炮 3 平 2

平炮准备退马兑车，黑方已有收兵之意。

46. 兵五进一　……

不够紧凑，应马五进三。

46. ……　　马3退2

应车2平1，相七进九，马3退2，车六平九，马2退1，双方均势。

47. 兵九进一　……

机警，边兵直接威胁到黑方边马，迫使黑方调整战略部署。

47. ……　　车2平1（图98）

败着。应车2平4，马五进六，马2进3，兵九进一，炮2进6，帅五进一，炮2平6，黑方可战。

48. 车六平九　马2进1
49. 相七进九　……

飞相困马，好棋。

49. ……　　炮2进6
51. 马五进三　马1进3

红方得子胜定。

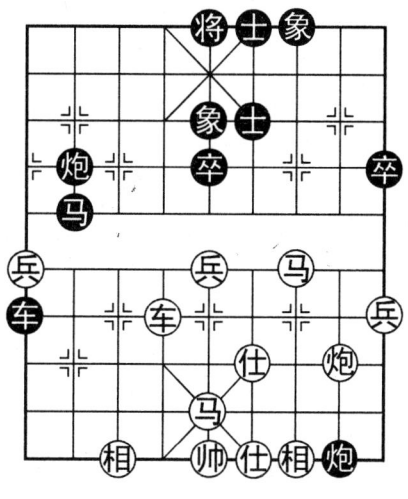

图98

50. 炮二退一　炮2平6
52. 后马退四

第99局　陶汉明 负 卜凤波

1. 炮二平五　马8进7
2. 马二进三　车9平8
3. 车一平二　卒7进1
4. 车二进六　马2进3
5. 兵七进一　炮8平9
6. 车二平三　炮9退1
7. 炮八平六　车8进5

双方以五六炮对屏风马平炮兑车开局。黑方进车骑河应法积极，此外当前局面下较为经典的下法是马3退5。

8. 马八进七　车8平3
9. 车九平八　车1平2
10. 车八进三　士4进5
11. 兵五进一（图99）　……

冲中兵稍急，含蓄的下法是相七进九，车3退1，马七进六，炮9平7，车三平四，双方对峙。

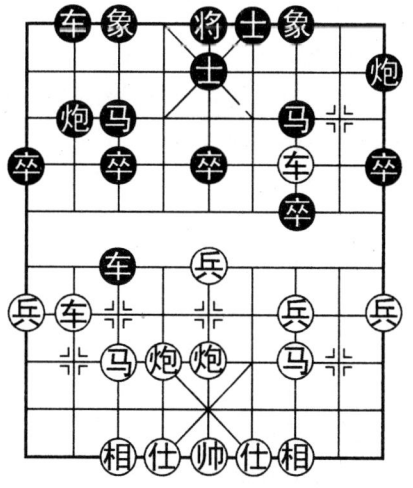

图99

11. ……	车 3 退 1	12. 马七进六	炮 9 平 7
13. 车三平二	象 3 进 5	14. 车二进一	马 7 进 6
15. 兵五进一	车 3 平 5	16. 车八平四	……

宜马六进四交换，简化局面。

16. ……	车 5 进 1	17. 马六退七	……

应马六进八简化局面。

17. ……	车 2 平 4	18. 仕四进五	车 4 进 4

以上一段着法，黑方步步紧逼，扩大优势。

19. 车二退一	卒 3 进 1	20. 车二平四	炮 2 进 2
21. 帅五平四	……		

出帅导致局面恶化，炮六进一较为顽强。

21. ……	炮 7 进 1	22. 炮五平四	马 6 进 7
23. 炮六平五	马 7 退 6	24. 炮四进三	炮 7 进 5
25. 马七进五	炮 2 进 2		

以下炮五进二，炮 2 平 6，炮五进三，象 7 进 5，马五进六，炮 6 退 3，马六进四。这样交换以后，黑净多三卒。红方用时也非常紧张，投子认负。

第 100 局　赵国荣　胜　张申宏

1. 炮二平五	马 8 进 7	2. 马二进三	车 9 平 8
3. 车一平二	卒 7 进 1	4. 车二进六	马 2 进 3
5. 兵七进一	炮 8 平 9	6. 车二平三	炮 9 退 1
7. 炮八平六	车 8 进 5		

进车骑河线，意图抢红方的七路兵，控制红方左马与双炮的活动，从而延缓红方中路的攻势。

8. 马八进七	车 8 平 3	9. 车九平八	车 1 平 2
10. 车八进三	士 4 进 5	11. 兵五进一	炮 9 平 7
12. 车三平二	象 3 进 5		

在另一台陶汉明与卜凤波之战中，黑方选择先车 3 退 1，这盘棋张申宏选择先飞象稳固阵型的下法。

13. 马三进五	车 3 退 1	14. 炮六退一	炮 2 平 1
15. 车八进六	马 3 退 2	16. 兵五进一	卒 5 进 1
17. 炮六平七	车 3 平 2		

另有车 3 平 1 的下法，可以避开红方马七进六踩车的棋。

18. 马七进六	车2进4	19. 车二平七	马2进4
20. 车七退三	士5退4	21. 炮五进三	炮7平5
22. 炮七平五	车2退3	23. 车七平六	……

保留变化。如马六进七，马4进3，车七进三，炮5进3，炮五进四，士6进5，马五进七，红方虽然占据优势，但是局面过于简化，很难赢到棋。

23. ……	炮1平3	24. 相七进九	马4进2
25. 马六进七	马2进3	26. 车六进二	炮5进3
27. 车六平五	士6进5	28. 马五进六	车2平6
29. 车五进二	……		

好棋。谋一象，在残局阶段可以占据优势。

29. ……	象7进5	30. 马六退四	马7进6

可以考虑马3进2积极，炮五平一，马2进4，炮一平六，马7进6，黑方足可抗衡。

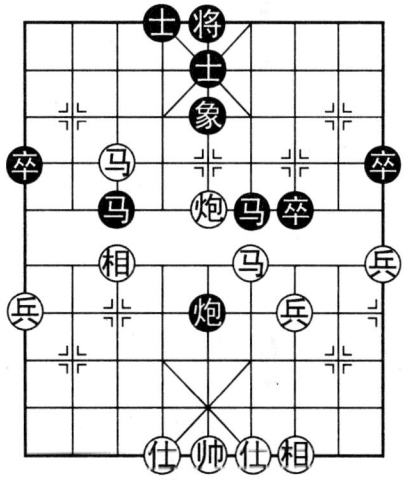

图 100

31. 炮五进四	炮3平2
32. 相九进七	炮2进4
33. 兵一进一	炮2平5（图100）

空头炮作用不大，不如将5平6削弱中炮效率，炮五退三，炮2退1，马四退六，炮2平9，马七进五，炮9平5，炮五平八，马6退5，马六进七，马5进4，双方均势。

34. 马四进六	炮5退1
35. 马七进五	马3退4
36. 马五退四	马4进5

双方交换以后，黑方双马炮三卒，看似攻击能力与红方双马炮三兵大体相等。但是就当前局面来看，红方双马占位灵活，解决这三组对头兵（卒）时候明显要优于黑方的马炮，且红方仕相全，防守能力更强。红方优势很大，黑方守和很难。

37. 马六进八	将5平6	38. 马四进三	将6进1
39. 马三退一	卒7进1	40. 马一退三	卒7平6
41. 马八退六	炮5平4	42. 兵一进一	将6退1
43. 相三进一	卒1进1	44. 相七退五	士5进6
45. 仕六进五	士4进5	46. 马三进五	炮4进1

47. 马五退七　炮4平6	48. 兵一平二　卒6平7
49. 兵二平三　卒7进1	50. 兵三平四　马5退4
51. 马七进六　……	

交换以后，红方很容易谋到边卒，形成马双兵仕相全对炮卒双士的残局，红方取胜不难。

51. ……　　　士5进4	52. 马六进八　炮6平2
53. 马八进六　……	

吃士以后，红方胜定。

53. ……　　　炮2退6	54. 兵四进一　士6退5
55. 马六进七　炮2平1	56. 马七退五　炮1进6
57. 兵四进一　将6平5	58. 兵四平五　炮1平5
59. 马五退三　将5平4	60. 马三退四　卒7平6
61. 马四退六　卒1进1	62. 兵五进一

红胜。

第101局　谢靖 胜 李少庚

1. 炮二平五　马8进7	2. 马二进三　车9平8
3. 车一平二　马2进3	4. 兵三进一　卒3进1
5. 马八进九　卒1进1	6. 炮八进四　……

面对中残局功力精深的李少庚大师，谢靖选择稳健的五八炮开局，也有意避开在开局阶段就形成短兵相接的局面。

6. ……　　　象7进5	7. 炮八平七　车1进3
8. 车九平八　……	

出车交换，简化局势，易握先手。

8. ……　　　车1平3	9. 车八进七　炮8平9

黑方兑车，摆脱红方对左翼的牵制，势在必行。

10. 车二进九　马7退8	11. 车八退六　……

红方退车，准备右移取势，灵活。

11. ……　　　车3平4	12. 车八平二　马8进6
13. 车二进七　马6进4	14. 马三进四　……

跃马河口，窥视黑方中卒和7路卒，着法积极。

14. ……　　　卒5进1	15. 炮五进三　士4进5
16. 炮五平二　马3进4	

如象 5 退 7，车二平三，象 3 进 5，车三退二，红方易走。

17. 车二平三　炮 9 平 8（图 101）

败着。应象 5 退 7，车三进一，炮 9 平 8，炮二进一，卒 7 进 1，马四进三，后马进六，兵三进一，马 4 进 5。由于红方吃象后车留底线，所以黑方不至失子，尚可周旋。

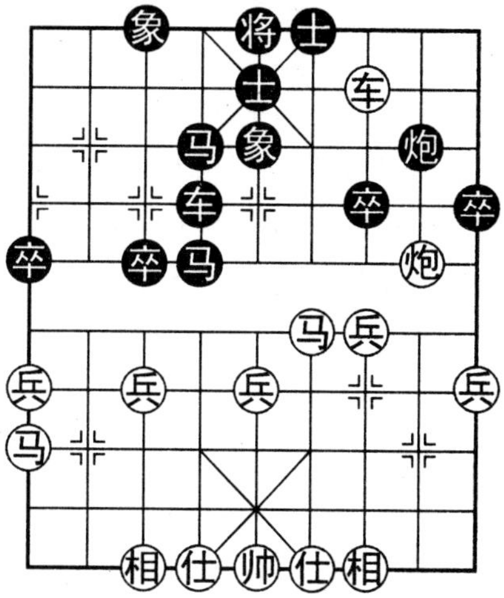

18. 炮二进一	前马退 6
19. 车三平四	车 4 进 2
20. 车四退二	……

红方轻松谋得一子，前景乐观。

20. ……	马 4 进 5
21. 相三进五	马 5 进 6	22. 马四进三	马 6 进 7
23. 车四退五	马 7 退 8	24. 仕四进五	……

补仕稳健，红方阵型没有明显弱点，已呈胜势。

图 101

24. ……	象 5 退 7	25. 马三进四	炮 8 退 1
26. 炮二平三	车 4 退 1	27. 马四退二	车 4 退 2
28. 炮三平五	将 5 平 4	29. 马二退四	车 4 进 4
30. 炮五平八	车 4 进 2

黑方子力已经无法形成有效的攻势。进车压相眼，对红方已经构不成实质上的威胁。

| 31. 兵五进一 | 士 5 进 6 | 32. 炮八退三 |

如马 8 退 9，炮八进六，象 3 进 5，兵一进一，马 9 退 7，兵三进一，马 7 退 9，炮八平四，红方多子占势，胜定。黑方投子认负。

第 102 局　赵鑫鑫 胜 汪洋

| 1. 兵七进一 | 炮 2 平 3 | 2. 炮二平五 | 象 3 进 5 |
| 3. 马八进九 | 车 9 进 1 | 4. 马二进三 | …… |

进马侧重于两翼均衡出动子力，当前局面下炮五进四打中卒以便阻止黑车过宫也是一个不错的选择。

| 4. …… | 车 9 平 4 | 5. 车一平二 | 车 4 进 3 |
| 6. 车九平八 | 马 2 进 4 | 7. 仕六进五 | 马 8 进 9 |

8. 炮八平六　士 4 进 5

补士稳健。另有卒 9 进 1，意在伺机活通左马。

9. 兵五进一　炮 3 平 4　　10. 炮六进五　……

交换简明。如兵五进一，卒 5 进 1，马三进五，卒 5 进 1，炮五进二，炮 4 进 5，车二进七，车 4 平 5，车二退三，炮 4 退 4，双方大体均势。

10. ……　　炮 8 平 4　　11. 兵三进一　卒 3 进 1

12. 兵七进一　车 4 平 3　　13. 车二进三　车 1 平 3

14. 仕五退六　……

退仕稳健，不能让黑方带将兑车。

14. ……　　前车进 5　　15. 车八平七　车 3 进 9

16. 车二平八　炮 4 平 3　　17. 马九进七　炮 3 退 2

18. 马三进四　卒 9 进 1　　19. 马四进五　马 9 进 8

20. 仕四进五　……

过于稳健。宜马七进六较为积极。试演一例：马七进六，马 4 进 5，炮五进四，车 3 退 5，兵三进一，车 3 平 4，兵三平二，车 4 平 8，车八平六，红方主动。

20. ……　　马 4 进 5

软着。应马 8 进 9，马七进六，马 9 退 7，马五进七，车 3 退 5，黑方多象易走。

21. 炮五进四　马 8 进 6

22. 炮五平八　车 3 退 2

23. 马七进六　车 3 退 3（图 102）

经过长考，汪洋认为自己的形势不错，选择了退车捉马。此时，黑方也可以选择车 3 平 2，车八平七，车 2 退 1，车七进一，卒 7 进 1，马六退四，车 2 退 3，兵三进一，车 2 进 2，相三进五，车 2 平 3，相五进七，象 5 进 7，马四退二，象 7 退 5，马二进一，炮 3 平 1。打死红方边兵后，形成红方马双兵单缺相对炮卒士象全的残局，黑方守和不难。

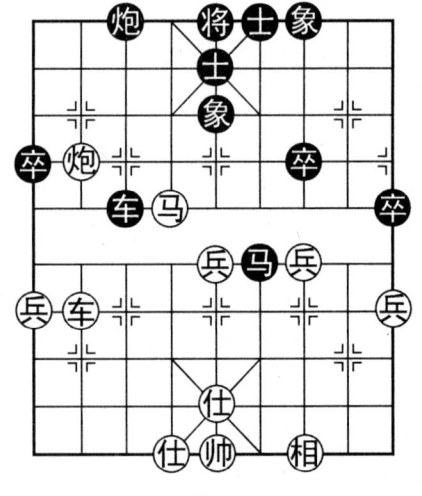

图 102

24. 炮八进三　炮 3 进 1　　25. 马六退四　车 3 平 2

26. 车八平七　象 5 进 3　　27. 车七平五　车 2 退 4

28. 马四进三　象 3 退 5　　29. 相三进五　车 2 进 3

30. 马三退五	车2平8	31. 车五平七	炮3进3
32. 车七平八	车8进4	33. 相五进七	炮3退4
34. 仕五退四	车8平9	35. 仕六进五	卒9进1
36. 兵一进一	车9退2	37. 相七退五	车9进2
38. 车八平五	车9退3	39. 马五退七	象5进3
40. 马七进五	象3退5		

红方虽然净多双兵，但是黑方防守非常严密，双方陷入僵持状态。

41. 仕五进四	车9平6	42. 仕四进五	象5进3
43. 兵九进一	炮3平4	44. 车五平八	象7进5
45. 马五进七	车6退1	46. 车八进三	车6进2
47. 车八退二	车6退2	48. 马七进六	车6进1
49. 车八进二	车6进1	50. 车八平五	车6进1
51. 车五平九	……		

红方走得非常耐心，吃掉黑方边卒以后，净多三兵，黑方守和非常困难。

51. ……	车6平5	52. 马六退八	车5退1
53. 马八退六	车5进2	54. 兵三进一	炮4进2
55. 兵三平四	车5退4	56. 车九平八	象5退3
57. 兵九进一	将5平4	58. 兵九平八	炮4平9
59. 兵八平七	炮9进1	60. 兵七平六	车5平8
61. 仕五退四	炮9进6	62. 仕四进五	炮9退6
63. 仕五退四	车8平7		

汪洋大师出现重大失误：黑棋一将一要抽，按棋规的规定必须变着，但是如何变更好一些呢？应炮9平4以炮换马尚可坚持。平车显然是忽略了红方弃马的巧手，最终导致失利。

64. 车八进三	炮9平4	65. 车八平七	将4进1
66. 车七退一	将4退1	67. 车七进一	将4进1
68. 车七退一	将4退1	69. 车七进一	将4进1
70. 车七退三	炮4平5	71. 车七平六	士5进4
72. 帅五平六	车7平9	73. 兵六平五	炮5平8
74. 车六进一	将4平5		

破士以后，红方胜定。

75. 车六进一	将5退1	76. 车六进一	将5退1
77. 车六平四	炮8进6	78. 仕四进五	车9平4
79. 帅六平五	车4平7	80. 帅五平六	炮8退6

81. 车四平六　炮8平9	82. 车六退一　将5退1
83. 车六进一　将5进1	84. 车六退五　将5退1
85. 车六平五　将5平6	86. 仕五进六　车7进6
87. 帅六进一　车7退6	88. 帅六平五　炮9退2
89. 兵五平六　炮9平8	90. 车五平四　炮8平6
91. 兵四平五　车7进5	92. 帅五退一　车7进1
93. 帅五进一　车7退1	94. 帅五退一　车7进1
95. 帅五进一　车7退1	96. 帅五退一　车7进1
97. 帅五进一　车7退6	98. 车四进三　车7进5
99. 帅五退一　车7进1	100. 帅五进一　车7退1
101. 帅五退一　车7进1	102. 帅五进一　车7退4
103. 帅五平六　车7进3	104. 仕四退五　车7退5
105. 兵五平四　车7退2	106. 兵六进一　将6平5
107. 车四平五　炮6平5	108. 兵四进一　将5平4
109. 兵四进一　炮5退1	110. 车五平六　车7平4
111. 兵四平五	

红胜。

第十八轮（2011年9月3日于各队主场）

第103局　朱晓虎 和 赵玮

1. 炮二平五	马8进7	2. 马二进三	车9平8
3. 车一平二	卒7进1	4. 车二进六	马2进3
5. 马八进七	卒3进1	6. 车九进一	……

形成中炮直横车对屏风马两头蛇的阵势。

6. ……　　象3进5

近期比较流行的变化，以往多炮2进1或炮2平1。

| 7. 车九平六 | 马7进6 | 8. 兵五进一 | 卒7进1 |
| 9. 车二平四 | 卒7进1 | 10. 车四退一 | …… |

吃马是相对稳健的选择，另可兵五进一，卒7进1，兵五进一，士4进5，车四退一，炮8平7，相三进一，车8进6，局面相对复杂。

10. ……　　卒7进1　　11. 车四平二　　……

拉住无根车炮是官子。如马七进五，炮8平7，相三进一，车8进6，马五进三，士4进5，黑方反先。

11. ……　　车1进1　　12. 兵五进一　　……

逼黑方定位。如马七进五，车1平8，下手伏炮8平7，黑方反先。

12. ……　　炮2进2　　13. 马七进五　　车1平8

14. 马五退三　　卒5进1

新着。以往多士6进5，兵五平六，炮8平7，车二进三，车8进1，马三进五，红方稍优。

15. 马三进五　　……

如兵七进一，卒5进1，车二平七，士6进5，相对复杂，不易控制。

15. ……　　炮8平6

也可考虑士6进5先补一手，试探红方应手。

16. 车二进三　车8进1
17. 兵七进一　车8进5
18. 马五进三　车8平7

先手打乱红方阵型，顺势守住红马卧槽的方向。

19. 相三进一　士4进5
20. 车六进五（图103）……

没有太好的进攻方向。如兵七进一，炮2进1，兵七进一，炮2平5，炮五进三，车7平5，车六平五，交换成和。

20. ……　　　卒3进1
21. 马三进五　车7平5
22. 马五退七　车5退3

巧手兑车，至此均势。

23. 车六平五　马3进5

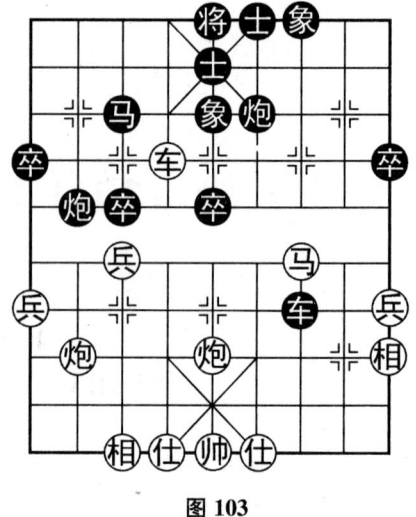

图 103

24. 马七进六　炮2平4

25. 炮八平九　炮6进1

和棋。

第104局　洪智 胜 谢业枧

1. 兵七进一　炮2平3　　2. 炮二平五　象7进5

飞左象是一路冷僻的下法，面对功力深厚的洪智特级大师，谢业枧选择这路冷僻的布局，应是事先早有准备。

3. 马八进九　马2进1　　4. 车九平八　车1平2

通常多选择车1进1，马二进三，车1平4，这样可以亮出右车，左车伺机而动。

5. 炮八进四　……

由于黑方选择出直车，红方这手进炮封车就相当重要。

5. ……　　　士6进5　　6. 马二进三　炮8平7
7. 兵三进一　卒7进1　　8. 马三进四　卒7进1
9. 马四进六　马8进6　　10. 炮五平八　车2平1
11. 相三进五　……

虽然放7卒过河，但是得到两个补偿：黑车被打回原位，飞中相后阵型得到调整。这也是红方选择弃兵的理由。

11. ……	车9平8	12. 前炮进二	马6进7
13. 马六进七	炮7平3	14. 车一平三	车8进6
15. 车三进四	马7进5	16. 车三平五	……

顶住黑马正确。红方右翼的空间较大，不能放任黑马恣意活动。

16. ……	卒3进1	17. 兵七进一	象5进3
18. 后炮进一	车8退2	19. 兵九进一	炮3平9
20. 前炮退一	……		

退炮好棋。仍不给黑方调整阵型的机会，紧凑有力。

20. ……	炮9退2	21. 车八进一	车8退2
22. 前炮退一	卒9进1	23. 车八平四	马1退3
24. 前炮退二	车8进1		

保守。宜卒1进1，兵九进一，车1进4，车四进五，马3进1，车四平五，马1进3，黑方右车开出，有利于加强防守。

25. 车五平六	马5退3	26. 车六进一	象3退5
27. 前炮平七	前马退1	28. 马九进八	……

进马，继续贯彻封车的意图，连贯。

28. ……	车8平9（图104）		

败着。应炮9平7，车四进三，卒5进1，黑车可以策应左右两翼，缓解压力。

29. 车四进七	炮9平7		
30. 车六平二	……		

可以考虑炮七平五，车9退1，车四退二，红方大优。

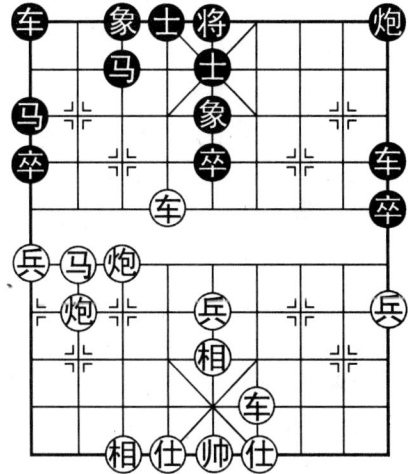

图104

30. ……	马3进4		

宜车9平7较为顽强。

31. 车二进四	车9平7		
32. 炮七平三	……		

好棋，黑方局势立时崩溃。

32. ……	炮7平6	33. 炮八退二	……

紧凑，准备再平肋炮，不给黑方喘息的机会。

33. ……	马4进3	34. 炮八平四	马3进4
35. 帅五进一			

黑方无法解决红方炮四进八手段，投子认负。

第 105 局　汪洋　胜　雷鹏

1. 兵七进一　卒 7 进 1　　　　2. 炮二平三　象 3 进 5
3. 马二进一　马 8 进 7　　　　4. 车一平二　车 9 平 8
5. 马八进七　……

红方左马正起两翼均衡出子，另外红方也有车二进四的右车巡河的下法，也是红方的主流变例。

5. ……　　　炮 8 进 5

不如炮 8 进 4，这样黑方位置较为灵活。现在红棋顺势补相以后，黑炮入夹道，显然位置欠佳。

6. 相七进五　马 2 进 4　　　　7. 仕六进五　马 7 进 6
8. 车九平六　马 4 进 6　　　　9. 马七进八　……

红方这几个回合走得非常简明——快速出动大子，抢占要点。现在跳外马兑炮，是一步很好的抢先手段。

9. ……　　　前马进 5　　　　10. 炮三平四　炮 2 进 5
11. 炮四平八　炮 8 退 1　　　12. 马一退三　炮 8 进 2

黑方车炮已经被牵制，所以进炮压车，不能再给红车活动空间。

13. 马八进七　马 6 进 5　　　14. 马七进六　士 4 进 5
15. 马六退八　车 1 平 4　　　16. 马八退六　车 4 进 1
17. 兵七进一　……

黑方子力位置欠佳，有劲使不出来。红方顺风顺水，七兵过河，形势占优。

17. ……　　　前马进 3　　　　18. 车六进二　炮 8 退 1
19. 车六退一　马 5 进 3　　　20. 炮八进四　后马进 5

前马退 5 较好，黑马的活动空间更为开阔。

21. 马三进四　马 5 退 6　　　22. 兵七进一　……

红方子力已经到位，所以不怕黑棋交换。

22. ……　　　车 8 进 6　　　23. 车六平七　马 6 退 4
24. 炮八平六　马 3 退 5　　　25. 车七进二　马 5 退 4
26. 车七平六　马 4 进 2　　　27. 车六平七　马 2 进 1

坏棋。应车 4 平 2，这样仍可保持子力的灵活性。

28. 车七进一　车 8 平 7 （图 105）

败着。应卒 7 进 1，兵三进一，车 8 平 6，车二进二。车 6 平 1，黑方局势尚可。

29. 车二进二　车7平6
30. 相五退七　……

退相好棋。借先手捉马之机，右车左调，加强攻势。

30. ……　　　车6平1
31. 车二平九　车1平9
32. 炮六平九　车4平1
33. 炮九平五　车1进6
34. 相七进九　……

红方车炮兵占据要位，胜势已定。

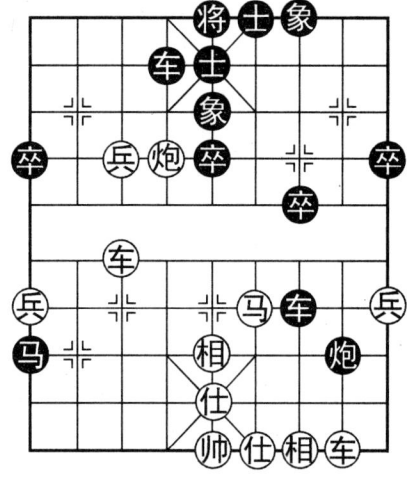

图 105

34. ……　　　车9平5
35. 兵七平六　将5平4
36. 车七平六　卒9进1
37. 相三进一　将4平5
38. 车六平八　将5平4
39. 炮五退二

黑方认负。

第106局　卜凤波 负 许银川

1. 炮二平五　马8进7
2. 马二进三　车9平8
3. 车一平二　马2进3
4. 兵七进一　卒7进1
5. 车二进六　炮8平9
6. 车二平三　炮9退1
7. 马八进七　士4进5
8. 马七进六　炮9平7
9. 车三平四　马7进8

这一路变例近来在全国大赛上非常流行，后手选择马7进8的优点在于双方容易导致对攻的局面。如果选择车8进5，炮八进二，象3进5，炮五平六，卒3进1，兵三进一，车8退1，双方通过大量的兑子，和棋面较大。

10. 车四退三　象7进5
11. 车九进一　炮2平1
12. 兵五进一　……

另一种思路是马六进七，车1平2，炮八平七，车2进3，双方互相纠缠。

12. ……　　　车1平2
13. 炮八平七　炮7进5
14. 相三进一　炮7平1
15. 车九平二　车2进5
16. 车四平七　……

相七进九防守要好于实战。

| 16. …… | 前炮进3 | 17. 车二进三 …… |

缓着。应马六进七,车2进4,车二平七,双方对峙。

| 17. …… | 车2进4 | 18. 马三退五 后炮平2 |

好棋。如前炮平3,马五退七,车2平3,炮五平二,红方得子。

| 19. 马六进七(图106) …… |

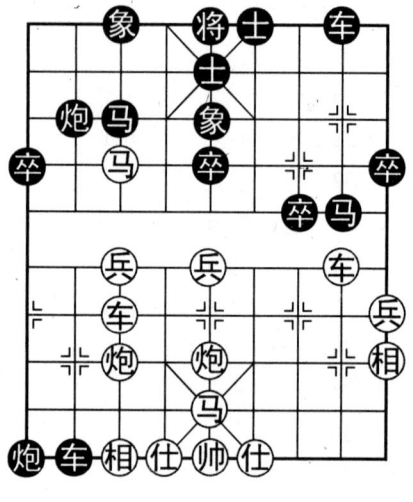

图106

败着。应车七平五,车2退1,炮七进四,马8退7,车二进五,马7退8,车五平六,红方可战。

19. ……	炮1平3
20. 马五退七	车2平3
21. 车七平八	车3退2
22. 炮五平二	车3退2
23. 车八进四	车3退2
24. 炮二进三	……

红方虽然吃回一子,但是车炮受牵,黑方大优。

24. ……	车8进3	25. 车二退二 车3进2
26. 仕四进五	马3进4	27. 车八退二 马4进6
28. 炮二退一	车3进1

黑方物质优势巨大,红方认负。

第107局 李少庚 胜 陶汉明

1. 炮二平五	马8进7	2. 兵七进一 车9平8
3. 马二进三	炮8平9	4. 马八进七 卒7进1
5. 马七进六	……

红方左马盘河,窥视中卒,积极。

| 5. …… | 象3进5 | 6. 车一进一 士4进5 |
| 7. 车九进一 | 马2进4 |

拐角马的好处在于黑方多了一个车1平3的选择,不足之处在于拐角马易受攻击,位置不好调整。陶汉明特级大师是一个喜攻好杀型棋手,进攻手段丰富多变,所以选择马2进4是从便于进攻的角度考虑的。

| 8. 车一平六 | 炮9退1 | 9. 相三进一 炮2退2 |

好棋。如车8进6，炮八平六，炮2平3，车九平八，车8平7，车六平三，红优。

10. 车六平二　车8进8　　　　　**11.** 车九平二　炮2平4
12. 车二进六　炮4进5

交换正确。如车1平2，炮八平六，车2进6，炮六进六，炮9平4，车二平三，后炮进5，炮五进四，车2进1，车三退二，车2平7，车三平六，车7退1，兵五进一，双方大量的子力交换，局势平稳。

13. 车二平三　炮4进3　　　　　**14.** 兵三进一　车1平2
15. 炮八平六　车2进9

进车捉相凶悍，反映出陶特大的棋风。这时黑方可以卒7进1，车三退三，车2进9，黑方没有后顾之忧，足可抗衡。

16. 兵三进一　车2平3　　　　　**17.** 兵三平四　炮4平2
18. 兵四进一　炮2进1

进炮对攻，但是忽视了红方过河兵的作用。冷静的下法应车3退4，兵四平五，炮2进1，仕六进五，车3进4，仕五退六，炮9进1，前兵进一，炮9平5，炮五进五，象7进5，车三平五，车3退4，黑方足可抗衡。

19. 兵四平五　炮9进1　　　　　**20.** 前兵进一　炮9平5
21. 炮五进五　象7进5　　　　　**22.** 车三平五　车3退3

退3不如退4简明，空间更大。

23. 仕六进五　车3进3　　　　　**24.** 仕五退六　卒3进1
25. 马三进四　马4进3

上马过急。应车3退4，仕六进五，车3进4，仕五退六，车3退2，仕六进五，炮2退2，炮六平八，车3平2，黑方可战。

26. 车五退一　马3退4　　　　　**27.** 车五进一　车3退1
28. 仕六进五　炮2退2　　　　　**29.** 炮六进四　……

进炮寻求变化。也可炮六平八，车3平2，兵七进一，红方也是大优。

29. ……　　　炮2平9　　　　　**30.** 仕五进六　车3进2
31. 帅五进一　车3退1　　　　　**32.** 帅五进一　车3平7
33. 车五退二　……

退车不够简明，兵七进一较为稳健。

33. ……　　　卒3进1　　　　　**34.** 炮六平二　卒3进1
35. 炮二进三　车7退8　　　　　**36.** 车五平二　卒3平4
37. 兵五进一　卒4平5

劣势局面下，陶汉明弈得十分顽强，以过河卒为"轴"，与红棋展开周旋。

38. 帅五退一　炮9平5

39. 马四进三　炮5退2

40. 帅五平四　马4进5

41. 马三进一　炮5平6

炮5平4较为顽强。试演一例：炮5平4，马一进三，马5退6，炮二平一，炮4退4，车二平五，将5平4，车五平七，炮4进1，红方也没有好的进攻手段。

42. 车二平四　炮6平8（图107）

败着。应将5平4，车四进一，将4进1，炮二退一，士5进4，炮二平三，炮6平3，车四平五，炮3退3，车五退三，炮3平9，黑方尚可周旋。

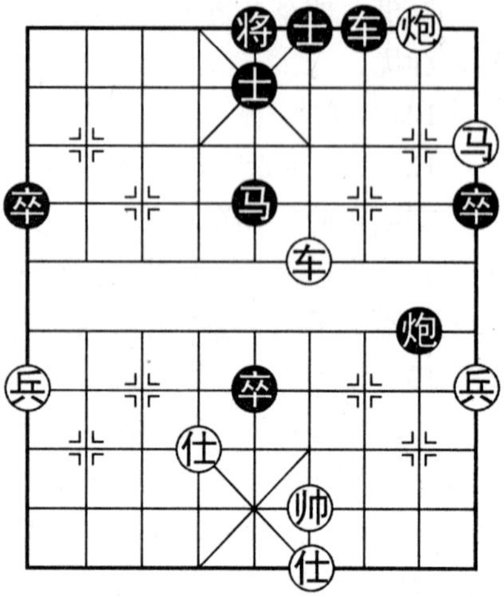

43. 车四进一　马5进3

44. 车四平七　将5平4

45. 车七退一

红胜。

图107

第108局　郑惟桐 胜 赵国荣

1. 兵七进一　炮2平3　　　**2.** 炮二平五　象3进5

3. 炮五进四　士4进5　　　**4.** 相七进五　马2进4

进拐马捉炮，加快右翼子力的出击，是布局阶段的"官着"。

5. 炮五退一　车1平2　　　**6.** 马八进六　车9进1

7. 马二进三　车9平6　　　**8.** 兵三进一　车2进4

9. 兵五进一　车6进5　　　**10.** 车一进一　……

起右横车护马，策应左翼子力的开展，形成"直横车"的经典变例。

10. ……　　马8进7　　　**11.** 车九平八　车6平1

12. 炮八平六　车2平5　　　**13.** 马六退八　车1平2

14. 车一平二　……

借捉炮之机先手亮车，正确。

14. ……　　马7进5　　　**15.** 马八进六　卒3进1

16. 炮五平四　马4进3　　　**17.** 炮六进四　马5进4

18. 兵七进一　炮3进2　　　**19.** 马六进五　炮8平6（图108）

平炮守住士角，稳健。如炮3平1准备对攻，车二进六，炮1进5，相五退七，车 2 平 3，车二退六，车 3 进 3，车二平八，马 3 进 1，帅五进一。红方多子，有惊无险。

20. 炮六平一　炮 3 平 1
21. 炮一平七　……

交换一方面可以延缓黑方的攻势，另一方面在残局阶段可以充分发挥多兵之利。

21. ……　　　马 4 退 3
22. 车二平九　车 2 平 4
23. 车九进三　炮 6 平 7
24. 炮四进一　马 3 进 4
25. 车九平七　炮 1 进 3
26. 炮四退二　马 4 退 5
27. 兵五进一　马 5 进 3
29. 炮四平三　炮 1 退 3
31. 兵五平六　炮 1 平 4
33. 车七进一　炮 5 退 1

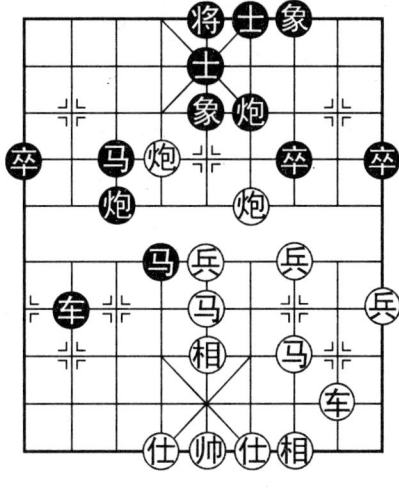

图 108

28. 炮四退一　车 4 进 2
30. 炮三进三　炮 7 平 6
32. 炮三平六　炮 4 平 5
34. 仕四进五　……

支仕求稳，更积极的是兵三进一，车 4 退 5，兵三进一，红方三路兵过河助战，优势较大。

34. ……　　　车 4 退 5　　**35.** 车七平六　车 4 平 3

黑方担心兑车以后，兵种不好。而红方多兵，残局阶段黑方势必陷入苦守。

36. 马五进四　炮 5 平 9

平炮伺机牵制红棋边兵，老练。

37. 车六进一　车 3 平 4
39. 马六退四　炮 6 平 9
41. 兵一进一　象 7 进 9
43. 马四进三　炮 9 退 1
38. 马四进六　炮 9 退 2
40. 马四进二　前炮平 8
42. 马三进四　象 5 退 7

退炮应是黑方原定计划，通过对边兵的牵制，吸引红方主力。但是不如炮 9 平 7，相五退七，炮 7 进 1，这样黑方守和的机会更大。

44. 马三进四　炮 8 平 2　　**45.** 兵三进一　炮 2 进 1

如炮 9 进 5，马二退一，象 9 进 7，马一进三，黑方残象，守和不易。

46. 兵三平四　卒 1 进 1　　**47.** 马四退二　炮 9 进 1
48. 前马进一　炮 2 退 2　　**49.** 兵四进一　将 5 平 4

50. 兵四平三　炮9平8

可卒1进1，伺机守住将门，增加红方取胜的难度。

51. 兵一进一	士5进4	52. 马二退三	炮8退1
53. 马一退二	士6进5	54. 兵一进一	炮2进8
55. 相五退七	炮2退7	56. 马二退四	炮8进4
57. 马四退五	炮2平3	58. 相三进五	炮8平2
59. 马五退七	炮2退3	60. 兵一平二	炮2平3
61. 马七进八	……		

马从右翼迂回，转至左翼，控制黑方双炮的活动，好棋。

61. ……	前炮平2	62. 兵三平四	卒1进1
63. 兵四平五	士5退6	64. 兵五平六	士4退5
65. 兵六平七	炮2平6	66. 马三进四	卒1平2
67. 兵七进一	炮3平1	68. 兵二平三	炮6退1
69. 兵三进一	……		

红方双兵两翼齐飞，威胁黑方腹地，弈得很有气势。

69. ……	炮6平8	70. 马八进九	炮8进2
71. 兵七进一	象7进5	72. 马四进三	士5进4
73. 马三退五	……		

吃象以后，红方在黑棋看似稳固的阵地撕开一个突破口，胜势。

73. ……	士6进5	74. 马五进三	士5退6
75. 马三退一	……		

再吃一象，红方胜利在望。

75. ……	炮8平2	76. 马九退七	炮2退1
77. 兵七平六	将4平5	78. 马七退五	卒2进1
79. 帅五平四	卒2平3	80. 兵三平四	炮2退1
81. 马五进六			

黑方投子认负。

第十九轮（2011年9月4日于鄂尔多斯）

第109局　陶汉明 负 徐超

1. 炮二平五　马8进7　　　　2. 马二进三　车9平8
3. 车一平二　卒7进1　　　　4. 车二进六　马2进3
5. 马八进七　卒3进1　　　　6. 车九进一　……

形成中炮直横车对屏风马两头蛇的局面，此时另有象3进5，炮2平1等选择。

6. ……　　炮2进1　　　　7. 车二退二　象3进5
8. 兵七进一　炮8进2

两头蛇是徐超喜爱的变化，联赛多次下成此局面，可见颇有心得。

9. 车九平六　士4进5　　　　10. 车六进五　……

老变化。现在多车六进七，车1平3，以下红方有马七退五、炮五平六、兵三进一等诸多选择，相对复杂。

10. ……　　炮2退3　　　　11. 兵三进一　马7进6
12. 车六平八　……

过于稳健。应车六进二，卒7进1，车二平三，炮8平7，兵七进一，红方稍优。

12. ……　　卒7进1　　　　13. 车二平三　炮2进7
14. 炮五平八　……

及时调整阵型。如车八退四，炮8平7，兵七进一，炮7平3，均势。

14. ……　　卒3进1　　　　15. 车三平七　炮8平7

好棋，下手伏炮7退1打车，此时红方优势全无。

16. 相七进五　……

无奈。如马三进四，黑可车8进5。

16. ……　　炮7退1　　　　17. 车八退三　炮7退1

18. 兵五进一 ……

中兵浮起容易成为黑方的攻击目标。此时红方并没有什么优势，稳健点可选择马七进六，简单成和。

| 18. …… | 车1平4 | **19. 仕六进五** | 车8进4 |

20. 炮八平九 ……

黑方正常出子，红方反而显得子力很拥挤，没有太好的点。此时如马七进八，车4进8，下手伏马6退4踩双。

| 20. …… | 卒9进1 | **21. 兵九进一** | 炮7平6 |

此时可看出盘面上唯一的弱点就是红方浮起的中兵。

22. 炮九进一 ……

进炮没有实际用途，感觉应该车七进二，试探黑方应手。

| 22. …… | 马6退4 |

试探红方应手，意图抢占红方的七路线。

23. 车七平八   车8平3   **24. 马七进六** ……

忙中出错中兵白送。应马三进五或马七进五，红均无大碍。

| 24. …… | 马4进5 |

25. 马六进五（图109） ……

交换后黑方位置太好，红棋防守困难，但如后车平五，卒5进1，炮九平六，马3进4，黑方净多一中卒，红方防守压力同样很大。

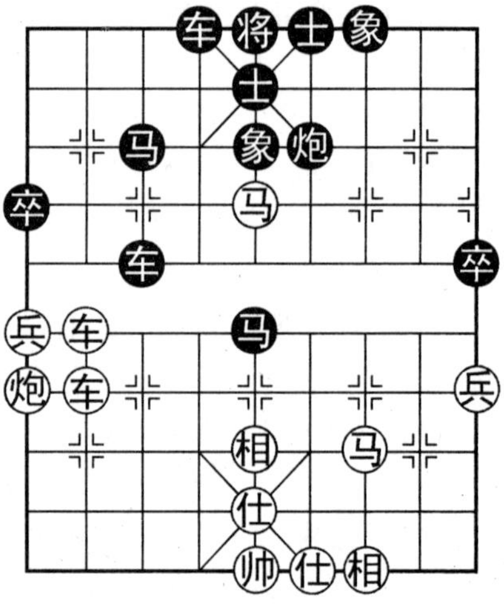

| 25. …… | 马3进5 |
| **26. 前车平五** | 炮6平7 |

巧手，红方三路马没有点跳出，以下伏车3进5，马5进7等手段。

27. 马三退一   马5进7

28. 车五平七   车3进1

红方虽不少兵，但位置太差，防守不易。

30. 相三进五 ……

如相七退五，炮7平5，马一进三，车4进5，黑方占优。

30. ……	炮7平5	**31. 车八平五**	车4进5
32. 炮九平八	马7进5	**33. 炮八进一**	车4平3
34. 相五进七	炮5进3	**35. 仕五进六**	……

图109

如帅五平六，马5进3，红方毛病更大。

35. ……　　马5进3

交换之后红方少相，且位置较差，求和有难度。

36. 马一进三　炮5退2　　37. 马三进二　……

跳马仕相被破。应帅五进一，马3进2，帅五进一，尚可坚守。

37. ……　　马3进2　　38. 马二进三　……

无奈，如马二退四，炮5进2，红仕还是被吃。

38. ……　　马2退4　　39. 帅五进一　炮5退1
40. 马三退一　马4退3　　41. 马一退二　……

仕相破光，红方已经难和。

41. ……　　马3退5　　42. 帅五平四　马5进4
43. 炮八退三　炮5平6　　44. 仕四进五　炮6退2
45. 炮八平九　士5进6　　46. 仕五进四　马4退3
47. 兵一进一　炮6平1　　48. 兵一进一　炮1进4

顺手吃掉红兵，黑方胜定，以下评说略。

49. 兵一进一　炮1平4　　50. 兵一平二　炮4退4
51. 炮九平五　将5平4　　52. 马二进四　卒1进1
53. 马四进六　卒1进1　　54. 兵二平三　士6退5
55. 兵三平四　卒1进1　　56. 帅四退一　卒1平2
57. 炮五进二　马3退4　　58. 马六进七　将4平5
59. 马七退八　马4进3　　60. 炮五进二　炮4进4
61. 仕四退五　炮4平2　　62. 帅四平五　卒2平3
63. 马八进九　炮2平3　　64. 炮五平六　卒3平4
65. 兵四平五　士5进4　　66. 兵五平六　士6进5
67. 帅五平四　卒4平5　　68. 炮六平五　炮3平6
69. 马九进七　将5平6　　70. 炮五平四　卒5进1
71. 帅四平五　炮6平5　　72. 兵六平五　马3退5
73. 炮四平五　炮5平2　　74. 马七退六　马5进7
75. 炮五平四　将6平5

黑胜。

第110局　黄海林　胜　孙浩宇

1. 炮二平五　马8进7　　2. 马二进三　车9平8

3. 车一平二　马 2 进 3　　4. 马八进九　卒 3 进 1
5. 车二进四　……

红方先进巡河车，避开流行的五七炮变化，有备而来。

5. ……　　卒 7 进 1

挺卒形成两头蛇阵势，易形成复杂的对攻局面。

6. 炮八平七　马 3 进 2　　7. 车九进一　卒 1 进 1
8. 车九平六　象 3 进 5　　9. 车六进五　炮 8 退 1

由于开局阶段黑方多走了一步卒 7 进 1，局势和五七炮不进兵对屏风马挺卒的阵势有了很大的区别。红方双车占位灵活，黑方此时应当马 2 进 1 迅速展开反击。实战中的退炮是一步诱着。

10. 炮七退一　……

正确。如车六平八正中黑方下怀，黑棋可炮 8 平 2 展开反击。试演一例：车六平八，炮 8 平 2，车二进五，后炮进 2，车二退五，马 2 进 1，炮七退一，卒 1 进 1，黑方先手。

10. ……　　车 1 进 2　　11. 车二平六　士 6 进 5
12. 前车平八　……

红方通过一个顿挫，迫使黑方支士调整阵型，黑方 8 路炮的弱点就显现出来。

12. ……　　炮 8 进 3　　13. 兵三进一　卒 7 进 1
14. 车六平三　马 2 进 1　　15. 炮七平二　炮 8 平 7
16. 马三进二　炮 7 平 8　　17. 炮二平三　马 7 进 6
18. 车三平四　……

黑方不敢兑马，否则车炮被牵。

18. ……　　马 6 退 7
19. 炮三平九　马 1 进 3（图 110）

败着。应卒 1 进 1，马九退七，炮 8 平 5，炮五进三，卒 5 进 1，马七进六，车 8 进 4，黑方足可抗衡。

20. 马九退七　马 3 进 1
21. 炮五平九　……

平炮打死车，这正是黑方忽略的地方。

21. ……　　炮 8 退 1
22. 马二进三　卒 5 进 1
23. 马三进五　象 7 进 5

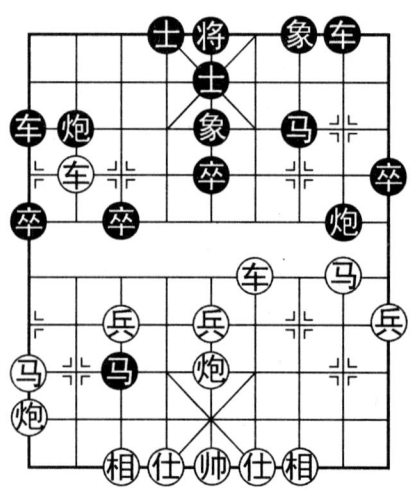

图 110

24. 炮九进五　象5退3　　　　25. 炮九退六　……

交换以后,红方得子,黑方危矣。

25. ……　　　炮2平5　　　　26. 车八平三　卒5进1
27. 车四平二　马7退9　　　　28. 车二平五　炮8进6
29. 马七进五　炮8平9　　　　30. 马五退三　炮9平8
31. 相七进五

黑方投子认负。

第111局　吕钦 胜 李少庚

1. 炮八平六　炮8平5　　　　2. 马二进三　马8进7
3. 车一平二　车9平8　　　　4. 马八进七　马2进1
5. 车九平八　车1平2　　　　6. 炮六进五　……

进炮打马,吕特大主动挑起战火,积极主动。如欲求稳健可以选择炮二进四或者兵三进一活通大子。

6. ……　　　车8进6　　　　7. 炮二平一　车8平7

正确。如车8进3,马三退二,炮2平3,车八进九,马1退2,炮六平三,炮3平7,炮一进四,兑掉双车后红方边炮出击,稳持多兵优势。

8. 车二进二　炮2平3　　　　9. 车八进九　马1退2
10. 相七进五　卒3进1　　　　11. 炮六退六　卒3进1
12. 相五进七　卒7进1　　　　13. 炮六平三　车7平6
14. 车二进二　……

进车巡河稳健,准备通过兑车活通子力。这个计划是非常明智的选择。因为当前的局面下红方双炮双马位置欠佳,如贸然进攻炮三进四,象7进9,马三进二,车6退5,红方无趣。

14. ……　　　炮5平4　　　　15. 车二平四　车6退1
16. 马三进四　象3进5　　　　17. 马四进六　马4进1

软着。宜马7进6,炮三平五,马6进4,相三进五,炮3进4,双方互缠。

18. 相七退五　马7进6　　　　19. 兵七进一　炮3进5
20. 炮一平七　马6进4　　　　21. 炮七进一　卒5进1
22. 炮三平八　……

平炮战略转移是一步战略性很强的棋。

22. ……　　　炮4平5

平炮过急，反被红方利用。宜士4进5补士固防。

23. 炮八进二 ……

守住中兵，不给黑方子力腾挪的机会。

23. …… 士4进5

细腻，给黑方马2进1防守制造困难。

24. …… 马2进4

26. 炮八进一 前马退6

退马坏棋，导致局面恶化。宜前马进3，兵五进一，卒5进1，炮八平五，马4进5，黑方足可抗衡。

27. 炮八进一 炮8平5（图111）

败着。马4进2较为顽强。炮七平六，象5进3，兵五进一，马6退5，炮六平三，象7进9，兵五进一，马5进4，兵五平六，象3退5，双方战线较为漫长。

28. 兵五进一 ……

冲兵好棋，让黑炮打出来，削弱黑方子力之间的联系。

24. 兵九进一 ……

25. 仕六进五 炮5平8

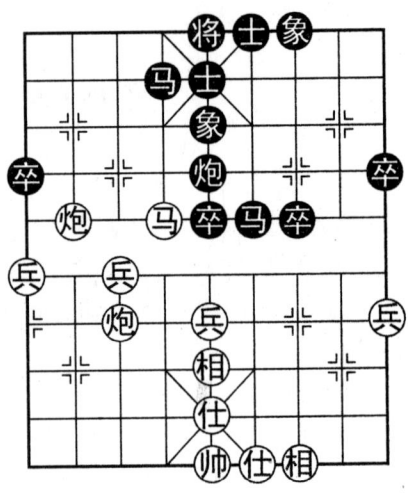

图 111

28. …… 炮5进2
29. 炮七平六 马4进2
31. 炮八平四 马4进6
33. 马七退六 将4平5

红方通过兑子战术，进而得子，奠定胜机。

34. …… 炮5平1
36. 兵七进一 炮1平8
38. 兵七平六 炮8平7
40. 相三进一 炮7平6
42. 炮六平五 卒1进1
44. 炮五平一

30. 马六进八 马2进4
32. 马八进七 将5平4
34. 马六退四 ……

35. 炮六进三 卒9进1
37. 马四退三 炮8退2
39. 马三进二 卒5进1
41. 马二进三 卒1进1
43. 炮五退一 炮6进5

黑方见双方兵力差距过大，投子认负。

第112局 雷鹏 负 张强

1. 炮二平五 马2进3
2. 马二进三 炮8平6

3. 车一平二　马8进7　　　　　4. 兵三进一　……

先进三兵出于这样分析。中卒只有一个3路马保护，三路马不能轻动，所以先制住黑方7路马，然后逐步进攻，这是一种有一定控制力的攻法。当然，进三兵后也有不利之处，红方二路车不能进四占据河头，红方的左马只能进到九路边线。因此很多棋手喜欢兵七进一，卒7进1，车二进六这样一种比较激烈的攻法。

4. ……　　卒3进1

挺起马前卒是一般情况下的着法。因为两个马前卒都被对方挺起，双马受制，局势较难开展。但在这一情况下，如车9进1，较快地出动主力，也未尝不可。如兵七进一，车9平4，以后可以车4进3巡河，或进4捉兵。

5. 炮八进四　……

进炮打卒，贯彻既定方针，压住黑方左马。粗看似乎和先走马八进九差不多，实际上有差别。主要的不同在于：如马八进九，象3进5，炮八进四，黑方可以卒7进1兑卒，阻止红炮平三打卒压马的意图。至此，形成五八炮时反宫马布局阵势。

5. ……　　象7进5

正确。如象3进5则布局上产生疑型。如炮八平三打卒，7路象移到3路要好得多，所以这时应象7进5较为稳正。

6. 车二进六　……

右车过河积极，也可以马八进九，两翼均衡发展。

6. ……　　车9平8　　　　　7. 车二平三　炮6进4
8. 马三进四　炮6平7　　　　　9. 车三平四　车8进8

进车下二路，积极。

10. 兵三进一　……

面对黑方的攻势，红棋也不甘示弱，冲三兵准备弃子抢攻，枰面上烽火四起。

10. ……　　车8平7　　　　　11. 相三进一　车7平2

12. 炮八平七　……

示弱。应兵三进一，车2退5，兵三进一，车2进5，炮五平二，红方车马炮兵强攻黑方左侧，鹿死谁手尚未可知。

12. ……　　炮2进7　　　　　13. 兵三进一　……

再冲三兵，无形之中慢了一手棋。

13. ……　　马7退8　　　　　14. 仕四进五　……

可以考虑马四进五，马3进5，炮五进四，红方便于形成立体化攻势。

14. ……　　士4进5　　　　　15. 马四进六　车1进2

16. 车四退三　炮7退2
17. 车四平二　马8进9
18. 车二进四……

可以考虑马六进四加强攻势，对黑方形成牵制。

18. ……　　车1平2
19. 车二平一　后车进1
20. 马六进七　后车平3
21. 马七退五　炮7平9
22. 车一平二（图112）……

败着。应车一平三，车3平4，炮五平二，炮2平4，相七进五，炮9平8，车九平六，车4平5，车三平二，炮8平5，相一进三，车5平7，炮二退一，车2退3，车六进八，红方可战。

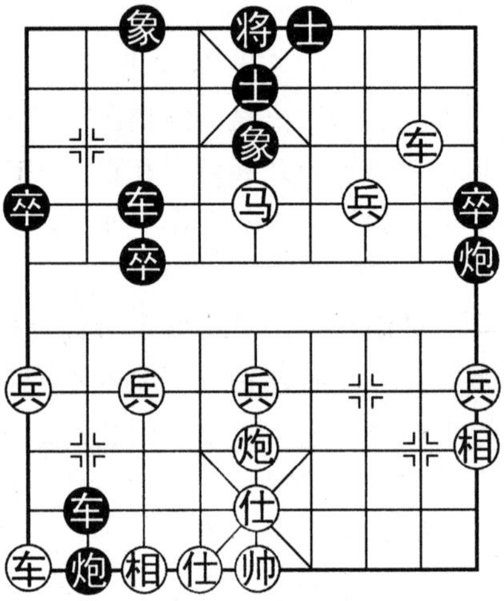

22. ……　　车3平4

红方虽然吃回失子，但是黑方出子速度很快，且子力位置占据要点，优势很大。

23. 相一退三　将5平4
24. 车九平八　车2进1
25. 车二退二　车2平3
26. 兵一进一　车3退3

黑方弃还一子，但是打通红方兵线，正确。

27. 兵一进一　车3平5
28. 马五退四　车5退1
29. 马四退二　卒9进1
30. 车二平一　车4平7

红方残相少兵，很难谋和。

31. 马二退四　车5平4
32. 车一退二　卒3进1
33. 车一平五　将4平5
34. 炮五平九　车7平3
35. 相三进五　卒3平2

平卒靠住边兵，老练。

36. 炮九退二　车4退2
37. 马四进三　车4平9
38. 车五进三　车3平5
39. 相五退三　卒2进1

捉死红兵，黑棋胜定。

图112

第113局　谢业枧 负 蒋川

1. 炮八平五　马2进3
2. 马八进七　车1平2

第十九轮(2011年9月4日于鄂尔多斯)

3. 车九平八	马8进7	4. 兵三进一	卒3进1
5. 车八进六	炮2平1	6. 车八平七	炮1退1
7. 马二进三	士6进5	8. 马三进四	炮1平3
9. 车七平六	车2进5	10. 炮二进二	象7进5
11. 车一进二	……		

双方形成反向的中炮七路马对屏风马平炮兑车的阵型。进车求变。以往多炮五平四，卒7进1，兵七进一，车2退1，演变下去大体均势。

11. ……　　炮8退1

退炮先巩固后防，稳健。此时不能卒7进1，马四进五，车2平7，马五进三，车7平8，车六进二，炮3平1，马三退四，红马顺利退回，红方大优。

12. 炮五平四　　……

此时炮五平四已晚一步，宜炮五平三盯住黑方7路线，伺机而动。

12. ……　　车2进3

也有选择炮8平7的下法，以后可以快速亮左车，蓄势待发。

13. 马七退五　　……

此时红方的七路线明显是黑方的攻击点，所以红马迂回到右边。

13. ……	马3进2	14. 炮二退三	车2退3
15. 马五进三	卒3进1		

红方左翼空虚，冲3卒非常及时。

16. 车六平七	卒3进1	17. 车一平二	车9平8
18. 炮二进七	……		

交换过于简单，不如马四进六保持纠缠之势，车2进3，炮二进七，炮3平8，仕四进五，车2平4，马六进八，红方子力位置要比实战好得多。

18. ……	炮3平8	19. 相三进五	炮8平6

过于稳健。可考虑炮8进2，黑势不差。

20. 车二进七　马7退8

通过兑子化解了红方的潜在攻势，稳健。

21. 马四进三	炮6进5	22. 后马进四	马2进4
23. 马四进六	车2退1	24. 马三退四	卒5进1
25. 车七平二	……		

略急，应兵三进一，象5进7，再车七平二（这样红方再平车捉马时，黑马只能跳至边路），马8进9，马六进八，车2平3，马四进五，马4退5，车二平五，象3进5，车五退一，炮6平8，车五进一，红方仍持先手。

25. ……	马8进7	26. 马六进八	车2平3

27. 仕四进五　马 4 进 2

红方进攻无果，反为黑方抢先发难。

28. 炮四退一　……

红方此时有些手软。应炮四平三，伏有车二退三捉炮的手段，红棋大优，这也是本局红方最后的胜机。

28. ……　　　卒 3 平 4

不如炮四平三更有攻击性，马 7 退 9，车二平一，马 9 退 7，马四进五，马 2 进 3，帅五平四，车 3 进 3，车一平三，红优。

29. ……　　　卒 4 平 5

30. 相五进七　后卒进 1

31. 马四进五（图 113）**……**

败着。应马四退二，象 5 进 7，马二进三，炮 6 退 5，车二进二，车 3 平 7，车二平四，马 7 进 5，马八进七，马 5 退 4，车四退二，红方尚可周旋。

31. ……　　　马 7 进 5

32. 车二平五　炮 6 退 5

33. 车五退二　车 3 退 1

以下卒 1 进 1 捉死马，红方认负。

29. 兵三进一　……

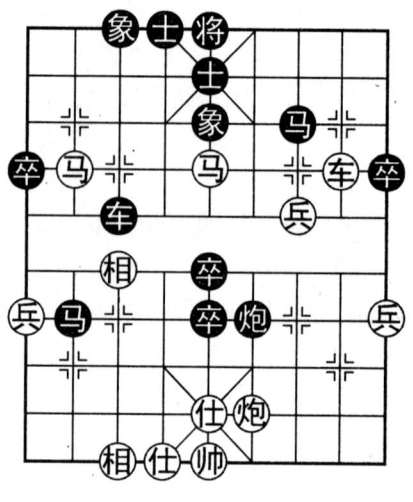

图 113

34. 马八退九　卒 5 平 4

第 114 局　万春林 负 汪洋

1. 相三进五　炮 8 平 5

以左中炮对飞相局近期比较少见。后手方采用的是一种以快打慢的策略。黑方以中炮的反击和威胁牵制相方，争取主动，这一路变化在 20 世纪 80 年代较为流行。

2. 马二进三　马 8 进 7　　**3. 车一平二　车 9 平 8**

4. 马八进七　马 2 进 1　　**5. 兵七进一　……**

挺七兵活通左马，机动灵活。

5. ……　　　车 8 进 4　　**6. 炮二平一　车 8 进 5**

7. 马三退二　车 1 进 1　　**8. 车九进一　车 1 平 8**

平车是后手方既定的战略，兑掉左车以后，黑方认为红方右翼力量较为薄弱，所以平车捉马。

9. 马二进四　车8进3　　　　10. 车九平六　士6进5
11. 车六进三　……

也有兵三进一，卒1进1，仕六进五，炮2平3，炮一平三，炮5平6，车六进二，红方易走。万春林没有选择这路变化，而是进车巡河，意在保留变化。

11. ……　　卒1进1　　　　12. 车六平四　炮5平4
13. 兵三进一　象7进5　　　　14. 炮八进一　炮4进6
15. 炮一平三　炮4退5。

不如炮4退6较为工整。

16. 马四进三　车8进3　　　　17. 炮三退二　炮4进3
18. 马三退四　车8平7　　　　19. 马四进六　炮4退2
20. 仕六进五　……

稍软。应车四进一，炮4平5，仕六进五，这样红方空间更大一些。

20. ……　　卒7进1　　　　21. 兵三进一　车7退3
22. 炮三进七　炮2平7　　　　23. 马七进六　马1进2
24. 兵七进一　……

送七兵的代价过大，不如炮八进一保马，伺机而动。

24. ……　　卒3进1　　　　25. 前马进八　炮4平2
26. 车四进二　炮7平8　　　　27. 车四平二　炮2退2

退炮好棋，无形之中牵制住红方右车。

28. 马六进五　车7平5　　　　29. 兵一进一　炮8平7
30. 车二平三　炮7退2　　　　31. 炮八进三　炮2平1
32. 炮八平九　炮7平6　　　　33. 车三平一　炮6进6
34. 兵九进一　……

软着。应车一进三，士5退6，车一退四，士4进5，车一平五，卒5进1，马五退三，双方大体和势。

34. ……　　炮6平9　　　　35. 车一平二　卒1进1
36. 兵一进一　卒1平2　　　　37. 车二进三　士5退6
38. 车二退四　……

应车二退六，炮9进3，相五退三，红方尚可周旋。

38. ……　　士4进5　　　　39. 炮九平六　炮1进7
40. 仕五退六（图114）　……

败着。应相七进九，象3进1，帅五平六，将5平4，炮六退五，卒2进

1，仕五进六，将4平5，车二平五，卒5进1，马五退三，炮9平5，炮六平五，炮5进2，仕六退五，红方有谋和机会。

  40. …… 象3进1
  41. 车二退二 炮1退3

退炮打车巧着。黑方优势进一步扩大。

  42. 车二进一 车5平4
  43. 炮六平七 卒5进1
  44. 马五退七 车4退1
  45. 炮七进一 卒2进1
  46. 马七进八 炮1进3
  47. 马八进九 ……

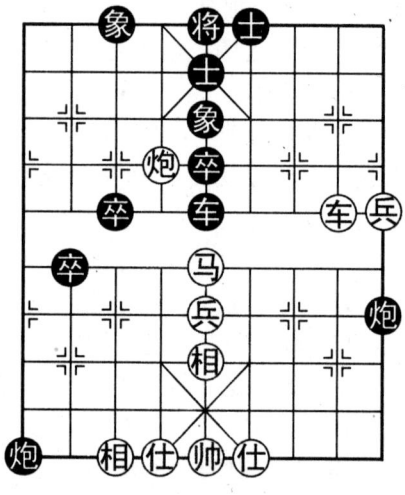

图114

无奈。如仕四进五或帅五进一，黑方都可车4平2捉死马，胜定。

  47. …… 车4进6 48. 帅五进一 车4退7

红方必失一子，认负。

第二十轮（2011年9月5日于鄂尔多斯）

第115局　王斌 和 许国义

这是2011年伊泰杯全国象棋甲级联赛第20轮的比赛，江苏队王斌对阵广东队许国义。往年的联赛中江苏队都是广东队的苦手，但今年的第一次交手广东队主场5：3胜江苏队，再次交手必定又是一场激战。

1. 炮二平五　马8进7

许国义首次代表广东队出战联赛，并发挥出色，广东棋迷们对他寄予厚望。

2. 马二进三　车9平8　　　**3. 车一平二　马2进3**
4. 马八进九　卒7进1　　　**5. 炮八平七　车1平2**
6. 车九平八　炮8进4

此时炮8进4也是许国义喜欢的变化，曾在第二轮用此变化战胜过党斐，此外另有炮2进4，炮2进2等选择。

7. 车八进六　炮2平1　　　**8. 车八平七　车2进2**
9. 车二进一　……

冷门变化，常见的是车七退二，象3进5，兵三进一，马3进2，车七平八，红方稍优。

9. ……　　马7进6

冷着。黑方走得很快，可见也是有备而来。此时一般多炮8平5，马三进五，车8进8，马五进四，象3进5，马四进三，形成红方子力灵活而黑方多车的复杂局面。

10. 车二平六　……

如车七退二，象7进5，炮七退一，马6进7，黑方满意。

10. ……　　象3进5　　　**11. 车七退二　……**

面对黑方的冷着红方稳健应对。似可考虑车七平九先捞实惠，以下士6进

5，仕六进五，静看黑方如何动作。

| 11. …… | 马6进5 | 12. 马三进五 | 炮8平5 |
| 13. 仕六进五 | 士6进5 | 14. 兵九进一 | …… |

无奈，交换之后红方没有好的进攻点。如车七平五，黑可炮1进4，黑方反先。

14. ……　　　车8进9

许国义棋风凶猛，此时果断出击，攻击红方的弱点三路相，红方优势全无。

| 15. 车七平五 | 炮5平9 | 16. 相三进一 | 车8退3 |

继续吃兵进攻，黑方的步步紧逼给红方以很大压力。

17. 兵七进一　　……

寻求对攻。如稳健点可考虑车六进二，炮9退2，炮五进四，相对平稳，均势。

| 17. …… | 车8平7 | 18. 兵七进一 | 卒7进1 |

好棋，可能也是红方兵七进一时所忽略的手段，以下伏炮9退1打死车的手段，黑方反先。

19. 车六进三　象5进3

无奈，黑方已经多了太多的卒，此时炮打马意图简化，消卒求和。

20. 炮七进五　……

20. ……　　　炮1平3（图115）

稳健的选择。另可考虑车2平3，车六进二，炮9平8，车五进二，炮8进3，相一退三，车7进3，局面复杂，感觉黑方机会较多。

21. 车五进二　炮3平5
22. 车五平一　……

连消两卒，局面缓和。

22. ……　　　炮9平8
23. 车一平三　车7平5
24. 帅五平六　……

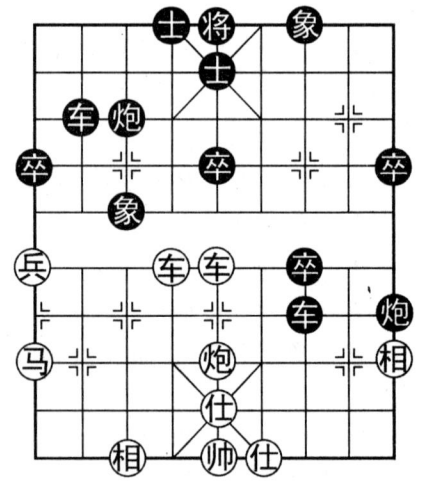

图115

正着。如贪吃车三进三，士5退6，车三退五，炮5进5，相七进五，车5进1，黑方尚可纠缠。

24. ……	象7进9	25. 车三平二	炮8平6
26. 相一进三	炮5进5	27. 车二进三	炮6退6
28. 相三退五	……		

以上一段红方防守无懈可击，黑方也没有太好的办法，此时和棋已定。

28. ……　　车 5 退 3

和棋。

第 116 局　柳大华 胜 赵国荣

1. 炮二平五　马 8 进 7　　　2. 马二进三　车 9 平 8
3. 车一平二　马 2 进 3　　　4. 兵三进一　卒 3 进 1
5. 马八进九　卒 1 进 1　　　6. 炮八平七　马 3 进 2
7. 车九进一　卒 1 进 1　　　8. 兵九进一　车 1 进 5
9. 车二进四　象 7 进 5　　　10. 车九平四　车 1 平 4
11. 马三进四　士 6 进 5　　　12. 马四进五　马 7 进 5
13. 炮五进四　卒 7 进 1　　　14. 炮五退二　车 8 平 7

双方以五七炮进三兵对屏风马列阵，这一路变化在 2011 年非常流行。黑方平车求变，以往多卒 7 进 1，车二平三，车 4 进 1，车三退一，马 2 进 1，炮七退一，炮 8 平 7，仕四进五，车 8 进 4，黑方可以抗衡。

15. 兵三进一　车 7 进 4　　　16. 炮七平二　……

兑炮好棋，抓住黑方左翼空虚的弱点。

16. ……　　炮 8 平 7

17. 相三进一　车 4 进 1

黑方左翼空虚，必须做出相应的调整。此时宜卒 3 进 1，相一进三，马 2 退 4，炮二平三，马 4 进 5，炮三进二，马 5 退 7。黑方一车换二，局势尚可。

18. 仕四进五　车 4 平 5（图 116）

败着。仍应车 4 退 2 加强防守，以下车二进五，炮 7 退 2，车二平一，车 4 平 5，黑方局势尚可。

19. 帅五平四　车 5 退 1
20. 车二平五　车 7 进 2

劣势之下黑棋走得非常顽强，一车换二暂解燃眉之急。

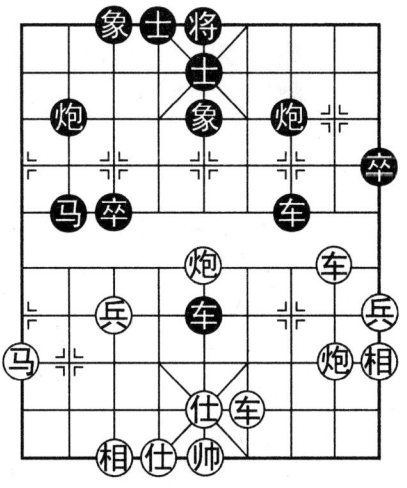

图 116

21. 炮二进七　炮 7 平 6　　　22. 车四平二　车 7 进 3
23. 帅四进一　车 7 退 6　　　24. 仕五进六　象 5 进 7

飞象伺机还架中炮，希望把局势搞乱，乱中求和。

25. 炮二平一　将5平6　　　26. 车二进八　将6进1
27. 炮一平六　……

平打炮士，撕开黑方的防线。

27. ……　　　车7平6　　　28. 帅四平五　炮6平5
29. 车五平二　车6平5　　　30. 相七进五　车5平6

如车5平8，相五退七，车8退3，炮六退一，士5退4，车二进五，红方也是胜势。

31. 相五退七　车6平5　　　32. 相七进五　车5平6
33. 相五退七　炮2平4　　　34. 炮六退一　将6进1
35. 后车进四　车6平5　　　36. 相七进五　车5平8
37. 相五退七　车8平5　　　38. 相七进五　炮5进5
39. 后车退一　……

黑方认负。

第117局　汪洋 胜 聂铁文

1. 炮二平六　马8进7　　　2. 马二进三　车9平8
3. 兵三进一　炮8平9　　　4. 马八进七　卒3进1
5. 炮八进四　象7进5　　　6. 炮八平三　……

平炮扫卒压制黑马，正着。如炮八平七，马2进1，车九平八，炮2平4，炮七平三，卒1进1，红炮后手调整，要多花费一步棋，黑方满意。

6. ……　　　炮2平3　　　7. 相七进五　……

飞相正确，如车九平八，马2进1，马三进四，车8进4，黑方阵型协调，红无趣。

7. ……　　　卒1进1　　　8. 车九平八　马2进1
9. 车一进一　车8进4　　　10. 马七退九　……

退边马是本届象甲联赛中弈出的新变。以往多车一平四，卒3进1，相五进七，马1进2，仕六进五，车1进1，双方对抢先手。退马的好处在于避开黑方3路炮的牵制，缺点在于要多花费一手棋协调阵型，子力进攻速度较缓。

10. ……　　　士6进5　　　11. 车八进六　车1平2
12. 车八进三　马1退2　　　13. 马九进八　炮3进4
14. 马八进九　……

双方兑子交换以后，红方稍好。

14. ……	马2进1	15. 车一平八	炮3平9
16. 炮六平七	前炮平1	17. 仕六进五	……

以上几个回合红方走得非常稳健，车马炮运至黑方右翼，蓄势待发。

17. ……	马7退8	18. 车八进五	车8平5
19. 车八退三	炮1进3	20. 车八进五	卒3进1

冲卒准备强行邀兑红车。从实战的进程来看，这手棋被红方利用。此时黑方更为耐心的下法是炮1退3，炮三退一，炮1平3，双方仍是均势。

21. 马九退七　……

红方边马的位置显然不如相头马的位置，面对黑方送上的大礼岂能不受？

21. ……	车5平2	22. 车八退三	马1进2

23. 马三进四　……

至此，黑方子力分散，红方进马加强进攻，明显占先。

23. ……	马2进4	24. 炮七退一	炮1退7

退炮加强防守，稍显保守。可以考虑马8进6，更为积极一些。

25. 马四进六	马8进6	26. 炮三平二	卒5进1

冲卒拦马不如马6进8，顶住红炮更易防守。

27. 炮二平八	炮1平2
28. 炮八退一	马6进5
29. 炮八平五	将5平6
30. 兵五进一	马5退7
31. 仕五进六	……

扬仕，准备左炮右移展开最后一击。

31. ……　　马7进6（图117）

速败。炮9退1较为顽强，炮七平四，马7进5，马七进六，炮2平4，炮五平四，将6平5，后马进四，炮4退1，较实战顽强得多。

32. 马七进六	马6进7
33. 炮五平四	马7退5
34. 后马进四	炮9平6

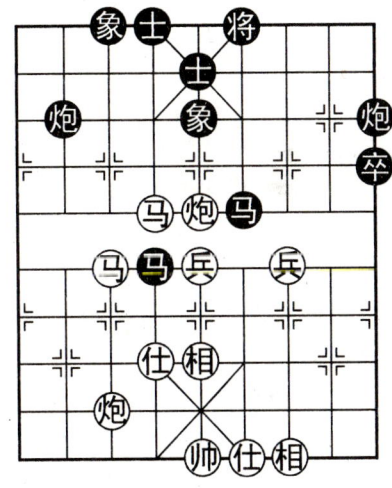

图117

35. 马四退二　马5退6

36. 炮四进二

红方得子胜定，黑方认负。

第118局　朱晓虎 和 许银川

1. 炮二平五　马8进7　　　2. 马二进三　车9平8
3. 车一平二　马2进3　　　4. 兵三进一　卒3进1
5. 马八进九　卒1进1　　　6. 炮八平七　马3进2
7. 车九进一　象3进5

形成典型的五七炮进三兵对屏风马3卒右象的变化，而飞右象也是许银川老师喜欢下的变例。

8. 车九平六　车1进3　　　9. 马三进四　……

朱晓虎抱着向许老师学习一盘的态度，选择了近期比较喜欢的马三进四变例。

9. ……　　马2进1

另如士4进5，马四进六，车1平4，车二进一，红方稍先占手。选择马2进1，可见许老师不甘局面平淡发展。

10. 车二进六　……

先弃后取，官着。如炮七退一，黑可炮8进5顺势封车，红方很难发展。

10. ……　　马1进3　　　11. 马九进八　车1平2
12. 马八退七　士6进5

正变。如炮8平9，车二平三，车8进9，马七退五，红优。朱晓虎曾在一级棋士赛上与许国义用此变化。

13. 马四进六　……

只有四路马位置最好，所以唯一的攻击手段就是策马过河，伺机奔卧槽。

13. ……　　卒5进1

正着。如车2平4，兵七进一，卒3进1，马七进九，红优。

14. 兵七进一　炮8平9

新着。以前多炮2平4，车六平四，再炮8平9兑车，以下车二进三，马7退8，兵七进一，象5进3，炮五进三，红方稍先。

15. 车二进三　……

许老师上一步平炮兑车的新着走得很快，显然是有备而来。朱晓虎面对许老师的新着不敢轻动，足足思考了近半个小时才想好对策。

15. ……　　马7退8　　　16. 炮五进三　……

红方此前想好的着法。不甘平淡，选择了比较激烈的炮五进三变化。如车六平四，炮2平4，还原成以往的阵势。

16. ……　　车2平5　　　　**17.** 兵五进一　卒3进1
18. 马七进五　卒3进1

红方没有想到黑方弃卒,这手棋大大出乎预料。红方的算度是车5平3,炮五平九,炮2平1,炮九平八,炮1平2,兵五进一,炮9进4,局势复杂,互有机会。

19. 马六退七　车5平3　　**20.** 马七进六　车3进6

弃卒后破掉仕相,以求把局面搞乱,增加红方防守难度,可见许老师一心求胜,而黑方当前的主要任务是要把局面稳住。

21. 车六平八　车3退6

防守要点。如卒1进1,车八进五,黑车没点可守,红优。

22. 炮五平九　炮2平1　　**23.** 兵五进一　象5进3
24. 车八平二　马8进7　　**25.** 马五进四　象3退5
26. 车二进二　马7退6　　**27.** 车二平七　……

找到不好的进攻点,所以选择兑车,临场感觉位置很好且多中兵,应该有机会,此时队里的其他三盘棋都已成和,所以想先形成有赢无输的局面。

27. ……　　车3进3　　　　**28.** 马六退七　卒7进1
29. 马七进八　……

应兵三进一,象5进7,马七进八,象7进5,马八进六,控制黑方的6路马,红方机会较大。

29. ……　　卒7进1　　　　**30.** 马四进二　炮1退1
31. 马八进六　马6进7　　**32.** 马六进七　将5平6
33. 马二退三　炮9退1
34. 马七退八　炮1进2
35. 相三进五　士5进6
36. 马八进七　士4进5
37. 马七退六　炮9平6

1路炮和6路炮迅速占据了要津,红方感觉进攻无门。

38. 仕六进五　象7进9
39. 马六退五　象9退7
40. 马三进二　将6平5
41. 马五退三　马7退8
42. 马三进四(图118)　……

最大失误。应马二进三,马8进9,

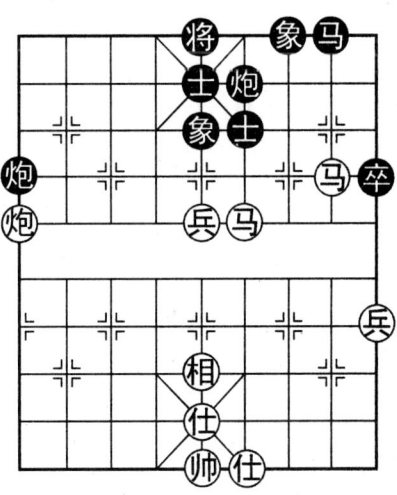

图118

马三退一，兑马后红方有机会谋卒，尚有取胜机会。

42. ……　　　炮6进3　　　43. 马二退四　士5进4
44. 仕五进六　马8进9　　　45. 马四退二　……

忽略了黑方炮1退2的手段。应兵五进一，红方仍有纠缠的机会。

45. ……　　　炮1退2　　　46. 兵一进一　炮1平9
47. 马二进四　马9退7　　　48. 马四退三　马7进8

吃死红兵，和定。

第119局　孙浩宇 负 申鹏

1. 炮二平五　马8进7　　　2. 兵七进一　……

先挺七兵把布局纳入自己的战略部署中，是一种以我为主的下法。

2. ……　　　卒7进1　　　3. 马二进三　车9平8
4. 马八进七　马2进3　　　5. 炮八进二　象3进5
6. 车一平二　车1平3

象位车是后手应对巡河炮最有反弹力的下法。

7. 马七进六　……

进马是孙浩宇大师比较喜欢的下法。比较经典的应法是车九进二，炮2退1，车二进六，炮8平9，车二平三，车8进2，双方对峙。

7. ……　　　炮8进4　　　8. 车九进一　……

正着。如炮五平七，士4进5，马六进七，车3平4，车九进二，车4进6，黑方颇具反弹力。

8. ……　　　炮2进2

改进之着。以往多士4进5，炮五平六，炮2进2，车二进一，炮2平6，车二平四，红方易走。

9. 车二进一　炮2平4　　　10. 炮五平八　……

平炮便于调整阵型，同时避开黑方车3平2的攻击。

10. ……　　　士4进5　　　11. 相三进五　卒5进1

冲卒准备盘活双马，必走之着。

12. 前炮进一　车3平4　　　13. 前炮平五　炮4平1
14. 车九平六　炮8平5　　　15. 马三进五　车8进8
16. 车六平二　车4进5　　　17. 马五退三　炮1平4

交换以后，黑方子力占位灵活，已经取得反先之势。

18. 车二进五　车4平5　　　19. 车二平七　马3进5

20. 炮八退一（图119） ……

坏棋。宜兵七进一，炮4进4，炮八进三，车5进2，马三退五，马7进6，车七平五，马6进7，炮五进二，象7进5，车五退四，马7进5，马五进三，红方足可一战。

20. …… 炮4进4

进炮巧手，形成捉双之势。

21. 车七平六　车5退1
22. 车六退五　车5进3
23. 马三退五　车5退2

从当前的局面来看，红方子力都壅塞在二路线以内，局面已经很难处理，黑方优势很大。

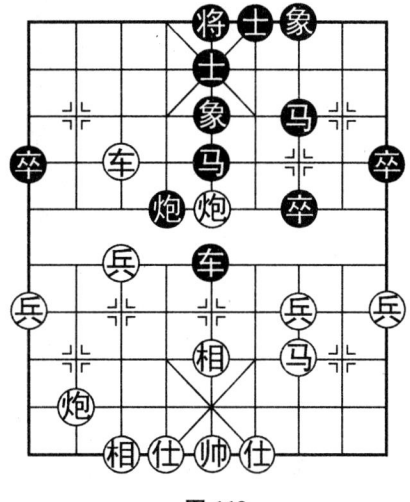

图119

24. 车六进一　车5平3　　25. 马五进七　车3进1
26. 兵一进一　马5进6　　27. 炮八平七　车3平7
28. 马七进八　车7平5　　29. 仕四进五　车5平1

扫兵，扩大物质优势。

30. 车六平九　车1平2　　31. 马八进九　车2退3

退车制马，红方局面可谓雪上加霜。

32. 仕五进六　马7进5　　33. 炮七平五　马6进4
34. 车九进一　马4退3　　35. 炮五平九　马5退3

黑方得了，红方认负。

第120局　赵鑫鑫 胜 谢业枧

1. 炮二平五　炮8平5

谢业枧有"顺炮王子"之称，曾于2009年夺得全国首届智力运动会男子快棋冠军，是一位非常有实力的象棋大师。

2. 马二进三　马8进7　　3. 车一平二　车9进1
4. 马八进七　车9平4　　5. 兵三进一　车4进4

进车捉兵，在近年的大赛中很难见到。谢大师老谱翻新，应该是有自己的秘密武器。

6. 炮五平四　……

卸中炮是后中先走法。

6. ……　　车4平7　　　　7. 车二进二　炮2平4

果然谢大师走出新变。以往多马2进1，相三进五，车7进1，炮八退一，卒7进1，炮八平三，车7平6，仕四进五，红方先手。

8. 相七进五　车7退1　　　9. 炮八退一　车7平6
10. 马三进二　车6平8　　11. 炮八平三　……

平炮牵制黑方的7路线是既定战术，符合棋理。

11. ……　　马2进3　　　12. 兵七进一　车1平2
13. 仕六进五　车2进4

双车巡河，静观其变，稳健。

14. 车九平六　士6进5　　15. 车六进四　卒3进1
16. 车二平三　卒3进1
17. 车六平七　马3进4（图120）

进马坏棋。可以考虑卒7进1，黑方阵型更为舒展。试演一例：卒7进1，炮三平二，车8平9，车三进一，象7进9，黑方足可抗衡。

18. 车三进一　……

进车好棋。充分考虑到双炮的灵活攻击能力，扬长避短。

18. ……　　马4退2
19. 炮四平二　车2进3
20. 车七平四　马2进4
21. 车四平七　马4退2
22. 车七平四　马2进4
23. 车四平七　马4退2
24. 车七平四　车8平3

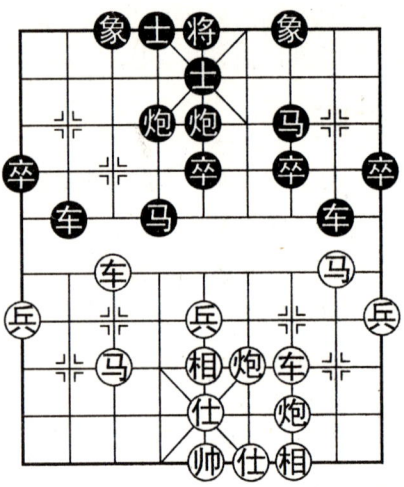

图120

黑棋不能长捉红车，只好变着。

25. 车四进一　……

也可考虑车三进三吃卒压马，红方优势。

25. ……　　车2退3　　　26. 车四平七　车2平3
27. 车三进三　……

进车紧凑，不给黑方调整阵型的机会。

27. ……　　炮4平3　　　28. 炮三进六　炮3进5
29. 炮二平七　车3进3　　30. 马二进四　……

交换以后,红方三子归边,形势大优。

30. ……　　车3退3

象7进9较为顽强。

31. 马四进二　马2进4　　　　**32.** 炮三平二　象7进9
33. 炮二进二　将5平6　　　　**34.** 车三进三

如将6进1,车三退一,将6退1,马二进一,红方胜定。

第二十一轮（2011年9月6日于鄂尔多斯）

第 121 局　陆伟韬 和 徐超

1. 炮二平五　……

这是2011年伊泰杯全国象棋甲级联赛第20轮的比赛，由河北队小将陆伟韬对阵江苏队徐超。陆伟韬首次代表河北队出战，发挥出色，净赚三盘，是河北队保级的大功臣。

1. ……　　马8进7	2. 马二进三　车9平8
3. 车一平二　卒7进1	4. 车二进六　马2进3
5. 马八进七　卒3进1	6. 车九进一　炮2进1

至此形成了中炮直横车对屏风马两头蛇的架子。此时黑方另有象3进5的选择，也是近期比较流行的变化，车九平六，马7进6，兵五进一，卒7进1，形成复杂变化。

| 7. 车二退二　象3进5 | 8. 兵七进一　炮8进2 |

9. 兵三进一　……

另一常见变化是车九平六，待士4进5之后再车六进七，另有攻守。

9. ……　　卒3进1

常见选择是炮2进1，车九平六，士4进5，相对平稳。

| 10. 兵三进一　卒3进1 | 11. 马七退五　…… |

保持变化。如车二平七，卒3进1，车七退二，马3进4，兵三平二，车8进4，局面平稳，接近均势。

| 11. ……　　象5进7 | 12. 车九平六　士4进5 |

也可考虑马3进4，红如马三进四，马4进6，车二平四，士4进5，平稳，黑方满意。

13. 车六进五（图121）　……

进车骚扰，意图打乱黑方阵型。此时黑方阵型稳固，红方并没有什么好的进攻手段，如马三进四，象 7 退 5，马四进二，车 8 进 4，车二平三，马 7 进 6，车三平七，车 1 进 2，黑方反先。

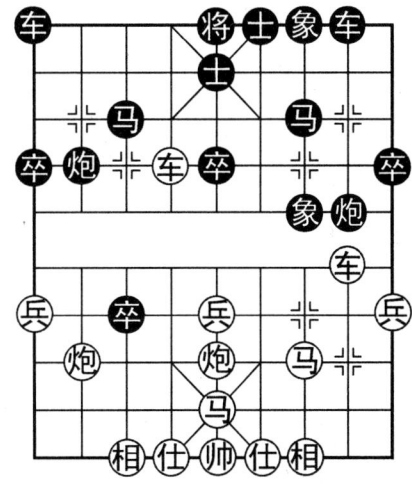

图 121

13. ……　　　炮 8 退 1
14. 车六进二　炮 8 退 2
15. 车六退二　炮 8 进 2
16. 车六进二　炮 8 退 2
17. 车六退二　炮 8 进 2
18. 车六进二　车 1 平 4
19. 车六进一　士 5 退 4
20. 车二平七　马 3 进 4
21. 炮八平九　车 8 进 1

稳健。保持变化的话可炮 2 退 1，车七平六，炮 8 进 1，炮九进四，炮 2 平 1，黑势不差。

22. 炮九进四　车 8 平 1　　23. 炮九平五　马 7 进 5
24. 炮五进四　马 4 退 6　　25. 炮五平二　……

错失机会。以上一段黑方过于消极，红方此时应炮五退一，车 1 进 3，马五进四，炮 8 平 7，马三进二，红有空头炮占优。

25. ……　　　炮 2 平 8　　26. 马五进四　炮 8 平 7
27. 马四进二　炮 7 进 4

简化之后和棋。

第 122 局　吕钦 胜 党斐

1. 炮二平五　马 8 进 7　　2. 马二进三　车 9 平 8
3. 马八进九　马 2 进 3　　4. 炮八平六　车 1 平 2
5. 车九平八　卒 7 进 1　　6. 车一平二　炮 2 进 2

双方以五六炮双直车对屏风马进 7 卒布局。炮 2 进 2 稳健，如欲寻求较为激烈的对抗可炮 2 进 4 或炮 8 进 4，局面导向复杂。

7. 车二进六　马 7 进 6　　8. 车八进四　士 4 进 5

正着。如卒 7 进 1，车二平四，卒 7 进 1，车四退一，卒 3 进 1，车四平七，象 3 进 5，车七平二，卒 7 进 1，炮六平三，黑方车马受牵，红优。

9. 兵九进一　象 3 进 5　　10. 车二退三　马 6 退 7
11. 车二进一　马 7 进 8　　12. 车二平六　马 8 进 7

群雄逐鹿

13. 兵七进一　炮 8 平 7

至此已经形成黑方满意的局面。

14. 炮六平七　……

当前局面下红方虽然在开局阶段左炮的行棋效率欠佳，花费了两步棋炮八平六和炮六平七。但是红方得到的一个补偿就是右车左调，七路炮牵制黑方的 3 路线。

14. ……　　　卒 7 进 1

正着。如车六平三，炮 2 平 7，黑方大优。

15. ……　　　马 7 进 5（图 122）

稳健。黑方这时有一路弃子抢攻的下法：卒 3 进 1，炮七进五，炮 7 平 3，炮五平八，炮 3 进 7，仕六进五，车 8 进 4，车六平三，炮 3 平 1，车三退一，卒 3 进 1，车八平七，车 2 平 4，黑方弃子有攻势。

15. 兵七进一　……

图 122

16. 相三进五　炮 7 进 5

17. 炮七平三　卒 3 进 1

交换以后局势比较平稳。

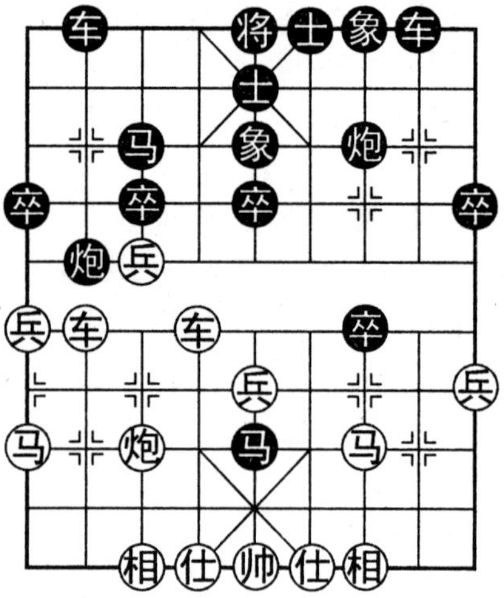

18. 炮三退一　……

退炮轻盈。如车六平三，车 8 进 6，红方不好处理。

18. ……　　　车 8 进 4　　　19. 车六平三　车 2 平 4

20. 炮三平七　卒 3 进 1　　　21. 车三平七　炮 2 平 3

22. 车七平五　炮 3 平 6

稍显消极。可以考虑马 3 进 4，车八平六，卒 5 进 1，车五平四，车 8 进 2，黑方可战。

23. 车八平七　炮 6 平 3　　　24. 炮七平三　车 8 平 5

消极求和。还应车 4 进 4，局势两分。

25. 车五进一　卒 5 进 1　　　26. 马九进八　……

黑炮受牵制，中卒虚浮，红方取得稍好的局面。

26. ……　　　马 3 进 5　　　27. 马八进九　车 4 进 6

28. 兵九进一　炮 3 退 4　　　29. 车七进二　马 5 进 3

30. 炮三进五　马 3 进 2　　　31. 兵九平八　卒 5 进 1

冲卒顽强，同时给红方设下陷阱。红方如不察而兵五进一，马 2 进 4，帅五进一，车4平9，黑大优。

32. 马九进八　卒5进1　　　　33. 炮三平五　炮3平4
34. 兵八进一　……

对攻之着。红方算准局面有惊无险，冲兵加强攻势。

34. ……　　　车4退5　　　　35. 车七退三　车4进5

黑方仍有谋和机会。可马2进3，车七退二，车4平2，和棋。

36. 车七进四　车4退5

面对吕特大的攻势，党大师很矛盾，在枰面上迷失了方向，心理上压力导致技术上出问题，此时炮4进1较为顽强。

37. 兵八进一　卒9进1　　　　38. 仕四进五　马2退1
39. 帅五平四　卒5平6　　　　40. 炮五平九　炮4平1
41. 车七进二　车4退1　　　　42. 炮九平五

绝杀，红胜。

第123局　许银川 和 洪智

1. 兵七进一　炮2平3　　　　2. 炮二平五　象3进5
3. 炮五进四　士4进5　　　　4. 相七进五　马2进4
5. 炮五退一　车1平2　　　　6. 马八进六　车9进1
7. 马二进三　车9平6　　　　8. 兵三进一　车2进4
9. 兵五进一　车6进5　　　　10. 车一进一　……

形成仙人指路对卒底炮的常见阵型。

10. ……　　　马8进7　　　　11. 车九平八　……

这里有一个行棋次序问题。此时红方也可炮八平七，车6平4，车一平二，炮8平9，车九平八，车2进5，马六退八，演变下去红方稍好。

11. ……　　　车6平1

由于红方先出左车，局面的选择权交给黑方。平车扫兵，着法自然。

12. 炮八平七　车2进5　　　　13. 马六退八　车1平2
14. 马八进六　车2平4　　　　15. 马六进五　……

进中马阻车亮车，一举两得。也可马六进四，双方另有攻守。

15. ……　　　炮3进3　　　　16. 车一平二　……

这手棋多为车一平九，也是马六进五的后续手段。

16. ……　　　炮8平9　　　　17. 车二平九　马7进5
18. 车九进五　马4进2　　　　19. 车九平八　……

另有仕六进五的变化，炮3进1，车九平七，马5进3，车七平八，炮3平1，车八退二，炮1退6，双方互缠，许银川之所以没有选择这一路变化，而选择实战中平车拦马，可能是顾忌到洪智特级大师中残局扭杀能力强的特点，尽量把局面导向平稳。

19. ……   炮3进1
20. 炮七进四   车4退3
21. 炮五平九   马5进4
22. 炮九进一   马4退3
23. 马五进七   车4进3
24. 炮九平七   炮3退3
25. 车八平七（图123） ……

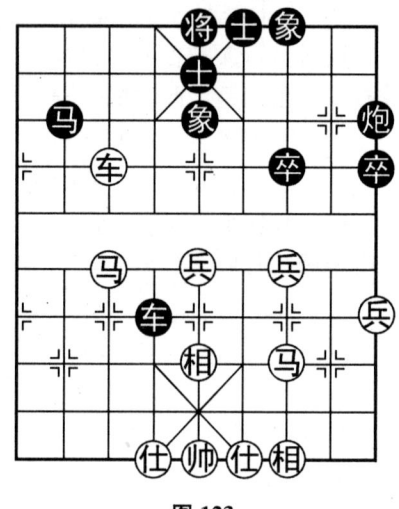

图123

双方交换以后，红方仅多一个中兵，大体均势。但是许银川的残局功力深厚，洪智仍然不能掉以轻心。和棋，必须和得干净，看洪智如何进一步简化局面。

25. ……   车4平7
26. 马三退二   卒7进1
27. 兵三进一   马2进3
28. 马二进一   车7退2
29. 兵五进一   卒9进1
30. 车七平一   ……

平车正着，否则炮9进4以后和定。

30. ……   象5退3
31. 仕六进五   马3退4
32. 车一平六   炮9进4

消灭红兵以后，黑棋谋和的办法很多。

33. 兵五进一   炮9平8
34. 马一进二   卒9进1
35. 马二退四   车7平6
36. 马四退六   炮8退1

双方同意作和。

第124局　郝继超 负 张强

1. 炮二平五   马2进3
2. 马二进三   炮8平6
3. 车一平二   马8进7
4. 兵三进一   卒3进1
5. 马八进九   象7进5
6. 炮八平六   车1平2
7. 车九平八   炮2进4

形成五六炮进三兵对反宫马的典型阵势。

8. 兵五进一（图 124） ……

冲中兵是郝大师的独特构思。以往多马九退七，炮 2 退 1，兵九进一，车 9 平 8，车二进九，马 7 退 8，车八进三，红方通过退马驱炮，扩大了红方左车的空间。

8. ……　　　士 6 进 5

面对新着，张强稳稳地补了一手士，以不变应万变。通常面对对方弈出的新着，如果临场可以计划到反击着法则进行反击，毫不手软。如果一时间难以找到办法，那么可以选择一种巩固棋型的稳健下法——占据攻守的要点。

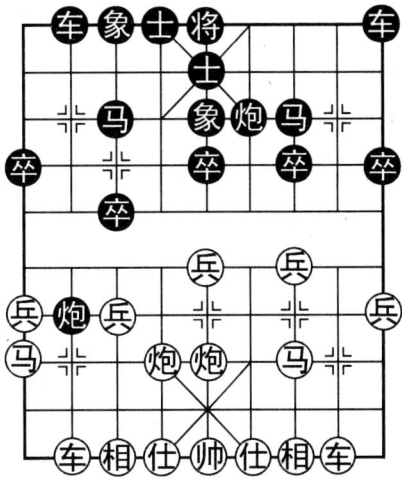

图 124

9. 兵九进一 ……

开局阶段红方走了三步兵。虽然各有各的战术意图，但是大子出动毕竟缓慢一些。

9. ……　　　卒 7 进 1

进卒活通马路，并且保留还架中炮的机会，好棋。

10. 兵三进一　象 5 进 7	**11.** 车二进六　炮 6 平 5
12. 仕四进五　炮 5 进 3	**13.** 车二退二　卒 5 进 1
14. 兵七进一　卒 3 进 1	**15.** 炮六平七　马 3 退 1

退马稳健。也可以选择炮 2 平 3，炮七进二，车 2 进 9，马九退八，象 7 退 5，黑方优势。

16. 车二进三　车 9 平 7	**17.** 马三进五　卒 3 平 4
18. 马五进三　马 7 进 5	**19.** 车二退四　象 7 退 5
20. 马三退四　马 5 进 3	

进马进一步压缩红子的活动空间，优势扩大。

21. 炮七进二　炮 5 平 3	**22.** 车二平八　车 2 进 6
23. 车八进三　炮 3 进 2	**24.** 炮五进五　象 3 进 5
25. 车八进五　……	

边马是一枚"弃子"，红方吃马以后车位欠佳，黑方可以放手进攻。

25. ……　　　卒 5 进 1	**26.** 车八平九　卒 5 进 1
27. 车九平六　马 3 进 2	**28.** 相三进五　卒 5 平 6
29. 车六平八　马 2 退 3	**30.** 马四退三　卒 4 平 5

车 7 进 8 更为紧凑。

31. 车八退四	卒 5 进 1	32. 车八平七	炮 3 平 2
33. 马九进八	炮 2 进 2	34. 马八进七	卒 5 进 1
35. 马三进二	车 7 进 7	36. 马七进五	马 3 退 4
37. 车七平二	士 5 进 6	38. 车二平八	卒 5 进 1
39. 帅五进一	车 7 平 8	40. 车八退四	车 8 进 1
41. 帅五退一	卒 6 进 1		

红方大势已去，投子认负。

第 125 局　陶汉明 负 王天一

1. 马八进七　卒 3 进 1　　　**2.** 兵三进一　……

挺三兵，开通右马的通路，防止黑方形成两头蛇阵势，避免双马同时受制。

2. ……　　马 2 进 3　　　**3.** 马二进三　……

进三兵，跳右正马，形成屏风马阵势，是红方主要的攻法。

3. ……　　车 1 进 1　　　**4.** 炮二平一　……

平右炮加快右翼主力（车）的出击，正常的选择。

4. ……　　车 1 平 7　　　**5.** 马三进四　卒 7 进 1

6. 炮一平三　马 8 进 9　　　**7.** 车一平二　车 9 平 8

8. 炮八平九　车 7 平 6

平车捉马，迫使红马定位。

9. 马四进三　炮 8 平 7　　　**10.** 车二进九　马 9 退 8

11. 车九平八　车 6 进 2　　　**12.** 兵三进一　炮 2 进 2

13. 相三进五　炮 2 平 7　　　**14.** 车八进四　象 7 进 5

15. 兵七进一　……

以上几个回合都是强制性下法，双方攻守俱正。红方冲七兵被黑棋利用，可以考虑车八平一，马 8 进 6，仕四进五，卒 9 进 1，车一进一，卒 1 进 1，车一退一，马 6 进 7，车一进二，马 3 进 4，车一平三，车 6 平 7，炮三进四，大体均势。

15. ……　　马 3 进 4

软着。应马 8 进 6，兵七进一，马 6 进 7，兵七进一，马 3 退 5，炮九进四，马 7 进 9，炮三进五，马 5 进 7，黑方优势。

16. 炮九进四　车 6 进 5　　　**17.** 仕六进五　后炮平 8

18. 帅五平六　……

坏棋。宜炮三退二先避一手。

| 18. …… | 马4进6 |

进炮叫将，拉开了黑方进攻的序幕。

| 20. 帅六进一 | 马6进7 |

红帅被迫成"山顶公"，形势危险。

21. ……	马8进7
23. 车八平六	士6进5
24. 车六退一（图125）	……

败着。车六进一较为顽强。前马退5，车六退二，马5进7，马七进八，炮7退5，炮九平三，车6平8，车六平三，车8退1，炮三退四，局面松透，红方可战。

| 24. …… | 象5进3 |
| 25. 兵五进一 | 车6退6 |

退车准备右移，形成两翼夹攻之势。

26. 相五进三	车6平2
27. 帅六平五	车2进5
28. 车六平七	象3退5
29. 帅五平六	……

炮九退二较为顽强。

29. ……	车2退4
31. 帅六平五	车4进2
33. 相七进五	前马退6

退马连消带打，迫使红马离开防守要点。

| 34. 马三进一 | 马7退8 |

伏炮8平6的攻着，红方认负。

19. 炮三平二	炮7进5
21. 帅六进一	……
22. 兵七进一	炮7退1

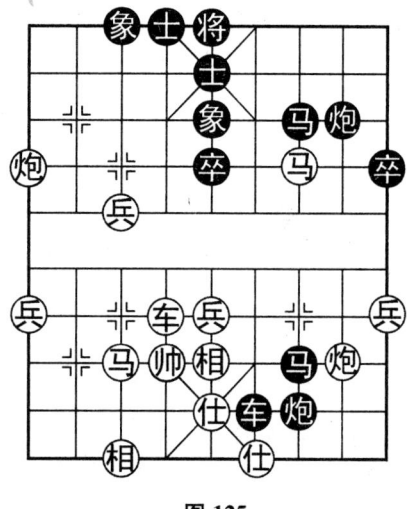

图 125

| 30. 炮九进三 | 车2平4 |
| 32. 帅五平四 | 车4平5 |

第126局　孙勇征　负　程吉俊

1. 兵七进一	炮2平3	2. 炮二平五	象3进5
3. 马二进三	卒3进1	4. 马八进九	卒3进1
5. 车九平八	车9进1	6. 仕六进五	……

红方补仕，引而不发，稳健。

| 6. …… | 车9平4 | 7. 炮五进四 | 士4进5 |

8. 炮五平一　　炮8平9

平炮是近年兴起的下法，另有马8进9或马2进1等多种应法另有攻守。

9. 车一平二　　马8进7　　　　10. 炮一退二　　马7进5

11. 炮八平四　　车4进5

进车过河着法积极。如马5进3，相七进五，卒3进1，炮四进六，士5退4，炮四退三，红方略好。

12. 炮四进一　　车4退2　　　　13. 炮四退一　　车4进2

14. 炮四进一　　车4退2　　　　15. 炮四退一　　马2进4

16. 兵三进一　　卒7进1　　　　17. 车二进四　　……

如兵三进一，车4平7红马受攻，又如炮一平七，卒7进1，红方同样受攻。

17. ……　　　　炮9平7　　　　18. 马三退一　　车4进2

19. 兵三进一　　马5进7　　　　20. 炮一平七　　车4平5

黑方虽然损失过河卒，但是中车打通黑方兵线，仍有补偿。

21. 相三进五　　马4进5

22. 炮七退三　　车1平4

23. 仕五进六（图126）　　……

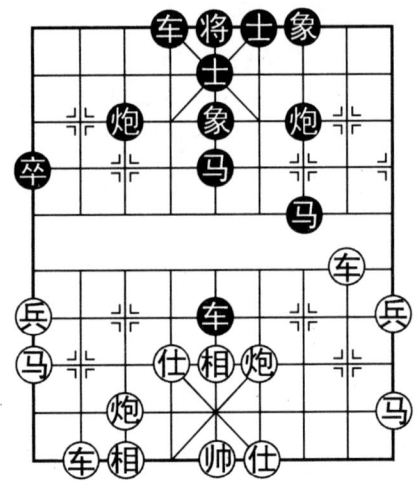

图 126

败着，忽略黑方炮换双相的手段。应车八进二，车5平9，车八平六，顽强坚守。

23. ……　　　　炮3进7

24. 车八平七　　车5进1

棋谚：一炮换双相，其势必英雄。黑方硬生生撕开红方防线。

25. 仕四进五　　马7进5

26. 马一进二　　炮7进4　　　　27. 炮四退一　　前马进4

28. 炮七平六　　车4进6

伏有车5进1的手段，红方认负。

第二十二轮（2011年9月7日于鄂尔多斯）

第127局 黄竹风 胜 陶汉明

1. 炮二平五　马8进7
2. 马二进三　车9平8
3. 车一平二　卒7进1
4. 车二进六　马2进3
5. 马八进七　卒3进1
6. 车九进一　象3进5
7. 车九平六　马7进6
8. 兵五进一　卒7进1
9. 车二平四　卒7进1
10. 兵五进一　卒7进1

双方以中炮直横车对屏风马两头蛇布阵。此时黑方虽然抢先吃到红马，但是把局势的选择权交给了红方，红方有兵五进一和兵五平四两种选择。

11. 兵五进一　士4进5

面对红方的中路攻势，此时士4进5补一手也是必走之着，不然中路受攻。

12. 车四退一　炮8平7

平炮瞄相好棋，既威胁了红方底线，又可开出8路车，是当前对抢先手的关键。

13. 相三进一　……

红方此时逃相很有必要，如不加理会黑方炮沉底以后，车炮卒配合的攻击速度明显比红方快。

13. ……　　车8进6

进车兵线起到封锁红马的作用，好棋。

14. 炮五进一　……

进炮意图是既护住自己的七路线，又威胁过河卒，稳健的选择。近年全国赛上又出现车四平五的攻法，其意图强攻黑方中路，双方变化复杂。

14. ……　　卒7进1
15. 兵五平六　车1平4
16. 炮八退一　卒7平8（图127）

平卒有意把局面引向复杂。以往多车8平7，炮八平三，炮7进6，车六平四，马3进5，兵六平五，车4进7，炮五退一，车7平5，兵五进一。象7进5，双方通过子力交换，形成一个比较平稳的局面。

17. 车六平四　炮7平6
18. 前车进二　……

好棋。这样交换下来，黑方中路欠了一手棋，显得比较空虚。

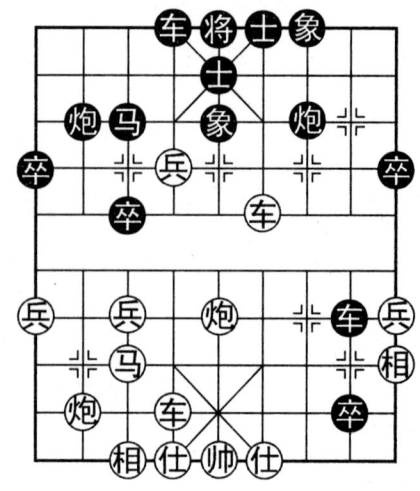

图 127

18. ……　　　车8平5
19. 马七进五　士5进6
20. 马五进四　炮2退1

退炮是最顽强的应法。既有炮2平4的先手，又可伺机炮2平5，弥补士5进6后的中路弱点。

21. 车四平二　马3进4　　22. 车二进二　炮2平5
23. 炮八平五　车4进1

空着。宜炮5进7，仕六进五，士6进5，这样黑方阵型比较稳固，易于持久战。

24. 车二平六　马4进6　　25. 车六平四　马6退4
26. 相一进三　炮5进7　　27. 仕六进五　士6进5

交换下来，红方的子力位置得到了改善，而黑方的子力仍原地踏步。

28. 兵一进一　卒1进1　　29. 兵六平五　马4退3
30. 兵五进一　象7进5　　31. 马四进五　……

红方一兵换双象以后，先手扩大。

31. ……　　　车4进1　　32. 马五退四　马3进2
33. 车四平二　马2进1　　34. 相三退五　马1退2
35. 马四进三　士5退6　　36. 马三退一　……

消灭9路边卒非常重要，红方以后可形成车马兵的子力配制，攻击力更强。

36. ……　　　卒1进1　　37. 马一退三　卒1进1
38. 兵一进一　士6退5　　39. 马三退五　车4进3
40. 马五进四　车4退2　　41. 马四退三　车4进1
42. 马三进四　车4退1　　43. 马四进三　……

第二十二轮（2011年9月7日于鄂尔多斯）

这类残局对双方运子取势能力要求非常高，双方要有足够的耐心去打一场持久战。现在跳马叫将，让黑方将位不安，正确。

43. ……	将5平4	44. 兵一平二	车4进1
45. 马三退四	车4退1	46. 马四退五	车4进1
47. 马五退六	……		

以退为进。以后可兵七进一兑卒，抢到马六进七的好位置。

47. ……	马2退3	48. 兵二进一	马3进5
49. 兵七进一	马5进6	50. 车二平九	卒3进1
51. 马六进七	马6进4	52. 车九平七	马4退5
53. 车七平五	马5退6	54. 兵二平三	车4进1
55. 兵三平四	马6进4	56. 马七退六	马4退2
57. 车五平八	马2进3	58. 车八进六	将4进1
59. 马六进七	车4退3	60. 车八平七	马3退2
61. 车七退三	将4退1	62. 兵四平五	……

兵的作用凸显出来，可强行兵五平六占据要点。

62. ……	将4平5	63. 车七平八	士5退4
64. 车八退一	士6进5	65. 仕五进六	马2进4
66. 兵五平六	车4平6	67. 车八平二	车6进1
68. 车二进四	士5退6	69. 车二退二	士6进5
70. 相五进三	……		

扬相露帅，顿显杀机。

| 70. …… | 将5平6 | 71. 车二平七 | …… |

平车困马，好棋。

| 71. …… | 马4退2 | 72. 车七平八 | |

黑马必失，红方胜定，陶汉明投子认负。

第128局　王斌　胜　张申宏

1. 炮二平五	马8进7	2. 马二进三	车9平8
3. 兵七进一	卒7进1	4. 马八进七	马2进3
5. 车一进一	象3进5	6. 车一平四	炮8平9
7. 兵五进一	士4进5	8. 兵九进一	……

双方形成中炮横车七路马对屏风马的阵势。挺兵伏有炮八平九牵制黑方边线，着法别致。

8. ……　　　车1平4	9. 炮八平九　炮2平1
10. 车九平八　炮1进3	11. 车八进四　炮1退1
12. 车八进三　车8进6	13. 炮九进一　……

进炮稳健。红方也可以选择车八平七，车8平7，炮五进一，炮1进2，车七平八，炮1平4，车四平六，卒7进1，对攻中红方先手。由于象甲的团体赛制，所以红方并没有选择这路变化激烈的下法，而是选择炮九进一，准备诱敌深入。

| 13. ……　　　车8平7 | 14. 马三进五　车7进3 |

车杀底相，看似气势汹汹，但是车在底线位置欠佳。

| 15. 车八平七　马7进6 | 16. 车七退一　马6进5 |
| 17. 马七进五　车4进6 | 18. 车七平九　炮9进4 |

红方马炮都在黑车的火力范围内，但是黑方却不敢吃任何一子，如车4平1以后车炮被牵，如车4平5，车九退一，双方交换，黑方也没有便宜。

19. 车九进三　象5退3
20. 车九平七　士5退4
21. 车七退三　炮9进3
22. 车四进四　炮1进1（图128）

败着。宜炮1退2，炮九进三，车4平5，车七平五，士4进5，黑方易走。

23. 兵五进一　车4平5
24. 车七平五　士6进5
25. 车五平三　象7进5
26. 兵五进一　车7平8
27. 车三平一　……

平车跟炮既化解了黑方的攻势，又顺势叫杀，红方已经大优。

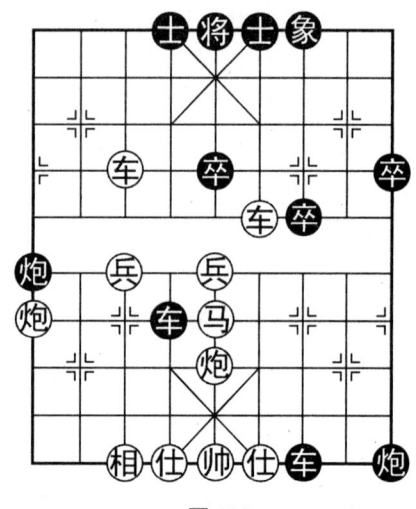

图 128

27. ……　　　象5退7 | 28. 车一进三　士5退6

29. 兵五进一　……

冲兵紧凑有力，红方胜势。

29. ……　　　炮1退4 | 30. 兵五平六　车5平1
31. 车四平五　象7进5 | 32. 兵六进一

黑方认负。

第二十二轮(2011年9月7日于鄂尔多斯)

第 129 局 张晓平 负 赵玮

1. 炮二进四 ……

首着进炮窥视中卒。虽然和中炮有相同的作用,但是由于受空间的限制,炮的控制范围和协调性明显不如中炮,因此这种布局很少在大赛中出现。晓平大师之所以选择这种下法,意在出奇制胜。

1. …… 马 8 进 7	2. 马二进三 卒 7 进 1
3. 炮二平三 车 9 平 8	4. 车一平二 象 3 进 5
5. 车二进四 炮 8 平 9	6. 车二进五 马 7 退 8
7. 炮八平五 马 2 进 4	

跳拐角马加右翼子力出动的速度。也可车 1 进 1,炮五进四,士 4 进 5,马八进九,马 2 进 3,炮五平一,马 8 进 7,炮一平二,马 7 进 5,双方对峙。

8. 车九进一 炮 9 平 7	9. 车九平六 车 1 进 1

10. 兵五进一 ……

冲中兵稍显虚浮,可以考虑车六进三较为稳健。

10. …… 马 8 进 9	11. 炮三平四 卒 7 进 1

12. 兵五进一 ……

再冲中兵。双方短兵相接,局势顿时紧张起来。

12. …… 卒 7 进 1	13. 马三进五 卒 5 进 1
14. 炮五进三 马 4 进 5	

这一轮交锋,红方取得中炮,黑方谋得一个过河卒,且有炮 7 进 7 的先手,红方仍要补一手棋。但是飞相以后,右翼成为黑方的进攻方向,黑方满意。

15. 相三进五 卒 7 平 6	16. 炮四平七 炮 7 进 1

兑炮化解红方攻势,正确。

17. 马五进七 车 1 平 3	18. 炮七平三 马 9 进 7
19. 车六进五 马 7 进 6	20. 马七进八 车 3 进 5

21. 后马进九 ……

软着。宜前马进六,将 5 进 1,车六平九,将 5 平 4,炮五平四,双方对攻。

21. …… 车 3 平 4	22. 车六进一 车 4 退 4
23. 马八进六 将 5 进 1	24. 马六退七 炮 2 平 1
25. 兵九进一 ……	

挺边兵正确,如马七进九,炮1进4,前马进七,将5退1,马九进七,士4进5,黑方反击速度明显快于红方。

25. ……　　将5平6　　　　26. 马七进九　马6进4
27. 炮五进二　……

应炮五平九,炮1平2,仕四进五,马5进3,炮九平八,卒6平7,前马进七,红方局势尚可。

27. ……　　炮1进3　　　　28. 仕六进五　炮1进1
29. 炮五平二　马5进7　　　　30. 炮二退六　士6进5
31. 炮二平四　士5进6
32. 后马进七(图129)　……

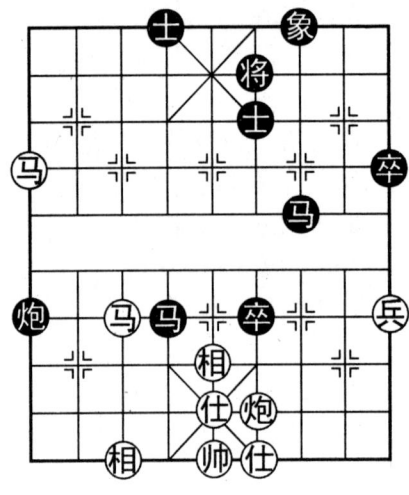

图129

败着。应前马进七,马4进2,马七进六,将6平5,兵一进一,红方可以抗衡。

32. ……　　士4进5

软着。应卒6进1,仕五进四,炮1进3,相七进九,炮1退6,黑方得子。

33. 马九进七　……

红方逃过一劫后,进马组织反攻。

33. ……　　将6退1
34. 前马进五　炮1进3
35. 相七进九　马7进5
36. 马七退八　……

坏棋。应马七进六,卒6进1,马五退三,将6平5,仕五进四,双方对攻,互有机会。

36. ……　　马4进2　　　　37. 马五进三　马5进3
38. 马三退四　马3进1　　　　39. 马四退五　卒6平5
40. 马五进六　马2退4

红方已经取得进攻机会,但是前一段用时过多,造成超时作负,殊为可惜,红方开局阶段采用冷僻的下法,并未取得预期的效果。中局阶段沉着冷静,一度扭转颓势,最终超时作负,这盘棋不失为一盘佳构。

第130局　孟辰　胜　孙勇征

1. 炮二平五　马8进7　　　　2. 兵三进一　车9平8
3. 马二进三　卒3进1　　　　4. 车一平二　马2进3

第二十二轮（2011年9月7日于鄂尔多斯）

5. 炮八平七 ……

红方先平炮七线，改变了以往马八进九的次序，对黑方有一定的"考验"。

5. ……　　士4进5

补士静观其变，应着工稳。如马3进2将自行削弱中防，红方马三进四占先。

6. 车九进一　　象3进5　　　　**7. 车九平六　　马3进2**

8. 马八进九　　炮8进4

进炮封车策应右翼，积极。

9. 马三进四　　车1平2　　　　**10. 车二进二** ……

正着。如兵三进一，炮8平3，车二进九，炮3进3，仕六进五，马7退8，以后黑方在红方右翼集结车双炮马四个强子，红方防守压力很大，易陷被动。

10. ……　　炮8平3

略显急躁。宜马2进1先试探红炮的定位。炮七平六，炮2进4，马四进六，卒5进1。黑方隐而不发，阵型颇具反弹力。

11. 马九进七　　车8进7　　　　**12. 马七进八　　车8退3**

13. 马八进七 ……

红方以一车换二的方式取得占位灵活的优势，用心良苦。

13. ……　　车2平1　　　　**14. 车六平八** ……

平车吃炮好棋，快速打开局面。如马四进五，马7进5，炮五进四，车8平5，车六平四，车5进2，仕四进五，炮2退2，黑方没有明显弱点，红方有顾忌。

14. ……　　炮2平1　　　　**15. 炮七平八　　炮1退1**

退炮缓着。本意是想以后炮1平3再车1进2驱走红马，但是红方岂能给黑方从容布阵的机会？宜炮1平2，炮八平九，车8平6，马四进六，炮2退2，黑方足可抗衡。

16. 炮八进三　　车8退3　　　　**17. 炮八进三　　士5进4**

18. 马四进五 ……

红方得势不饶人，这手棋走得非常紧凑，显示出深厚的功力。

18. ……　　马7退8（图130）

败着。宜车8平3，马五进三，车3进1，炮八平二，士4退5，车八进七，炮1进5，黑方可解燃眉之急。

19. 炮八进一　　车8平3　　　　**20. 炮五平七　　士4退5**

21. 马七退九　　车3平4　　　　**22. 马九进七** ……

马五进七更有攻击力。

22. ……　　　卒3进1

无奈。不能再车4平3顶马，红方有马七进九得子的手段。

23. 车八进五　　车4进6
24. 炮七退一　　车4进1
25. 炮七进一　　车4退1
26. 炮七退一　　车4进1
27. 炮七进一　　车4退1
28. 炮七退一　　车4进1
29. 炮七进一　　卒3进1
30. 炮七平二　　炮1平3
31. 车八进二　　卒3进1
32. 仕四进五　　……

先补一手，稳健。

32. ……　　　炮3平4

不如车4退5顽强一些。

33. 相三进五　　卒3进1

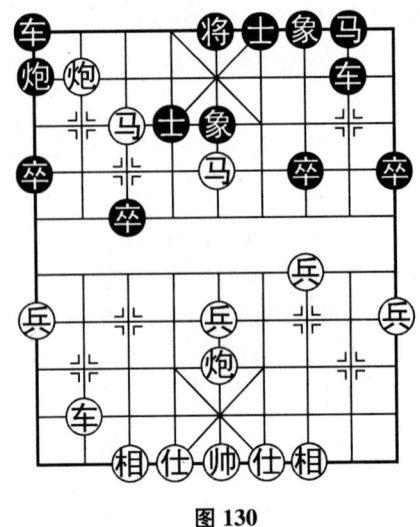

图130

34. 炮二退一　　车4退6

35. 炮二平七　　马8进7

如炮4进8，红方有马七退八的手段，黑方也是败势。

36. 马七进六

红胜。

第131局　程鸣 胜 陈富杰

这是2011年伊泰杯全国象棋甲级联赛第22轮的对阵，江苏队主场对山东队，程鸣对阵陈富杰。赛前江苏队排名第七，落后四川队2分。而四川队最后一轮轮空，所以江苏队只要取胜就可进入前六。

1. 炮二平五　　马2进3　　2. 马二进三　　炮8平6
3. 兵三进一　　卒3进1　　4. 马八进九　　象7进5
5. 炮八平七　　车1平2

至此形成进三兵边马五七炮对反宫马七象3卒的阵势。

6. 车九平八　　炮2进4　　7. 马九退七　　……

回马是布局冷着，比赛中很少出现，以往多车一平二或车一进一。

第二十二轮（2011年9月7日于鄂尔多斯）

7. ……　　炮2进2

顺势压车，以往出现过的变化是马8进7，兵七进一，炮2平3，车八进九，马3退2，车一进一，车9平8，兵七进一，红方占优。

8. 车一平二　马8进7　　9. 马三进四　……

此时体现出马九退七的效果，兵线不再被黑方所封锁。

9. ……　　士6进5　　10. 马四进五　车9平8

兑车过于示弱。可考虑马3进5，炮五进四，炮6进4，炮五退一，车9平6，红稍优黑。

11. 车二进九　马7退8　　12. 兵七进一　……

趁势进攻，意图逼黑方马3进5交换。

12. ……　　马3进4

缓手，使红方优势扩大。应车2进3逼红马定位，马五进七，炮6平3，炮五退一，炮2退3，黑方尚可坚守。

13. 兵七进一　马4退6

似佳实劣，反而跳进死路，应马4进5，炮七进一，马5退7，仕四进五，炮6进4，先消灭一些红兵。

14. 相三进一　……

简明，黑马的位置已经很尴尬。

14. ……　　炮6平8

无奈，想伺机炮8进4偷吃红兵。

15. 炮五平二　马8进6

至此红方已大优，黑方子力位置太差且少卒，已经很难下。

16. ……　　车2进5（图131）

漏着丢子，但如炮8进4，兵七平八，炮2平1，炮七平八，车2平1，马六进四，黑车被打回原地，红方胜势。

17. 马六退八　……

妙手得子，红方胜势。

17. ……　　炮8进4

无奈，黑炮已无处可躲。如炮2平1，炮二进二，车2退3，炮七平八，车2平3，炮八平四，黑方还是丢子。

18. 车八进一　前马进7

16. 马五退六　……

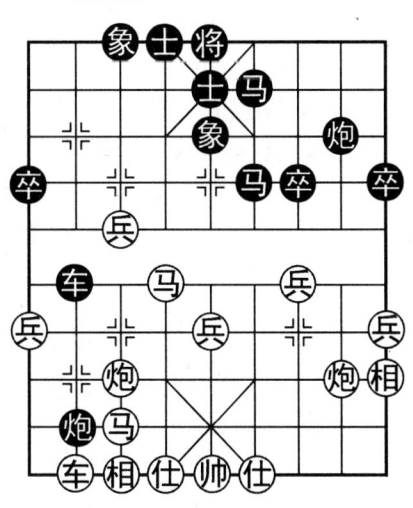

图131

19. 相七进五	马7进5	20. 炮七平八	车2平6
21. 仕六进五	马6进5	22. 车八退一	……

黑方白丢一子，没有任何补偿，败势已定。

22. ……	车6进1	23. 炮八平九	前马退6
24. 兵七平六	炮8退2	25. 车八平六	马5进6
26. 兵九进一	车6平9	27. 马八进六	后马退7
28. 相一退三	马7进5	29. 马六退八	炮8进1
30. 炮九进一	……		

黑方虽一阵猛攻但没有成效，此时卒线也被红方占住，红方胜利在望。

30. ……	车9进2	31. 兵六平五	马5进7
32. 车六进六	车9平8	33. 炮二平四	车8平7
34. 帅五平六	炮8进4	35. 兵五平四	马7进8
36. 炮九平二	……		

简明兑子，扩大优势。

36. ……	马6进8	37. 炮四进一	车7退2
38. 车六退三	马8进7	39. 炮四平五	将5平6
40. 炮五进三	车7平4	41. 马七进六	……

黑方攻势全消，红方胜定。

41. ……	卒9进1	42. 马六进五	卒9进1
43. 马八进六	卒9进1	44. 兵四进一	卒7进1
45. 炮五平八	马7退8	46. 兵四进一	马8退6
47. 马六进四	将6平5	48. 马四进三	士5进6
49. 马五进四	将5进1	50. 马四退三	将5平6
51. 后马退五	卒9平8	52. 相五进三	

黑方士象被破，无险可守，遂投子认负，红胜。

第132局　汪洋　胜　申鹏

1. 兵七进一	炮2平3	2. 炮二平五	象7进5

飞左象与飞右象在战略上有异曲同工之效，在战术上又有微小的差别。

3. 马八进九	马2进1	4. 车九平八	车1进1

黑方布成左象右横车的阵势，这是最为常见的应法。

5. 兵九进一	车1平4	6. 马二进三	车4进3
7. 马九进八	卒1进1		

兑卒活马,稳健。
8. 马八进九　卒 1 进 1　　　　**9.** 炮八进六　炮 3 退 1
10. 车一平二　炮 8 平 7　　　**11.** 车二进七　……
正确,另有炮八平九和兵五进一,演变下去都是黑方易走。
11. ……　　士 6 进 5　　　　**12.** 兵五进一　车 4 退 2
如炮 7 进 4,车八进七,车 4 退 2,车八平六,士 4 进 5,马三进五,红方先手。
13. 兵五进一　卒 5 进 1　　　**14.** 马三进五　炮 7 进 4
炮打三兵迫不得已,黑方计划以后可以通过马 8 进 7 活动左翼子力。
15. 车二退四　炮 7 退 2　　　**16.** 马五进三　……
弃相抢攻,着法强硬。
16. ……　　炮 7 进 5　　　　**17.** 仕四进五　马 8 进 6
18. 车二退三　炮 7 退 2
不如炮 7 退 3 位置更佳。
19. 马三进五　车 4 进 2　　　**20.** 马五退三　车 9 平 8
稳健的下法可以选择车 4 退 2,马三进五,车 4 进 2,马五退三,车 4 退 2。根据本次比赛规则 25 回合以内红方要变着,所以黑方可以凭借规则渔利。
21. 车二进九　马 6 退 8　　　**22.** 车八进七　……
红方这时少了一个次序,应马三退五,车 4 平 7,再车八进七,炮 7 平 8,炮五进五,士 5 进 6,车八平九,象 3 进 5,车九平五,士 4 进 5,车五平七,红方优势。
22. ……　　车 4 平 7　　　　**23.** 车八平九　车 7 进 1
24. 车九平七　炮 7 平 8
平炮失先。宜炮 7 退 1,车七进一,炮 7 平 5,较实战要好得多。
25. 车七进一　将 5 平 6　　　**26.** 炮五平四　……
平炮遮将,好棋,一举化解了黑方的攻势。
26. ……　　马 8 进 7　　　　**27.** 车七退二　炮 8 退 4
28. 炮四进四　卒 7 进 1　　　**29.** 炮四退五　炮 8 平 5
30. 仕五进四　……
平中炮看似攻势很盛,其实不然。扬仕叫将,解将还将,红方走得非常准确。
30. ……　　将 6 平 5　　　　**31.** 马九进七　炮 5 进 3（图 132）
速败,车 7 平 5 较为顽强。试演一例:车 7 平 5,炮四平五,车 5 平 8,炮五平三,车 8 平 7,马七退五,马 7 进 5,车七平五,车 7 进 3,黑方尚可周旋。

32. 车七平二　车7平3
33. 马七退六　炮5退3
34. 炮四平三　车3平5
35. 帅五平四　车5平4
36. 马六进八　车4进4
37. 帅四进一　车4平3
38. 炮三进六　……

红方净多两子，黑方子已无力回天。

38. ……　　　车3退6
39. 马八退九　炮5平6
40. 仕四退五

双方物质力量悬殊，黑方认负。

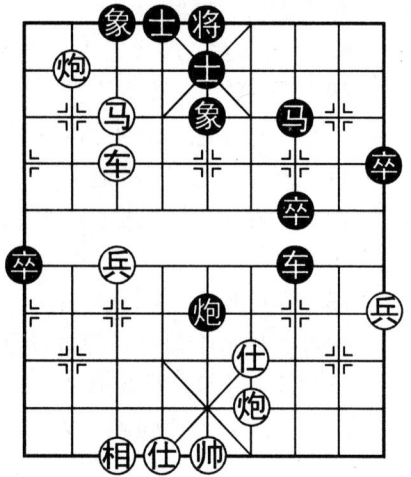

图 132

附　录

2011年伊泰杯全国象棋甲级联赛暨全国象棋锦标赛（男子团体甲组）竞赛规程

一、主办单位

中国象棋协会

内蒙古伊泰集团有限公司

二、竞赛日期和地点

2011年5～9月

三、参赛单位

获得2010年全国象棋甲级联赛前十名的单位：北京、广东、上海、湖北、浙江、四川、沈阳、黑龙江、山东、江苏。

获得2010年全国象棋锦标赛（团体）男子乙组比赛升组资格的单位：河北、湖南。

四、竞赛项目

男子团体赛（甲组）

五、参加办法

（一）每单位可报领队1名，教练1名，棋手6名（允许报女棋手）。每场上场队员4名。

（二）各队参赛棋手须为2011年度注册棋手。

（三）参赛棋手在同一竞赛年度内只能代表一个注册单位比赛。

六、竞赛办法

另定。

七、裁判员、仲裁委员会和赛风赛纪委员会工作

（一）中国象棋协会遴选各主场裁判长，各主场根据实际情况和需要，遴选一级以上（含一级）裁判担任副裁判长、二级（含二级）裁判担任裁判员工作。

（二）仲裁工作按《仲裁委员会工作条例》执行。

（三）赛风赛纪委员会负责处理各赛区、参赛队、裁判人员的赛风赛纪问题，按《赛风赛纪委员会工作条例》执行。

八、录取名次和奖励

（一）录取前六名。

（二）联赛前10名和2011年全国象棋锦标赛（团体）男子乙组前2名获得参加2012年全国象棋甲级联赛资格。

（三）其他奖项评奖办法另定。

九、报名

（一）请于4月1日前，将加盖主管体育部门公章的报名表（报名表附后），邮寄至国家体育总局棋牌运动管理中心象棋部。逾期未报名，视为自动弃权。

地址：北京市天坛东路80号，中国棋院象棋部。邮编：100061。

（二）报名后或参赛后退出比赛的棋队，将取消其两年参加联赛及团体赛的资格。

十、器材和经费

（一）棋子、棋盘和棋钟须严格按照中国象棋协会器材标准准备。

（二）各队在比赛期间所需的所有相关费用均自理。主场负责大会裁判人员和竞赛工作人员的费用。在接待工作上，各队须秉承以诚相待，互利互惠的原则，为联赛创造一个和谐的氛围。

（三）赛会制比赛期间，各队旅费、食宿费用自理。

（四）主客场制比赛，客队旅费自理，食宿费由主队负责。

十一、其他

（一）各队须选派优秀棋手、教练员参加由中国象棋协会组织的公益活动。

（二）参赛人员须出席开、闭幕式。因故不能出席，需经协会批准。

（三）请棋手着正装参赛并出席与比赛有关的各项活动。

十二、未尽事宜，另行通知。

十三、本规程解释权属中国象棋协会。

附 录

2011年伊泰杯全国象棋甲级联赛竞赛日程表

轮次	日期	对阵情况														
开幕式	5月5日	17：00开幕式														
第01轮	5月6日	四川	—	沈阳	山东	—	江苏	河北	—	湖北	广东	—	北京	黑龙江	—	浙江	上海	—	湖南
第02轮	5月7日	沈阳	—	湖南	浙江	—	上海	北京	—	黑龙江	湖北	—	广东	江苏	—	河北	四川	—	山东
第03轮	5月8日	山东	—	沈阳	河北	—	四川	广东	—	江苏	黑龙江	—	湖北	上海	—	北京	湖南	—	浙江
第04轮	5月9日	沈阳	—	浙江	北京	—	湖南	湖北	—	上海	江苏	—	黑龙江	四川	—	广东	山东	—	河北
第05轮	5月10日	河北	—	沈阳	广东	—	山东	黑龙江	—	四川	上海	—	江苏	湖南	—	湖北	浙江	—	北京
第06轮	5月18日	沈阳	—	北京	湖北	—	浙江	江苏	—	湖南	四川	—	上海	山东	—	黑龙江	河北	—	广东
第07轮	6月1日	广东	—	沈阳	黑龙江	—	河北	上海	—	山东	湖南	—	四川	浙江	—	江苏	北京	—	湖北
第08轮	6月15日	沈阳	—	湖北	江苏	—	北京	四川	—	浙江	山东	—	湖南	河北	—	上海	广东	—	黑龙江
第09轮	6月22日	黑龙江	—	沈阳	上海	—	广东	湖南	—	河北	浙江	—	山东	北京	—	四川	湖北	—	江苏
第10轮	6月26日	沈阳	—	江苏	四川	—	湖北	山东	—	北京	河北	—	浙江	广东	—	湖南	黑龙江	—	上海
第11轮	6月27日	上海	—	沈阳	湖南	—	黑龙江	浙江	—	广东	北京	—	河北	湖北	—	山东	江苏	—	四川
第12轮	6月28日	沈阳	—	上海	黑龙江	—	湖南	广东	—	浙江	河北	—	北京	山东	—	湖北	四川	—	江苏
第13轮	6月29日	江苏	—	沈阳	湖北	—	四川	北京	—	山东	浙江	—	河北	湖南	—	广东	上海	—	黑龙江
第14轮	7月6日	沈阳	—	黑龙江	广东	—	上海	河北	—	湖南	山东	—	浙江	四川	—	北京	江苏	—	湖北
第15轮	7月13日	湖北	—	沈阳	北京	—	江苏	浙江	—	四川	湖南	—	山东	上海	—	河北	黑龙江	—	广东
第16轮	7月20日	沈阳	—	广东	河北	—	黑龙江	山东	—	上海	四川	—	湖南	江苏	—	浙江	湖北	—	北京
第17轮	8月3日	北京	—	沈阳	浙江	—	湖北	湖南	—	江苏	上海	—	四川	黑龙江	—	山东	广东	—	河北
第18轮	9月3日	沈阳	—	河北	山东	—	广东	四川	—	黑龙江	江苏	—	上海	湖北	—	湖南	北京	—	浙江
第19轮	9月4日	浙江	—	沈阳	湖南	—	北京	上海	—	湖北	黑龙江	—	江苏	广东	—	四川	河北	—	山东
第20轮	9月5日	沈阳	—	山东	四川	—	河北	江苏	—	广东	湖北	—	黑龙江	北京	—	上海	浙江	—	湖南
第21轮	9月6日	湖南	—	沈阳	上海	—	浙江	黑龙江	—	北京	广东	—	湖北	河北	—	江苏	山东	—	四川
第22轮	9月7日	沈阳	—	四川	江苏	—	山东	湖北	—	河北	北京	—	广东	浙江	—	黑龙江	湖南	—	上海
闭幕式	9月7日	上午进行第二十二轮比赛、晚上闭幕式														

注：①第1~5轮、10~13轮、18~22轮比赛为赛会制；②队名列前者为主场队；③遇特殊情况需更改比赛日期，另行通知；④除22轮比赛以外，其他轮次开赛时间为当天13：00。

2011 年伊泰杯全国象棋甲级联赛各参赛队介绍

北京威凯建设象棋队

北京象棋队最早在 20 世纪 60 年代初建队。1978 年再次组队，是北京棋院所属的优秀运动队。先后培养出了谢思明、唐丹、蒋川三名全国冠军级特级大师。

1979 年第四届全运会男子团体第三名。90 年代中期张强执教北京队，着力于队伍建设。2000 年全国团体锦标赛男团第六名，2002 年第二届体育大会男团第六名。2003～2009 年，北京男队征战象甲五度打入前六名，2010 年取得了历史性的突破，共夺得全国象棋甲级联赛、全国团体锦标赛女团、第四届全国体育大会象棋专业组女团、全国个人锦标赛男子组和女子组、第十六届亚运会象棋女子个人等六项顶级赛事冠军。全队力求赛出风格，赛出水平，再创佳绩。

名誉领队：陈晓智　　　领队：窦长明　　　教练：张强（兼）

张　强　等级分：2538

象棋大师，1971 年出生，北京人。1992 年全国锦标赛（个人）第五名，1993 年"金棋王"全国象棋大师赛亚军，第二届全国体育大会个人第四名，第三届"杨官璘杯"全国象棋公开赛专业组第六名，2010 年全国象棋甲级联赛冠军。

在中央电视台长期主持象棋节目，现任北京象棋队主教练。

蒋　川　等级分：2704

象棋特级大师，1984 年出生，浙江永嘉人。2002 年全国体育大会个人第三名。2003 年、2005 年亚洲个人锦标赛第二名，首届世界智力运动会男子快棋亚军，"北仑杯"全国象棋大师冠军赛冠军，第三届"杨官璘杯"全国象棋公开赛专业组冠军，"九城置业杯"全国象棋超霸赛冠军，2010 年全国象棋甲级联赛冠军、全国锦标赛（个人）冠军。

王天一　等级分：2591

象棋大师，1989 年出生，北京人。第十三届亚洲象棋锦标赛少年组冠军。2005 年全国少年赛 16 岁组冠军。首届全国智力运动会青年男子团体冠军。2010 年全国锦标赛（个人）第四名。

王跃飞　等级分：2548

象棋大师，1984 年出生，天津人。2004 年全国锦标赛（个人）第十二名。2005 年全国象棋大师赛第四名。2010 全国象棋甲级联赛冠军，个人亚军。

金　波　等级分：2520

象棋大师，1969年出生，辽宁沈阳人。1995年全国锦标赛团体冠军，首届棋协大师赛冠军，第九届亚洲名手赛个人冠军，全国锦标赛（个人）第四名，第三届象棋大棋圣战亚军，2002年全国锦标赛团体亚军，2010年全国象棋甲级联赛冠军。

靳玉砚　等级分：2444

象棋大师，1980年出生，北京人。1996年全国锦标赛（个人）乙组第四名。1998年北京市象棋赛冠军。2002年全国等级赛第四名。2006年"威凯房地产杯"一级棋士赛冠军。2010年全国象棋甲级联赛冠军。

唐　丹　等级分：2495

女子特级大师，1990年出生，安徽巢湖人。2007全国锦标赛（个人）冠军。首届世界智力运动会女子团体冠军，亚洲锦标赛女子个人冠军，首届全国智力运动会女子个人冠军，2010年全国锦标赛（团体）女子组冠军，第四届体育大会团体冠军，全国锦标赛（个人）女子冠军，第十六届亚运会象棋赛女子个人冠军。

广东碧桂园象棋队

广东象棋队始建于1957年，至今已走过了54个春秋，先后涌现出杨官璘、蔡福如、吕钦、许银川、庄玉庭五位特级大师，以及一大批男女象棋大师。男队曾夺得过十二次全国团体锦标赛冠军。三次夺得全国甲级联赛冠军。多次组队代表中国参加亚洲团体锦标赛，并夺得冠军。十多年来许银川、吕钦等级分排名一直在全国名列前茅。并夺得过世界锦标赛冠军及多项个人冠军。

参加今年全国象棋甲级联赛的广东队由吕钦、许银川两名特级大师及李鸿嘉、黄海林、宗永生三位大师组成，阵容鼎盛，是冠军的有力争夺者。

名誉领队：杨志成　　　领队：陈志刚　　　教练：吕钦（兼）

吕　钦　等级分：2610

象棋特级大师，1962年出生，广东惠东人。五次获全国象棋锦标赛（个人）冠军，十二次获得全国象棋锦标赛（团体）冠军。两次全国象棋甲级联赛冠军。两次获得全国体育大会团体冠军，首届智力运动会团体冠军，第四届体育大会个人、团体一等奖。九次获得亚洲锦标赛团体冠军，二次亚洲名手赛冠军，五次获得世界象棋锦标赛个人、团体冠军。第十六届亚运会象棋赛个人季军。

现任广东省棋牌运动管理中心副主任，中国象棋协会技术委员会主任。

许银川　等级分：2675

象棋特级大师，1975年出生，广东惠来人。六次获得全国象棋锦标赛

（个人）冠军，六次获得全国象棋锦标赛（团体）冠军。三次获得全国甲级联赛冠军。获第二届全国体育大会个人冠军。二次获得全国体育大会团体冠军及一次一等奖。九次获得亚洲象棋锦标赛（团体）冠军、第二届亚洲室内运动会个人冠军。首届世界智力运动会个人冠军，三次获得世界锦标赛个人冠军、四次获得世界锦标赛团体冠军。

现任广东省棋牌运动管理中心副主任。

宗永生　等级分：2514

象棋大师，1971年出生，广东广州人。1990年获得全国锦标赛（个人）第十五名，1988年、1993年、2002年获得全国锦标赛团体冠军，2002年获得亚洲锦标赛团体冠军。

李鸿嘉　等级分：2512

象棋大师，1977年出生，广东汕头人。第二届全国体育大会亚军。2004年全国象棋甲级联赛冠军，2005年全国象棋甲级联赛亚军、全国锦标赛（个人）季军。2006年亚洲锦标赛团体冠军。2007年全国象棋甲级联赛亚军。

黄海林　等级分：2506

象棋大师，1979年出生，广东梅州人，1996年全国锦标赛（个人）第14名，第二届全国象棋大师赛冠军，1999年、2001年全国锦标赛团体冠军，2000年、2002年分别获得亚洲锦标赛团体冠军。第十一届亚洲个人锦标赛冠军。2004年、2008年分别获得全国象棋甲级联赛冠军。

许国义

一级棋士，1983年出生，广东揭阳人。2010年广东省锦标赛成年组冠军。

上海金外滩象棋队

上海象棋队组建于1958年底，1960年在新中国的第一届全国象棋团体赛中夺得历史上首个团体冠军。1979年第四届全国运动会上海队第二次夺得团体冠军，成为第一支全运会金牌的象棋队。从2001年起，上海队得到了金外滩集团公司的大力支持和赞助，并以"上海金外滩象棋队"冠名至今。在2003年首届全国象棋甲级联赛中，上海队战绩辉煌，勇夺桂冠。2007年再度获得冠军。另外，2004年11月上海队代表中国参加亚洲团体锦标赛，夺得冠军。

名誉领队：王政　　领队：欧阳琦琳　　教练：林宏敏（兼）

胡荣华　等级分：2531

象棋特级大师，1945年出生，上海人。1960年代表上海首次参加全国赛夺得全国团体、个人两项冠军。二十年间缔造了"十连霸"的伟业，并在

1983年、1985年、1997年、2000年又四次夺得全国锦标赛（个人）冠军。1999年被评为"新中国棋坛十杰"之一。

现任亚洲象棋联合会第一副会长，中国象棋协会副主席。

林宏敏 等级分：2461

象棋特级大师，1958年出生，浙江镇海人。四次获得全国锦标赛团体冠军，四次进入全国锦标赛（个人）前六名。第三届"七星杯"国际邀请赛冠军。第十届亚洲象棋锦标赛男子团体冠军。

万春林 等级分：2532

象棋特级大师，1969年出生，江苏高邮人。两次获得全国锦标赛团体冠军。第十届亚洲象棋锦标赛团体冠军。2001年全国象棋大师赛冠军，2003年获得全国锦标赛（个人）亚军。

孙勇征 等级分：2582

象棋大师，1981年出生，上海人。1995年全国锦标赛（个人）第十一名。2001获得全国锦标赛（个人）第三名，第十二届亚洲象棋锦标赛个人冠军。第十三届亚洲象棋锦标赛团体冠军。

谢 靖 等级分：2581

象棋特级大师，1989年出生，江苏泰州人。2001年获全国少年锦标赛16岁组冠军。2002年全国锦标赛（团体）第三名。第十三届亚洲象棋锦标赛团体冠军。

赵 玮 等级分：2403

象棋一级棋士，1989年出生，上海人。2006年全国象棋区县锦标赛第八名，第三届全国体育大会业余组团体冠军。2008年全国锦标赛团体冠军。

湖北三环象棋队

湖北象棋队是一支有着悠久历史的强队。早在1960年全国首届象棋团体赛中，以全国冠军李义庭领衔的湖北队就取得了第三名的佳绩。现由特级大师柳大华担任教练，经过多年的培养和锤炼，湖北队的年轻队员逐渐成熟了起来，使湖北队成为棋坛上的一支劲旅。湖北队在2004年、2008年获得全国象棋甲级联赛亚军，2005年、2009年全国象棋甲级联赛冠军。此次参加2011年全国象棋甲级联赛的湖北宏宇象棋队以特级大师柳大华挂帅，辅以特级大师洪智，象棋大师汪洋、李雪松、李智屏、党斐，湖北队阵容齐整。

名誉领队：彭建军　　　领队：谭东旗　　　教练：柳大华（兼）

柳大华 等级分：2532

象棋特级大师，1950年出生，湖北黄陂人。两次获得全国象棋锦标赛

（个人）冠军，两次获得全国象棋甲级联赛冠军，五次获得亚洲象棋锦标赛团体冠军，第二届亚洲室内运动会团体冠军。享有"东方电脑"的美誉。

现任中国象棋协会技术委员会顾问，湖北队高级教练员。

洪　智　等级分：2596

象棋特级大师，1980年出生，湖北武汉人。2005年全国象棋锦标赛（个人）冠军。2007年、2009年全国象棋甲级联赛冠军。首届全国智力运动会个人冠军，第四届体育大会团体三等奖。第十六届亚洲象棋锦标赛团体冠军，第十六届亚运会男子个人冠军。

汪　洋　等级分：2596

象棋大师，1984年出生，湖北汉川人。2005年全国锦标赛（个人）第四名，2006年全国锦标赛（个人）第五名。2006年世界象棋大师赛冠军，第二届亚洲室内运动会快棋赛冠军。首届世界智力运动会男子快棋冠军。

李雪松　等级分：2520

象棋大师，1977年出生，湖北鄂州人。第二届全国象棋大师冠军赛第三名，2007年全国锦标赛个人第七名，首届全国智力运动会男子个人亚军。

曾担任湖北电视台体育频道"风云棋牌"栏目嘉宾主持。

李智屏　等级分：2505

象棋大师，1972年出生，湖北天门人。1991年、1993年全国锦标赛团体第三名，1994年全国锦标赛（个人）第八名，1996年全国锦标赛（个人）第三名，"九天杯"全国象棋大师冠军赛第三名，2005年、2009年分别获得全国象棋甲级联赛冠军。

党　斐　等级分：2520

象棋大师，1987年出生，河南确山人。2003年全国少年赛16岁组冠军，2007年全国象棋大师赛第十名，2010年全国锦标赛（个人）第六名。

浙江波尔轴承象棋队

浙江波尔轴承队是浙江体育职业技术学院与宁波波尔轴承有限公司和嘉兴三环丝针织有限公司联合组建的一支省级专业象棋队。年轻是它的最大亮点。双料冠军赵鑫鑫和勇闯2007年全国个人赛前四名的程吉俊两位"80后"；2010年象甲联赛积分榜第五、胜率榜第六的黄竹风和2010年新晋升为象棋大师的陈卓两位"90后"是该队的主力阵容。1977年出生的特级大师陈寒风，棋风细腻，屡建奇功。再加上全国冠军于幼华坐镇该队，亲执牛耳。该队刚柔相济，极具战斗力的亮色凸显无比。

名誉领队：胡森权、吴建强　　领队：吴敏茜　　教练：于幼华（兼）

于幼华　等级分：2488

象棋特级大师，1961年出生，浙江人。2002年全国象棋锦标赛（个人）冠军，1995年全国锦标赛（团体）冠军，2001年全国锦标赛（团体）第三名。首届全国智力运动会团体第三名，首届"来群杯"中国象棋名人战冠军第八届亚洲象棋名手赛冠军，第八届世界象棋锦标赛团体冠军、个人亚军。

现任浙江省象棋队总教练。

赵鑫鑫　等级分：2617

象棋特级大师，1988出生，浙江温岭人。2001年全国少年象棋锦标赛男子14岁组冠军。2002年亚洲锦标赛少年冠军，2006年全国象棋公开赛冠军。2007年全国象棋个人锦标赛冠军，2009年世界象棋锦标赛个人冠军、团体冠军。2010年"杨官璘杯"全国象棋公开赛冠军。

陈寒峰　等级分：2490

象棋特级大师，1977年出生，浙江省嘉兴人。1990年、1991年全国象棋少年锦标赛亚军、"湘安杯"全国新秀邀请赛冠军，2005年全国锦标赛（个人）第10名。"鄞州杯"全国象棋大师赛冠军。

黄竹风　等级分：2521

象棋大师，1992出生，浙江绍兴人。2004年、2007年分别获得全国少年锦标赛12岁组和16岁组冠军。第五届"西摩杯"浙江棋士赛冠军。2007年全国锦标赛（个人）前十名。

程吉俊　等级分：2474

象棋大师，1988年出生，浙江杭州人。浙江省直机关第七届运动会象棋赛冠军。2007年全国锦标赛（个人）第四名。

陈　卓　等级分：2450

象棋大师，1992年出生，辽宁阜新市人。2006年全国少年锦标赛14岁组冠军，首届全国智力运动会男子团体第三名，2010年全国锦标赛（个人）十三名。

四川双流黄龙溪象棋队

四川队成立于1973年，由成都棋院直属领导，是国内最早成立的专业棋队之一。曾获1977年、1989年、1996年全国团体锦标赛男子亚军，2004年、2007年全国团体锦标赛乙组冠军，1996年、1998年、2007年全国团体赛女子亚军。2009年获得全国象棋甲级联赛季军，成为联赛举办以来的最好成绩。曾培养出2名女子特级大师和12名大师，是西部地区唯一一支甲级队伍。

四川队参加联赛以来，先后冠名四川七曲山、四川青城山—都江堰、四川双流、四川双流黄龙溪，2011年是四川象棋队与双流黄龙溪镇政府的第二次牵手，联赛目标"保八、争六、冲前三"。

领队：谢祖瑞　　教练：蒋全胜、李艾东（兼）

李艾东　等级分：2444

象棋大师，1964年出生，四川成都人。第六届全国运动会团体第六名，全国锦标赛（个人）第十一名，第二届全国名手邀请赛亚军，1989年、1996年全国锦标赛团体亚军，1997年全国锦标赛（个人）第七名，首届全国智力运动会男子个人第四名。

郑一泓　等级分：2557

象棋特级大师1975年出生，福建厦门人。1998年全国锦标赛（个人）第八名，2001年全国大师赛冠军，2002年全国锦标赛（个人）第六名，2003年"银荔杯"争霸赛亚军，第三届全国体育大会团体亚军。2007年、2009年、2010年分别获得全国象棋甲级联赛亚军、季军和第六名。

李少庚　等级分：2550

象棋大师，1988年出生，河南安阳人。两次获得全国象棋等级赛季军。2006年全国锦标赛（个人）第十三名，2008年全国大师冠军赛第四名，2009年全国甲级联赛季军，首届全国智力运动会青年团体第四名，2010年"伊泰杯"全国象棋精英赛季军，全国象棋甲级联赛第六名。

孙浩宇　等级分：2474

象棋大师，1986年出生，江西万载人。2004年全国等级赛第六名，2005年全国等级赛季军、全国一级棋士赛第五名，2007年全国等级赛冠军，首届全国智力运动会青年团体第四名，2009年全国象棋甲级联赛季军，2010年全国象棋甲级联赛第六名。

谢卓淼　等级分：2422

象棋大师，1979年出生，四川内江人。1997年各省冠军邀请赛第三名，2006年全国锦标赛（个人）第18名，2007年全国团体赛（乙组）冠军，首届全国智力运动会快棋个人第五名，2009年全国象棋甲级联赛季军，2010年全国象棋甲级联赛第六名。

郑惟桐　等级分：2573

象棋大师，1994年出生，四川成都人。2006年、2008年、2009年分获全国少年锦标赛12岁组、14岁组、16岁组冠军，2008年亚洲锦标赛少年组冠军，首届全国智力运动会青少年男子团体第四名，2009年全国锦标赛（个人）第十一名，2009年全国象棋甲级联赛季军，2010年"杨官璘杯"全国象棋公开赛公开组冠军。

"境之谷"沈阳象棋队

1987年沈阳象棋队参加全国象棋团体赛，获得第7名。1994年获全国象棋团体赛亚军、2005年全国象棋甲级联赛第5名、2007年全国象棋甲级联赛季军。2008年携手北京古青檀环境科技有限公司，冠名"境之谷"沈阳象棋队参加全国象棋甲级联赛。出征本届象甲联赛的是特级大师苗永鹏，国家大师金松、宋国强、王新光、李巍等专业大师及业余好手，是一支实力颇强的队伍。

领队：董国栋　　教练：董国栋

苗永鹏　等级分：2427

象棋特级大师，1954年出生，辽宁沈阳人。1993年全国锦标赛（个人）第三名。1994年全国锦标赛团体亚军，第八届亚洲象棋锦标赛团体冠军，1997年"中立杯"电视快棋赛第三名。2003年全国锦标赛（个人）第六名。2004年"威凯房地产杯"全国象棋大师赛冠军。2010年"兴和杯"象棋大奖赛冠军。

宋国强　等级分：2422

象棋大师，1971年出生，辽宁本溪人。1992年全国锦标赛（个人）第十名、团体冠军，2003年"磐安伟业杯"中国象棋大师冠军赛亚军，2007年全国大师冠军赛第四名。

金　松　等级分：2436

象棋大师，1974年出生，辽宁沈阳人。沈阳市第八届、第十届全运会冠军，1995年"棋协杯"全国象棋比赛冠军，1998年亚洲象棋冠军赛冠军。2007年全国象棋甲级联赛季军，第三届"杨官璘杯"全国象棋公开赛公开组冠军。

王新光

一级运动员，1988年出生，河北邯郸人。2004年获得"济南市棋王"称号，2009年获得"山东省棋王"称号。

李　巍

一级运动员，1987年出生，河北保定人。2008年"棋友杯"全国象棋大赛中获得优胜名次。

黑龙江象棋队

棋坛上的一支劲旅，建队以来曾获得全国象棋团体锦标赛冠军1次，亚军7次，多次进入前六名。2003年全国象棋甲级联赛第六名。2004年全国象棋甲级联赛获得季军。2005年全国象棋甲级联赛第六名。2006年全国象棋甲级联赛第五名。2006年全国第三届体育大会象棋男子个人、团体两项冠军。2007年全国象棋甲级联赛第六名。2008年全国象棋甲级联赛第五名。2009年、2010年全国象棋甲级联赛第八名。

领队：赵国荣　教练：赵国荣（兼）

赵国荣　等级分：2606

象棋特级大师，1961年出生，黑龙江哈尔滨人。四次获得全国象棋锦标赛（个人）冠军。第三届全国体育大会个人、团体冠军，首届世界智力运动会团体冠军。五次获得亚洲象棋锦标赛团体冠军，一次个人冠军。第二届世界锦标赛个人冠军，两次获得世界锦标赛个人团体冠军。

现任黑龙江省棋牌运动管理中心主任。世界象棋联合会推广委员会主任。

陶汉明　等级分：2511

象棋特级大师，1966年出生，辽宁海城人。1994年全国象棋锦标赛（个人）冠军，2002年获全国锦标赛（个人）亚军。第四届体育大会个人三等奖、团体二等奖。第四届世界锦标赛团体冠军、个人季军。

聂铁文　等级分：2515

象棋大师，1978年出生，黑龙江齐齐哈尔人。2000年和2004年全国锦标赛（个人）第四名、第五名。2006年全国第三届体育大会象棋男子团体冠军。第十届亚洲名手赛个人冠军。

郝继超　等级分：2496

象棋大师，1985年出生，黑龙江大庆人。2006年全国象棋等级赛亚军，2009年全国锦标赛（个人）第十七名。

王琳娜　等级分：2495

女子特级大师，1980年出生，黑龙江绥化人。三次获得全国锦标赛个人及团体冠军，首届全国体育大会团体冠军，第四届全国体育大会个人二等奖，第七届世界象棋锦标赛个人冠军，第十一届亚洲象棋名手赛冠军，第十六届亚洲锦标赛个人冠军，首届世界智力运动会个人冠军，第十六届亚运会象棋赛女子个人亚军。

现任黑龙江省象棋女队助理教练。

山东中国重汽象棋队

山东队的全称是山东生活日报群康象棋俱乐部中国重汽队，是一支象甲新军，体制也与其他大多数隶属于体育主管部门的专业队不同，走的是一条靠商业运作来经营的职业化道路。其运作模式为：由生活日报成立俱乐部并负责经营管理，济南群康集团冠名，这就是生活日报群康象棋俱乐部。俱乐部所属象甲队伍又有冠名商,为中国重汽集团,在象甲联赛过程中棋队将简称中国重汽队。

2010年,山东中国重汽队首次参加全国象甲联赛,最终获得第九名保级成功。

领队:马纯潇　教练:谢岿(兼)

谢　岿　等级分:2515

象棋大师,1973年出生,山东济南人。1999年铁路系统第十届运动会象棋个人冠军,2001年全国锦标赛个人乙组冠军,2003年全国锦标赛(个人)甲组第九名。2007年全国象棋甲级联赛亚军。

卜凤波　等级分:2466

象棋特级大师,1964年出生,辽宁本溪人。1984年全国锦标赛团体冠军,第三届亚洲象棋锦标赛团体冠军。五次进入全国锦标赛(个人)前六名。第三届亚洲城市名手赛冠军,第九届亚洲城市名手赛亚军。

张申宏　等级分:2504

象棋大师,1968年出生,湖南张家界人。多次在湖南省赛中获得冠军。2001年全国锦标赛(个人)第十二名,2004年全国锦标赛(个人)第六名。

陈富杰　等级分:2486

象棋大师,1976年出生,广东湛江人。1993年全国锦标赛(个人)十五名,2001年全国象棋大师赛第三名,2002年全国锦标赛(个人)第五名。

才　溢　等级分:2537

象棋大师,1984年出生,北京人。2007年全国锦标赛(团体)乙组亚军;2008年"洁达杯"全国象棋等级赛冠军;"道泉茶叶杯"全国象棋明星赛第八名;2008年全国象棋锦标赛(个人)第七名;2009年"西联钢铁杯"精英赛个人冠军。

江苏象棋队

江苏象棋男队1959年底建队。1960年全国象棋团体赛第四名。"文革"后于1974年恢复建队,曾获全国象棋团体赛第一名(1996年)、第二名(1990年、2000年)、第三名(1988年)、第四名(1980年、1981年、1983年)、第五名(1978年、1982年、1989年)、第六名(1984年)等。

全国象棋甲级联赛自2003年创办以来,江苏队始终保持在象甲队伍,具体成绩为:2003年第八名、2004年第四名、2005年第九名、2006年第十名、2007年第八名、2008年第六名、2009年第九名、2010年第十名。

领队:邵震中、教练:徐天红(兼)

徐天红　等级分：2488

象棋特级大师，1960年出生，江苏泰州人。1989年全国象棋锦标赛（个人）冠军。三次获得亚洲象棋锦标赛团体冠军，第三届亚洲城市名手赛亚军，第三届世界象棋锦标赛个人、团体冠军。

现任江苏省棋牌运动管理中心副主任，中国象棋协会技术委员会副主任。

王　斌　等级分：2539

象棋特级大师，1979年出生，江苏南京人。1996年全国锦标赛团体冠军。2001年、2003年和2006年分别获得全国锦标赛（个人）亚军、季军和第四名。2007年象棋大师赛冠军。第九届亚洲象棋锦标赛少年冠军。第二届BGN世界象棋赛预赛冠军。第23届"五羊杯"季军。2007年MMI象棋大师赛冠军。第三届亚洲室内运动会团体冠军，男子快棋冠军。

徐　超　等级分：2523

象棋大师，1981年出生，江苏苏州人。1997年全国少年冠军，1999年全国等级赛亚军。2001年全国锦标赛（个人）第十四名，2004年全国象棋大师赛第七名，2005年世界象棋挑战赛前八名。2009年全国大棋圣战冠军。

李　群　等级分：2489

象棋大师，1983年出生，江苏镇江人。江苏省第十四届运动会少年甲组冠军，全国少年赛第六名，2004年、2008年分别获得全国象棋甲级联赛第四名、第六名。2008年全国锦标赛（个人）前十六名。

程　鸣　等级分：2505

象棋大师，1990年出生，江苏泰州人。2006年全国少年赛16岁组冠军。2008年象甲联赛第六名。2010年第七届"威凯杯"全国冠军赛暨一级棋士赛冠军。

朱晓虎　等级分：2424

一级运动员，1987年出生，江苏泰州人。2000年全国少年锦标赛14岁组冠军。2008年全国象棋甲级联赛第六名。

河北金环钢构象棋队

河北象棋队于1978年正式建队。建队三十年来，男、女队共获得七个世界冠军、八个亚洲冠军、二十三个全国冠军。1982年李来群首获全国个人冠军、1983年河北队首获全国团体冠军，是新中国成立以来男子象棋团体、个人冠军第一次过黄河，从而结束了南方棋手独霸象坛的局面。1985年、1997年、1998年男队又三获全国团体冠军，并多次进入全国前三名。

自2004年起，河北金环钢结构工程有限公司冠名河北象棋队参赛至今。

名誉领队：刘保忠　　　领队：胡明　　　教练：阎文清（兼）

阎文清　等级分：2487

象棋大师，1967年出生，河北唐山人。1985年、1997年、1998年全国锦标赛团体冠军，1990年全国锦标赛（个人）第四名，1998年全国锦标赛（个人）亚军，第五届亚洲城市名手赛季军，第六届世界象棋锦标赛团体冠军、个人亚军。

现任河北象棋队主教练。

苗利明　等级分：2550

象棋大师，1982年出生，河北邯郸人。1999年、2000年全国锦标赛团体亚军，2005年全国象棋排名赛第二名，2008年全国大师冠军赛第三名，2009年获得全国锦标赛（个人）第三名，首届全国智运会专业组团体第四名。

申　鹏　等级分：2564

象棋大师，1985年出生，河北唐山人。2002年全国锦标赛（个人）乙组冠军，2004年全国一级棋士赛冠军，2008年全国大师冠军赛亚军。首届全国智运会专业组团体和个人快棋第四名。第三届亚洲室内运动会团体冠军。

陈　翀　等级分：2448

象棋大师，1983年出生，河北邯郸人。2002年全国象棋等级赛冠军，首届全国智运会专业组团体第四名。

王瑞祥　等级分：2437

一级运动员，1987年出生，河北邯郸人。2006年全国象棋甲级联赛季军，2008年全国象棋等级赛亚军，2009年"威凯杯"全国象棋一级棋士赛亚军。

陆伟韬　等级分：2426

一级运动员，1988年出生，河北石家庄人。2004年获河北省省运会成年组冠军，2007年全国等级赛第六名，2008年"荥阳楚河汉界杯"象棋棋王争霸赛总决赛第三名。

湖南象棋队

湖南象棋队是一支勇于拼搏、奋勇向上的潜力军，参加了自1960年首届以来大部分的全国团体赛。其中2005年湖南队首次出现在全国象棋甲级联赛的舞台上。本土大师有肖革联、张申宏、谢业枧，全国等级分第一蒋川以及新锐孙浩宇也是从这里走向职业舞台。2011年湘军第二次参加象甲。

领队：文竹　　　教练：张成城

谢业枧　等级分：2480

象棋大师，1984年出生，湖南常德人。2000年全国锦标赛（个人）乙组季军，2005年全国锦标赛（个人）前十二名。2006年全国大师赛季军，首届全国智力运动会快棋冠军。

  张晓平 等级分：2495

象棋大师，1968年出生，黑龙江呼兰人。1989年全国锦标赛（个人）第四名，第六届亚洲锦标赛团体冠军。

  程进超 等级分：2480

一级棋士，1968年出生，湖北咸宁人。曾多次获得全国农运会冠军，2009年全国一级棋士赛季军。

  孟 辰 等级分：2499

一级棋士，1988年出生，辽宁鞍山人。2010年"北武当山杯"象棋赛第五名。2011年获重庆贺岁杯、江苏金箔杯、辛集公开赛三项亚军。

  雷 鹏

1994年出生，湖南湘西人。2010年中部六省象棋赛团体冠军。

2011年伊泰杯全国象棋甲级联赛团体成绩表

排名	编号	团体	场分	总的场战绩					局分
				总	胜	和	负	胜率（%）	
1	9	北京威凯建设	41	20	10	8	2	70.00	96
2	8	浙江波尔轴承	37	20	9	7	4	62.50	85
3	4	广东碧桂园	35	20	7	8	5	55.00	85
4	10	湖北三环	35	20	10	3	7	57.50	84
5	5	黑龙江象棋	33	20	8	6	6	55.00	78
6	11	江苏句容茅山	31	20	5	10	5	50.00	82
7	1	四川双流黄龙溪	30	20	8	4	8	50.00	79
8	6	上海金外滩	29	20	7	5	8	47.50	80
9	2	山东中国重汽	23	20	2	12	6	40.00	73
10	3	河北金环钢构	21	20	3	9	8	37.50	76
11	7	湖南象棋队	15	20	2	6	12	25.00	62

2011年伊泰杯全国象棋甲级联赛个人成绩表

排名	编号	姓名	团体	场分	总战绩					后手战绩					先手战绩					局分
					总	胜	和	负	胜率(%)	总	胜	和	负	胜率(%)	总	胜	和	负	胜率(%)	
1	1	蒋川	北京威凯建设	27	20	7	13	0	67.50	10	5	5	0	75.00	10	2	8	0	60.00	27
2	3	赵鑫鑫	浙江波尔轴承	26	20	6	14	0	65.00	10	3	7	0	65.00	10	3	7	0	65.00	26
3	16	王跃飞	北京威凯建设	25	20	6	13	1	62.50	10	3	6	1	60.00	10	3	7	0	65.00	25
4	2	许银川	广东碧桂园	25	20	6	13	1	62.50	10	2	7	1	55.00	10	4	6	0	70.00	25
5	7	汪洋	湖北三环	25	20	6	13	1	62.50	10	2	7	1	55.00	10	4	6	0	70.00	25
6	29	聂铁文	黑龙江象棋	24	20	6	12	2	60.00	10	3	5	2	55.00	10	3	7	0	65.00	24
7	10	谢靖	上海金外滩	23	19	4	15	0	60.53	9	2	7	0	61.11	10	2	8	0	60.00	23
8	18	张强	北京威凯建设	23	20	6	11	3	57.50	10	3	4	3	50.00	10	3	7	0	65.00	23
9	5	赵国荣	黑龙江象棋	23	20	5	13	2	57.50	10	1	7	2	45.00	10	4	6	0	70.00	23
10	34	程鸣	江苏句容茅山	23	20	4	15	1	57.50	10	2	8	0	60.00	10	2	7	1	55.00	23
11	11	郑惟桐	四川双流黄龙溪	23	20	4	15	1	57.50	10	0	9	1	45.00	10	4	6	0	70.00	23
12	17	王斌	江苏句容茅山	22	20	4	14	2	55.00	10	2	7	1	55.00	10	2	7	1	55.00	22
13	23	徐超	江苏句容茅山	22	20	4	14	2	55.00	10	1	7	2	45.00	10	3	7	0	65.00	22
14	86	陆伟韬	河北金环钢构	21	19	4	13	2	55.26	10	1	8	1	50.00	9	3	5	1	61.11	21
15	59	程吉俊	浙江波尔轴承	21	20	5	11	4	52.50	10	4	4	2	60.00	10	1	7	2	45.00	21
16	21	万春林	上海金外滩	21	20	5	11	4	52.50	10	3	5	2	55.00	10	2	6	2	50.00	21
17	0	许国义	广东碧桂园	21	20	5	11	4	52.50	10	2	6	2	50.00	10	3	5	2	55.00	21
18	37	张申宏	山东中国重汽	21	20	5	11	4	52.50	10	1	5	4	35.00	10	4	6	0	70.00	21
19	12	申鹏	河北金环钢构	21	20	4	13	3	52.50	10	3	5	2	55.00	10	1	8	1	50.00	21
20	24	黄竹风	浙江波尔轴承	21	20	4	13	3	52.50	10	1	7	2	45.00	10	3	6	1	60.00	21
21	6	洪智	湖北三环	21	20	4	13	3	52.50	10	0	9	1	45.00	10	4	4	2	60.00	21
22	58	孙浩宇	四川双流黄龙溪	20	19	6	8	5	52.63	9	1	6	2	44.44	10	5	2	3	60.00	20
23	8	王天一	北京威凯建设	20	19	5	10	4	52.63	9	3	3	3	50.00	10	2	7	1	55.00	20
24	14	李少庚	四川双流黄龙溪	20	20	5	10	5	50.00	10	0	6	4	30.00	10	5	4	1	70.00	20
25	38	孟辰	湖南象棋	19	20	3	13	4	47.50	10	0	7	3	35.00	10	3	6	1	60.00	19
26	28	谢岿	山东中国重汽	18	18	3	12	3	50.00	10	1	7	2	45.00	8	2	5	1	56.25	18
27	98	赵玮	上海金外滩	18	19	2	14	3	47.37	9	2	5	2	50.00	10	0	9	1	45.00	18

续表

排名	编号	姓名	团体	场分	总战绩				后手战绩				先手战绩				局分
					总	胜	和	负	胜率(%)	总	胜	和	负	胜率(%)	总	胜	和	负	胜率(%)	

排名	编号	姓名	团体	场分	总	胜	和	负	胜率(%)	总	胜	和	负	胜率(%)	总	胜	和	负	胜率(%)	局分
28	53	阎文清	河北金环钢构	17	17	2	13	2	50.00	7	1	5	1	50.00	10	1	8	1	50.00	17
29	62	卜凤波	山东中国重汽	17	18	4	9	5	47.22	9	3	4	2	55.56	9	1	5	3	38.89	17
30	33	黄海林	广东碧桂园	17	18	2	13	3	47.22	8	0	7	1	43.75	10	2	6	2	50.00	17
31	39	郝继超	黑龙江象棋	17	20	4	9	7	42.50	10	1	4	5	30.00	10	3	5	2	55.00	17
32	13	郑一泓	四川双流黄龙溪	16	19	4	8	7	42.11	10	2	5	3	45.00	9	2	3	4	38.89	16
33	41	张晓平	湖南象棋	16	20	3	10	7	40.00	10	2	4	4	40.00	10	1	6	3	40.00	16
34	55	谢业枧	湖南象棋	16	20	3	10	7	40.00	10	1	4	5	30.00	10	2	6	2	50.00	16
35	9	孙勇征	上海金外滩	16	20	1	14	5	40.00	10	0	8	2	40.00	10	1	6	3	40.00	16
36	25	李雪松	湖北三环	14	14	1	12	1	50.00	9	1	8	0	55.56	5	0	4	1	40.00	14
37	70	陈卓	浙江波尔轴承	14	15	1	12	2	46.67	7	0	5	2	35.71	8	1	7	0	56.25	14
38	32	陶汉明	黑龙江象棋	14	20	3	8	9	35.00	10	2	3	5	35.00	10	1	5	4	35.00	14
39	20	柳大华	湖北三环	13	11	3	7	1	59.09	2	1	1	0	75.00	9	2	6	1	55.56	13
40	15	苗利明	河北金环钢构	12	15	3	6	6	40.00	8	1	3	4	31.25	7	2	3	2	50.00	12
41	31	李鸿嘉	广东碧桂园	12	15	1	10	4	40.00	8	0	5	3	31.25	7	1	5	1	50.00	12
42	19	才溢	山东中国重汽	12	17	0	12	5	35.29	8	0	7	1	43.75	9	0	5	4	27.78	12
43	27	党斐	湖北三环	11	15	1	9	5	36.67	9	1	5	3	38.89	6	0	4	2	33.33	11
44	56	程进超	湖南象棋	11	16	3	5	8	34.38	8	1	4	3	37.50	8	2	1	5	31.25	11
45	4	吕钦	广东碧桂园	10	7	3	4	0	71.43	4	0	4	0	50.00	3	3	0	0	100	10
46	47	李群	江苏句容茅山	10	14	0	10	4	35.71	8	0	5	3	31.25	6	0	5	1	41.67	10
47	54	陈富杰	山东中国重汽	5	7	0	5	2	35.71	3	0	2	1	33.33	4	0	3	1	37.50	5
48	87	朱晓虎	江苏句容茅山	4	5	0	4	1	40.00	1	0	0	1	0	4	0	4	0	50.00	4
49	81	王瑞祥	河北金环钢构	4	6	0	4	2	33.33	3	0	1	2	33.33	3	0	2	1	33.33	4
50	49	于幼华	浙江波尔轴承	3	5	0	3	2	30.00	3	0	1	2	16.67	2	0	2	0	50.00	3
51	22	胡荣华	上海金外滩	2	2	0	2	0	50.00	2	0	2	0	50.00	0	0	0	0	0	2
52	26	金波	北京威凯建设	1	1	0	1	0	50.00	1	0	1	0	50.00	0	0	0	0	0	1
53	51	徐天红	江苏句容茅山	1	1	0	1	0	50.00	1	0	1	0	50.00	0	0	0	0	0	1
54	73	陈翀	河北金环钢构	1	3	0	1	2	16.67	2	0	1	1	25.00	1	0	0	1	0	1
55	0	雷鹏	湖南象棋	0	4	0	0	4	0	2	0	0	2	0	2	0	0	2	0	0
56	90	谢卓淼	四川双流黄龙溪	0	2	0	0	2	0	1	0	0	1	0	1	0	0	1	0	0